马克思主义中国化研究丛书（第八卷）

SiXiang LiLun JiaoYu Yu
MaKeSi ZhuYi
ZhongGuoHua

思想理论教育与马克思主义中国化

汪青松 著

上海社会科学院出版社
SHANGHAI ACADEMY OF SOCIAL SCIENCES PRESS

论马克思主义中国化的"六个化"[*]
（代总序）

马克思主义中国化的提出，基于中国需要马克思主义和马克思主义的传入并传播。回答为什么要马克思主义中国化，必须回答"中马化"即中国需要马克思主义化与"马中化"即马克思主义在中国传播的问题。在马克思主义传播中国化中，"中马化"是"马中化"的出发点。马克思主义中国化合乎逻辑的发展，是从马克思主义传播中国化的"中马化"与"马中化"推进到马克思主义运用中国化的"马化中"与"中化马"。"马化中"即马克思主义化中国，"中化马"即中国化马克思主义。"中化马"是"马化中"的立足点。马克思主义中国化的发展，要最终推进到马克思主义创新中国化的"化马中"与"化中马"即马克思主义大众化、民族化、时代化。中国实践对马克思主义的检验和发展，通过"化马中"与"化中马"把中国经验转化为大众化马克思主义、民族化马克思主义、时代化马克思主义。"化中马"是"化马中"的落脚点。

---

[*] 国家社会科学基金重点项目"中国梦与中国道路、中国精神、中国力量研究"（14AKS005）、教育部哲学社会科学研究重大课题攻关项目"社会主义核心价值观与法治文化建设研究"（15JZD005）的阶段性成果。原刊于清华大学主办的《高校马克思主义理论研究》2017年第1期。

关于马克思主义中国化，学界最初是从马克思主义与中国相结合的过程层面上阐发其内涵的，后把马克思主义中国化定义为马克思主义与中国实际相结合形成中国化马克思主义，即拓展至马克思主义中国化过程与中国化马克思主义结果两层含义。近些年来，学界又从马克思主义"化中国"、中国经验马克思主义化、中国文化与马克思主义关系等方面深化其研究。从总体上看，马克思主义中国化包括"中马化"与"马中化"、"马化中"与"中化马"、"化马中"与"化中马"等环节。把握马克思主义中国化的"六个化"，对于将马克思主义中国化研究进一步推向前进，具有重要意义。

一、"中马化"与"马中化"

研究马克思主义中国化，首先必须回答为什么要马克思主义中国化，这是马克思主义中国化的实践与理论前提问题。马克思主义中国化的提出，基于中国需要马克思主义和马克思主义的传入并传播。回答为什么要马克思主义中国化，必须回答"中马化"即中国需要马克思主义与"马中化"即马克思主义在中国传播的问题。在马克思主义传播的中国化中，"中马化"是"马中化"的出发点。

（一）马克思主义中国化的实践前提是"中马化"，即中国需要马克思主义指导，中国需要马克思主义化

马克思说："理论在一个国家实现的程度，总是决定于理论满足这个国家的需要的程度。"[①] 中国之所以需要马克思主义化或中国需要马克思主义指导，是由中国的国情特征和马克思主义性质决定的。

鸦片战争以后，中华民族遭受了前所未有的苦难和牺牲，中国日益沦为半殖民地半封建社会。如何求得民族独立、人民解放和民族复兴，成为中华民族面对的历史任务。中国人民从不屈服，不断奋起抗争，太平天国运动、洋务运动、戊戌变法、辛亥革命，但一

---

① 《马克思恩格斯文集》（第1卷），人民出版社2009年版，第12页。

次次的探求都失败了。1917年俄国十月革命一声炮响给我们送来马克思列宁主义。中国的先进分子在反复比较中认识到，唯有马克思主义才能从根本上解决中国问题，唯有社会主义才能救中国并实现中华民族的复兴。

最初阐论中国需要马克思主义化的是陈独秀、李大钊等中国先进分子。新文化运动的发起者陈独秀、李大钊等，创办了《新青年》杂志，以介绍东西方进步思潮和论著为己任，开始了西方文化思想的引进，尤其是开始了马克思列宁主义在中国的传播，为马克思主义在中国的正式传播奠定了思想基础。李大钊在十月革命爆发后，发表《庶民的胜利》和《布尔什维主义的胜利》，热情歌颂俄国十月革命和宣传马克思列宁主义，《新青年》还发表《马克思学说》《马克思传略》《俄国革命之哲学的基础》和李大钊的《我的马克思主义观》，介绍马克思主义的唯物史观、阶级斗争和政治经济学的基本观点。1919年7月，新文化运动的右翼人士胡适发表《多研究些问题，少谈些主义》的文章，宣扬资产阶级实用主义，实质上是反对科学社会主义在中国的传播。李大钊于1919年8月发表《再论问题与主义》，反驳胡适的观点，提出，问题与主义有不能十分分离的关系。社会问题的解决必须靠着社会上多数人共同的运动，而要有多数人的共同运动，就应先有一个共同趋向的理想、主义。大凡一个主义，都有理想与实用两面。"我是喜欢谈谈布尔扎维主义的"，"布尔扎维主义的流行，实在是世界文化上的一大变动。我们应该研究他，介绍他，把他的实象昭布在人类社会"。[①]

毛泽东是1920年在李大钊、陈独秀影响下确立马克思主义信仰的。他在给同学的信中说：新民学会须变为主义的结合才好。主义譬如一面旗子，旗子立起来了，大家才有所指望，才知所趋赴。[②] 1921

[①] 《李大钊全集》（第3卷），人民出版社2013年版，第49—53页。
[②] 金冲及：《毛泽东传（1893—1949）》（上），中央文献出版社1997年版，第66页。

年1月，他在新民学会长沙会员大会上发言：现在中国对于社会问题的解决，显然有两派主张：一派主张改造，一派则主张改良。因俄式系诸路皆走不通了新发明的一条路，只此方法较之别的改造方法所含可能的性质为多。激烈方法的共产主义，即所谓劳农主义，用阶级专政的方法，是可以预计效果的，故最宜采用。① 1927年3月，毛泽东为答复当时党内党外对于农民革命斗争的责难而写的《湖南农民运动考察报告》中说：我从前做学生时，回乡看见农民反对"洋学堂"，也和一般"洋学生""洋教习"一鼻孔出气，站在洋学堂的利益上面，总觉得农民未免有些不对。民国十四年在乡下住了半年，这时我是一个共产党员，有了马克思主义的观点，方才明白我是错了，农民的道理是对的。② 1929年12月，他在为红军第四军第九次代表大会写的决议中指出，纠正主观主义的方法，主要是教育党员使党员的思想和党内的生活都政治化、科学化。要达到这个目的，就要"教育党员用马克思列宁主义的方法去作政治形势的分析和阶级势力的估量，以代替主观主义的分析和估量"。③ 毛泽东这里是把马克思主义比作引导中国人民前进的"旗子"的。

1936年7月，毛泽东和美国记者斯诺谈话时说，随着中国革命的胜利，中国人民将能够把俄国人民当作真正的兄弟来欢迎，正如他们能把其他国家的自由人民当作同自己真正平等的人来欢迎一样。日本人现在叫嚷凡是反对日本帝国主义的就是共产党。在中国人民看来，如果共产主义意味着抗日，意味着民族解放斗争，那末大多数中国人民就不怕这样的共产主义，全民族迫切需要这样的共产主义，正如饥饿的人需要大米一样。共产主义在中国意味着民族解放运动、自由和民族主权，中国人民所要的就正是这个。④ 毛泽东此时

---

① 《毛泽东文集》（第1卷），人民出版社1993年版，第1—2页。
② 《毛泽东选集》（第1卷），人民出版社1991年版，第39—40页。
③ 《毛泽东选集》（第1卷），人民出版社1991年版，第92页。
④ 《毛泽东文集》（第1卷），人民出版社1993年版，第397页。

把马克思主义比作饥饿的中国人民所需要的"大米"。

中华人民共和国成立前夕,毛泽东两次大篇幅地阐述中国人民为什么需要马克思主义化、中国人民怎样找到马克思主义、马克思主义对于中国人民的意义。1949年6月30日他在纪念中国共产党成立28周年时发表《论人民民主专政》说,自从1840年鸦片战争失败那时起,先进的中国人,经过千辛万苦,向西方国家寻找真理。洪秀全、康有为、严复和孙中山,代表了在中国共产党出世以前向西方寻找真理的一派人物。要救国,只有维新,要维新,只有学外国。那时,求进步的中国人,只要是西方的新道理,什么书也看。帝国主义的侵略打破了中国人学西方的迷梦。为什么先生老是侵略学生呢?中国人向西方学得很不少,但是行不通,理想总是不能实现。俄国人举行了十月革命,创立了世界上第一个社会主义国家。中国人和全人类对俄国人都另眼相看了。这时,也只是在这时,中国人从思想到生活,才出现了一个崭新的时期。中国人找到了马克思列宁主义这个放之四海而皆准的普遍真理,中国的面目就起了变化了。① 1949年9月16日他在《唯心历史观的破产》一文中进一步指出,从1840年的鸦片战争到1919年的五四运动的前夜,共计70多年中,中国人没有什么思想武器可以抗御帝国主义。旧的顽固的封建主义的思想武器打了败仗了,抵不住,宣告破产了。不得已,中国人被迫从帝国主义的老家即西方资产阶级革命时代的武器库中学来了进化论、天赋人权论和资产阶级共和国等项思想武器,以为可以外御列强,内建民国。但是这些东西也和封建主义的思想武器一样,软弱得很,又是抵不住,败下阵来,宣告破产了。1917年的俄国革命唤醒了中国人,中国人学得了一样新的东西,这就是马克思列宁主义。中国产生了共产党,这是开天辟地的大事变。② 毛泽东这

---

① 《毛泽东选集》(第4卷),人民出版社1991年版,第1469—1470页。
② 《毛泽东选集》(第4卷),人民出版社1991年版,第1513—1514页。

里阐述的正是作为马克思主义中国化实践和理论前提的"中马化",即中国需要马克思主义"普遍真理"的指导和"思想武器"的武装。

中国需要马克思主义化,是近代以来中国人民的历史选择。毛泽东说,马克思列宁主义思想,和西方资产阶级的文化相比较,不知要高出几多倍。其明效大验,那种西方资产阶级的文化,一遇见中国人民学会了的马克思列宁主义的新文化,即科学的宇宙观和社会革命论,就要打败仗。被中国人民学会了的科学的革命的新文化,第一仗打败了北洋军阀,第二仗打败了蒋介石在长征路上对于中国红军的拦阻,第三仗打败了日本帝国主义,第四仗最后结束了一切帝国主义及其一切反动派的统治。① 毛泽东比较了马克思列宁主义思想武器与封建主义思想武器、西方资产阶级思想武器,高度评价马克思主义是中国抗御帝国主义所需要的"思想武器"。

(二)马克思主义中国化的理论前提是马克思主义在中国传播意义上的"马中化",即马克思主义传播的中国化

有人把中共二大确定为马克思主义中国化的开端,有学者甚至认为,井冈山道路是马克思主义中国化的起点。笔者则认为,马克思主义中国化包括马克思主义传播的中国化、马克思主义运用的中国化、马克思主义创新的中国化。② 实际上马克思主义在中国广泛传播之时已开始初步中国化了。

作为一种外来文化,马克思主义一开始被少数中国先进分子所认同,后被广大民众所接受,这就是一种文化的内化。马克思主义从传入到传播,已是中国人民从中国实际作出的政治文化的选择。马克思主义在广泛传播中被无产阶级内化于心,成为无产阶级先进分子的信仰;马克思主义与中国工人运动相结合,创立中国共产党,

---

① 《毛泽东选集》(第4卷),人民出版社1991年版,第1514—1515页。
② 汪青松:《马克思主义中国化与中国化的马克思主义》,中国社会科学出版社2004年版,第4页。

使得马克思主义传播的中国化从内化为信仰到外化为政党组织化形式，就是从"中马化"即中国需要马克思主义化到"马中化"即马克思主义传播中国化演进的重要实践成果。

2016年5月17日，习近平总书记在哲学社会科学工作座谈会上的讲话中说：鸦片战争后，随着列强入侵和国门被打开，我国逐步成为半殖民地半封建国家，西方思想文化和科学知识随之涌入。自那以后，我们的国家和民族经历了刻骨铭心的惨痛历史，中华传统思想文化经历了剧烈变革的阵痛。为了寻求救亡图存之策，林则徐、魏源、严复等人把眼光转向西方，从"师夷长技以制夷"到"中体西用"，从洋务运动到新文化运动，西方哲学社会科学被翻译介绍到我国，不少人开始用现代社会科学方法来研究我国社会问题，社会科学各学科在我国逐渐发展起来。特别是十月革命一声炮响，给中国送来了马克思列宁主义。陈独秀、李大钊等人积极传播马克思主义，倡导运用马克思主义改造中国社会。许多进步学者运用马克思主义进行哲学社会科学研究。① 习近平总书记这一论述从"中马化"即中国需要马克思主义化与"马中化"即马克思主义传播中国化两个方面阐发了马克思主义中国化的实践前提与理论前提。

虽然幼年时期的中国共产党在马克思主义中国化初始时期存在诸多不足，但必须确认陈独秀、李大钊等中国先进分子在阐述"中马化"思想和"马中化"传播中已初步提出马克思主义中国化观点，中共一大和二大先后提出党的最高纲领与最低纲领，是以马克思主义基本原理为指导认识半殖民地半封建社会基本矛盾的理论成果的佐证。如果没有从中国实际出发把马克思主义与中国实际的结合，中国人民对马克思主义与社会主义的选择、中国共产党的成立和党

---

① 习近平：《在哲学社会科学工作座谈会上的讲话》，《人民日报》2016年5月19日。

的最高纲领与最低纲领的提出是不可想象的。

（三）"中马化"与"马中化"是从中国实际出发的推动过程，中国需要马克思主义化决定着马克思主义传播的中国化

有人认为，马克思主义中国化是一个从一般理论到特殊实践的过程。① 但把马克思主义中国化理解为从马克思主义出发，是有悖于唯物主义原则的。马克思主义主张世界的物质统一性，强调存在决定意识。马克思主义中国化的起点不可能是理论原则而是中国的客观实际。如果没有马克思主义的传入和传播，马克思主义中国化当然无从谈起；但如果中国不需要马克思主义，马克思主义即便传入也难以传播，所以马克思主义中国化的出发点只能是"中马化"。

中国共产党人是在与国内外、党内外敌人作战的困难环境中走过来的。毛泽东说，中国共产党人感谢马克思、列宁给了我们武器。这武器不是机关枪，而是马克思列宁主义。自从中国人学会了马克思列宁主义以后，中国人在精神上就由被动转入主动。伟大的胜利的中国人民解放战争和人民大革命，已经复兴了并正在复兴着伟大的中国人民的文化。他指出，马克思列宁主义来到中国之所以发生这样大的作用，是因为中国的社会条件有了这种需要，是因为同中国人民革命的实践发生了联系，是因为被中国人民所掌握了。任何思想，如果不和客观的实际的事物相联系，如果没有客观存在的需要，如果不为人民群众所掌握，即使是最好的东西，即使是马克思列宁主义，也是不起作用的。② 毛泽东这里强调的正是"中马化"即中国对马克思主义化的需要和"马中化"即马克思主义传播中国化对中国人民解放的重大意义。

习近平总书记在哲学社会科学座谈会讲话中说，马克思主义进

---

① 邱珂：《马克思主义中国化与中国化的马克思主义——学习江泽民同志"七一"讲话》，《唐山师范学院学报》2002年第1期。

② 《毛泽东选集》（第4卷），人民出版社1991年版，第1515页。

入中国，既引发了中华文明深刻变革，也走过了一个逐步中国化的过程。我国哲学社会科学坚持以马克思主义为指导，是近代以来我国发展历程赋予的规定性和必然性。① 习近平总书记所讲的坚持以马克思主义为指导的必然性也正是"中马化"与"马中化"的必然性。没有"中马化"需要，就不会有"马中化"即马克思主义传播中国化及马克思主义运用和创新中国化的发生。

二、"中化马"与"马化中"

马克思主义中国化的第一阶段的"中马化"与"马中化"，即中国需要马克思主义化与马克思主义传播中国化，这属于初始阶段的马克思主义中国化。马克思主义中国化合乎逻辑的发展，是从"中马化"与"马中化"推进到"马化中"与"中化马"。

（一）马克思主义中国化的"马化中"是以马克思主义为指导，分析、研究和回答中国的问题

从"中马化"看"马中化"，是中国需要马克思主义化与马克思主义传播中国化。中国需要马克思主义化，不只是从文化学、传播学意义上提出的，而是从解决中国问题提出的。因此，把马克思主义基本原理同中国具体实际结合起来，分析和解决中国的实际问题，就成为马克思主义中国化的根本原则。有学者指出，马克思主义中国化，不是马克思主义在中国，而是"化"。马克思主义中国化是化"中国"，这个"化"字就是改变中国，就是通过马克思主义与中国实际相结合，运用马克思主义世界观和方法论来解决中国革命、建设和改革中的重大现实问题。马克思主义普遍原理与中国实际相结合，观察中国问题，解决中国问题，这是马克思主义中国化首要的根本任务。②

---

① 习近平：《在哲学社会科学工作座谈会上的讲话》，《人民日报》2016年5月19日。
② 陈先达：《马克思主义中国化与党的思想路线》，《光明日报》2009年6月28日。

"马化中"即用马克思主义"化中国",必须明确用什么马克思主义"化中国"?马克思主义博大精深,其理论体系由一系列基本原理构成的。毛泽东1959年2月14日在同智利《最后一点钟》报社社长马特谈话时指出,马列主义应包含马列主义的哲学、马列主义的经济学、马列主义的革命学说三部分。"这三部分不能分割,而应视为马列主义的三个有机联系的组成部分。"① 学界把马克思主义划分为三个层次,马克思主义世界观与方法论属于第一层次,马克思主义基本原理属于第二层次,马克思的具体结论或个别论断属于第三层次。有学者认为,应当中国化的马克思主义是指马列学说中的普遍真理。对于价值的阶级性和人民性、历史性和现实性、特殊性和普遍性,需要辩证把握。马克思主义中国化是个特殊命题,它所包含的普遍命题是:实行当代世界普遍真理与中国实际相结合。此即马克思主义中国化的实质。我们应当立足于中国现阶段的实际,自觉探索和努力践行当代世界的普遍真理。② 马克思主义也可划分为一般原理、特殊原理、个别原理三个层次,一般原理对各国普遍适用,特殊原理对部分国家适用,个别原理对个别国家适用。

"马化中"即"化中国"的马克思主义是马克思主义一般原理。习近平总书记说:"掌握马克思主义,最重要的是掌握它的精神实质,运用它的立场、观点、方法和基本原理分析解决实际问题。马克思主义基本原理,体现马克思主义的根本性质和整体特征,体现马克思主义世界观和方法论的科学性、革命性的高度统一。相对于在特定的历史环境中所作的个别理论判断和具体结论而言,基本原理是对事物本质和发展规律的概括,具有普遍和根本的指导意义。"③ 对部分国家适用的马克思主义特殊原理也可用来"化中国"。

---

① 《毛泽东文集》(第8卷),人民出版社1999年版,第5页。
② 董德刚:《论马克思主义中国化的实质》,《马克思主义与现实》2009年第1期。
③ 习近平:《中国共产党90年来指导思想和基本理论的与时俱进及历史启示》,《学习时报》2011年6月28日。

马克思是从资本主义西方社会、半资本主义东—西方社会、前资本主义东方社会三维角度分析不同民族国家走向社会主义不同道路的，提出了文明国家、半文明国家、落后国家走向社会主义的自然替代形态、派生跨越形态、间断跳跃形态。[①] 新民主主义革命时期的中国处于半殖民地半封建社会，既不属于资本主义西方社会，也不属于前资本主义东方社会，而是属于半资本主义东—西方社会，马克思关于半资本主义东—西方社会通过派生跨越路径走向社会主义的思想对中国具有重要指导意义。马克思、恩格斯有专论中国的文章，列宁、斯大林有专门指导中国的意见，这些个别原理，也可作为"化中国"的思想武器。

"马化中"即用马克思主义"化中国"，还必须明确用马克思主义"化"中国什么问题？中国不同时代、不同时期、不同时段的情况、矛盾、问题都不同，不同阶级、阶层、党派、个人对问题的关注和看法也不同。用马克思主义"化中国"也是分析中国基本国情和时代特征，抓住中国社会基本矛盾和主要矛盾，把握中国的前进方向与发展任务。近现代中国的时代主题是革命、建设和改革，运用马克思主义指导中国革命、建设和改革，"马化中"即用马克思主义"化中国"，就要运用马克思主义革命理论指导中国新民主主义革命和社会主义革命，运用马克思主义建设理论指导中国社会主义建设，运用马克思主义改革理论指导中国社会主义改革。

（二）马克思主义中国化的"中化马"，是以中国文化创造性转化马克思主义

马克思主义中国化的历程，是马克思主义基本原理与中国文化相结合的过程。马克思主义作为一种外来思想文化传入中国，要使它能为中国人民广泛接受，并在实践中发挥指导作用，必须寻找到

---

① 汪青松：《马克思社会发展"三维模式"的重新审视》，《马克思主义研究》2011年第5期。

一种为中国人民所能理解和接受的民族文化形式。马克思主义中国化必须把马克思主义植根于中国的优秀文化之中，使马克思主义"和民族的特点相结合，经过一定的民族形式"① 表现出来。

马克思主义在中国传播之所以能生根、开花、结果，其文化基因马克思主义与中国传统文化在一些方面具有会通性。共产主义理想都是马克思主义的核心内容，理想性也是中国传统文化的重要特征。中国先哲把天下为公的"大同"理想作为毕生追求的最高境界，与马克思共产主义理想目标具有相通之处。马克思主义一经传入中国，先进的知识分子就会比较容易接受，并将其视为实现救亡图存与民族复兴的理论武器。②

作为无产阶级意识形态和先进文化形态，"马化中"要求并能够吸纳中国优秀传统文化。马克思主义是继承了人类文明一切优秀成果的最先进的文化形态。"马克思主义这一革命无产阶级的思想体系赢得了世界历史性的意义，是因为它并没有抛弃资产阶级时代最宝贵的成就，相反却吸收和改造了2 000多年来人类思想和文化发展中一切有价值的东西。"③ 马克思主义从来没有离开世界文明发展大道，是从人类知识的总和中产生出来的，当然也要继承中华优秀文化成果。中华5 000多年文明史，源远流长，而且我们是没有断流的文化。马克思主义作为继承了人类文明一切优秀成果的最先进的文化形态，与各民族国家的历史文明有着很大的包容性和共通性，在来到中华大地之后必然要与中华民族的历史文明相结合，首先要"吸收和改造"那些更能使之发挥"批判的武器"功能的中国优秀传统文化，从而才能成为改变中国面貌的"伟大的认识工具"。这既是它作为最先进的文化形态所需要的，也是它作为中国共产党人的意识

---

① 《毛泽东选集》(第2卷)，人民出版社1991年版，第707页。
② 李建平：《马克思主义哲学中国化史》，国防大学出版社2008年版，第6页。
③ 《列宁选集》(第4卷)，人民出版社1995年版，第299页。

形态所需要的。①

马克思主义中国化的"中化马",是把马克思主义原理与中国优秀传统文化中深度结合和融合。1943年5月26日《中共中央关于共产国际执委主席团提议解散共产国际的决定》指出:"中国共产党人是我们民族一切文化、思想、道德的最优秀传统的继承者,把这一切优秀传统看成和自己血肉相连的东西,而且将继续加以发扬光大……要使得马克思列宁主义这一革命科学更进一步地和中国革命实践、中国历史、中国文化相结合起来。这一运动表现了中国共产党人在思想上的创造才能,一如他们在革命实践上的创造才能。"

习近平总书记说:"在5 000多年文明发展中孕育的中华优秀传统文化,在党和人民伟大斗争中孕育的革命文化和社会主义先进文化,积淀着中华民族最深层的精神追求,代表着中华民族独特的精神标识。"② 马克思主义中国化的"中化马",要以中国优秀传统文化、革命文化和社会主义先进文化创造性转化马克思主义。一方面以马克思主义为指导,吸收中国优秀传统文化的精华,另一方面用中国优秀传统文化、革命文化和社会主义先进文化的表达方式和中国老百姓所喜闻乐见的语言形式,阐发马克思主义基本原理,赋予马克思主义以鲜明的中国特色。实事求是、解放思想、与时俱进、求真务实、不忘初心、真抓实干,这些我国古代就有的概念或生活中常见的话语,经过毛泽东、邓小平、江泽民、胡锦涛、习近平的全新阐释与提升,成为表述我们党的思想路线和中国化马克思主义精髓的主题语与关键词,使产生于欧洲的马克思主义辩证唯物主义认识论原理在内容和形式上都具有中国的民族特点和民族形式,成为具有中国作风和中国气派的中国化马克思主义。

---

① 石仲泉:《中国共产党与传统文化》,《毛泽东研究》2015年第2期。
② 习近平:《在庆祝中国共产党成立95周年大会上的讲话》,《人民日报》2016年7月2日。

（三）"马化中"与"中化马"作为马克思主义运用的中国化，是立足于"中化马"基础上的"两化"双向互动过程

马克思主义运用的中国化是"马化中"与"中化马"的结合。有学者认为，马克思主义中国化有两个维度，它既是马克思主义理论与中国革命建设实践的结合，用马克思主义"化中国"，又是在实践马克思主义理论的过程中对马克思主义加以具体化、丰富和发展马克思主义的过程，也就是中国化马克思主义。马克思主义中国化是"两化"的双向互动。① 然而"马化中"与"中化马"的"两化"的双向互动不是平起平坐的关系。

中国共产党领导中国革命以来，不能说没有把马克思主义理论与中国革命实际相结合。如果没有"马化中"，马克思主义理论不与中国革命实际结合，就不会有中共一大和二大"两步走"的革命纲领，就不会有国共合作的大革命。但与"马化中"相比较，"中化马"就相对比较薄弱。由于新民主主义革命主要任务是反帝反封建，大革命时期和土地革命战争时期的十多年间中国共产党人对儒学文化基本上持否定态度，推翻旧制度，就要破除旧文化。抗日战争爆发后，民族矛盾上升为主要矛盾，倡导"天下兴亡，匹夫有责"的儒学文化对于号召和团结全国各族人民反对日本帝国主义具有积极意义；中国共产党在遵义会议上确立毛泽东在中共中央的核心地位之后开始走向成熟，转变了五四以来对于以儒家学说为代表的传统文化的过激批判态度，强调既要批判，又要学习和利用。②

1938年10月毛泽东在党的六届六中全会上所作的《论新阶段》政治报告提出"马克思主义的中国化"的同时指出："学习我们的历史遗产，用马克思主义的方法给以批判的总结，是我们学习的另一

---

① 时丽茹：《马克思主义中国化的两个维度》，《理论导刊》2008年第12期。
② 石仲泉：《中国共产党：优秀传统文化的忠实继承者和弘扬者》，《上海党史与党建》2016年第1期。

任务。我们这个民族有数千年的历史,有它的特点,有它的许多珍贵品。对于这些,我们还是小学生。今天的中国是历史的中国的一个发展;我们是马克思主义的历史主义者,我们不应当割断历史。从孔夫子到孙中山,我们应当给以总结,承继这一份珍贵的遗产。这对于指导当前的伟大的运动,是有重要的帮助的。"① 这是中国共产党人转向重视从中国文化上与马克思主义结合的"中化马"的标志。

更为重要的是,"马化中"与"中化马"的"两化"双向互动有一个立足点问题。1938年毛泽东首提马克思主义中国化时说:"离开中国特点来谈马克思主义。只是抽象的空洞的马克思主义。因此,马克思主义的中国化,使之在其每一表现中带着中国的特性,即是说,按照中国的特点去应用它,成为全党亟待了解并亟须解决的问题。"② 这一论断不仅指明"马化中"是马克思主义与中国实际结合,而且强调"中国的特性""中国的特点"。可见,马克思主义中国化的立足点不是"马化中",而是"中化马"。这是一个根本性的转变。

学界认为,马克思主义中国化存在"从理论原则看实践"还是"从实践需要看理论"两种不同的思想路向,其对立贯穿马克思主义中国化的整个历史,至今深刻影响着马克思主义在中国的运用与发展。表面看起来,两种路向涉及的不是要不要实现马克思主义中国化,而是马克思主义中国化如何实现的问题。但实际上,如果不坚持"从实践需要看理论",而是"从理论原则看实践",马克思主义中国化就会成为一句空话,就不可避免地会滑向教条主义。正确的思想路向是马克思主义中国化得以实现的保证。③ "从理论原则看实践"与"从实践需要看理论"两种思想路向正是"马化中"与"中

---

① 《毛泽东选集》(第2卷),人民出版社1991年版,第533—534页。
② 毛泽东:《论新阶段》,《解放》1938年第57期,第37页。
③ 孙麾、汪信砚:《马克思主义哲学中国化与当代中国哲学建设》,社会科学文献出版社2011年版,第37页。

化马"的"两化"双向互动，如果以"从理论原则看实践"即"马化中"为立足点，就难以避免导致本本主义或教条主义错误。要从根本上解决这个问题，必须转换马克思主义中国化思想路向，马克思主义中国化的立足点从"马化中"转向"中化马"。

毛泽东1930年在《反对本本主义》一文中就已提出马克思主义中国化的立足点问题。他指出，马克思主义的"本本"是要学习的，但是必须同我国的实际情况相结合。我们需要"本本"，但是一定要纠正脱离实际情况的本本主义。我们说马克思主义是对的，绝不是因为马克思这个人是什么"先哲"，而是因为他的理论，在我们的实践中，在我们的斗争中，证明了是对的。我们的斗争需要马克思主义。我们欢迎这个理论，丝毫不存什么"先哲"一类的形式的甚至神秘的念头在里面。他强调，中国革命斗争的胜利要靠中国同志了解中国情况。[1]

有学者指出，既然马克思主义中国化是化"中国"，当然立足点是中国，出发点是中国。这就必然要求从中国实际出发，从中国所处的时代条件和国际环境出发，必然要求实事求是，而不能从马克思主义的书本上引出中国应该如何做的结论。所以，只有立足于中国实际，在中国的实践中才能"中国化"。所以这个"化"，决不能理解为从马克思主义原则出发来"化"中国。从原则出发是"化"不了中国的。这就决定了坚持马克思主义，首先必须坚持从实际出发和实事求是。离开了这一条，就从根本上背离了马克思主义中国化的要求。[2] 笔者也认为，马克思主义中国化要解决的中心课题主要是中国民族独立和国强民富的问题，这就产生了中国革命、中国改革和中国发展三大主题。马克思主义中国化要解决这三大主题，实现中国的发展和现代化。换句话说，中国化马克思主义也正是因为

---

[1] 《毛泽东选集》（第1卷），人民出版社1991年版，第111—115页。
[2] 陈先达：《马克思主义中国化与党的思想路线》，《光明日报》2009年6月28日。

解决了这三大主题，才算实现了马克思主义中国化立足点的科学定位。①

总之，马克思主义运用的中国化作为马克思主义中国化的第二阶段，客观地存在"马化中"与"中化马"的"两化"双向互动。历史经验表明，马克思主义中国化必须立足于"中化马"基础之上，以"中化马"引领"马化中"。

三、"化马中"与"化中马"

马克思主义中国化的发展，要最终推进到马克思主义创新中国化的"化马中"与"化中马"即马克思主义大众化、民族化、时代化。中国实践对马克思主义的检验和发展，通过"化马中"与"化中马"把中国经验转化为大众化马克思主义、民族化马克思主义、时代化马克思主义。"化中马"是"化马中"的落脚点。

（一）马克思主义中国化是马克思主义大众化过程

马克思主义中国化的"化马中"，是把马克思主义转化为人民大众的理论即大众化马克思主义。马克思主义中国化的"化马中"，是马克思主义大众化过程。有人说大众化就是通俗化、大众话、平民化，这从形式上看是有道理的。1887年恩格斯在《美国工人运动》一文中指出，美国工人阶级的最终纲领，应该而且一定会基本上同整个战斗的欧洲工人阶级现在所采取的纲领一样，同德美社会主义工人政党的纲领一样。在这方面，这个党必须在运动中起非常重要的作用。但是要做到这一点，它必须完全脱下它的外国服装，必须成为彻底美国化的党。②列宁指出："我们认为，对于俄国社会党人来说，尤其需要独立地探讨马克思的理论，因为它所提供的只是总

---

① 汪青松：《从马克思主义中国化到中国化马克思主义的跃迁》，《科学社会主义》2005年第2期。
② 《马克思恩格斯选集》（第4卷），人民出版社1995年版，第394页。

的指导原理，而这些原理的应用具体地说，在英国不同于法国，在法国不同于德国，在德国又不同于俄国。"①

马克思主义中国化的"化马中"，必须以中国文化改造马克思主义，让马克思主义穿中国衣，说中国话。习近平总书记说，马克思主义大众化，就是把马克思主义理论用简单质朴的语言讲清楚、用群众喜闻乐见的方式说明白，使之更好地为广大党员和人民大众所理解、所接受。② 马克思主义大众化所说的大众话，不仅是通俗明白、老百姓听得懂的话，而且是下接地气、打开时代问号的话，是回应老百姓关切、解决人民群众关心的热点难点焦点问题的话，是坚持以人为本、尊重群众首创精神、着眼于满足人民群众理论需求的老百姓想听爱听的话。马克思主义理论与作为实践主体的人民大众相结合，为人民大众所理解和掌握，就能变为改造世界的强大物质力量，在实践中发挥其应有的作用。

（二）马克思主义中国化是马克思主义民族化过程

马克思主义中国化的"化中马"，是把中国经验转化为民族化马克思主义。1941年9月10日毛泽东在中共中央政治局扩大会议上说，要分清创造性的马克思主义和教条式的马克思主义。宣传创造性的马克思主义。我们反对主观主义，是为着提高理论，不是降低马克思主义。我们要使中国革命丰富的实际马克思主义化。③ 马克思主义中国化即本土化与民族化的理论创新，是在马克思主义与中国实际相结合的基础上，以中国实际问题为中心，着眼于马克思主义理论的运用，着眼于对实际问题的理论思考，着眼于新的实践和新的发展。

马克思主义中国化，就是把马克思主义基本原理同中国具体实

---

① 《列宁选集》（第1卷），人民出版社1995年版，第274—275页。
② 习近平：《关于建设马克思主义学习型政党的几点学习体会和认识》，《学习时报》2009年11月17日。
③ 《毛泽东文集》（第2卷），人民出版社1993年版，第373—374页。

际相结合，深入研究和解决中国革命、建设、改革不同历史时期的实际问题，总结中国的独特经验，形成具有中国风格、中国气派的马克思主义。① 贯穿马克思主义中国化历史过程的，无论"化中国"还是"中国化"，实际上都是中国共产党对于什么是马克思主义、怎样对待马克思主义这一根本问题的实践探索和理论回答。② 从马克思主义中国化到中国化马克思主义的跃迁，中国化马克思主义的诞生，是马克思主义中国化即本土化与民族化实现的根本标志。马克思主义中国化的"化中马"，把中国经验转化为中国化马克思主义，是马克思主义中国化即民族化的最本质内涵和最高境界。

（三）马克思主义中国化是马克思主义时代化过程

马克思主义中国化的"化马中"与"化中马"，都要求把马克思主义转化为时代化马克思主义。马克思主义中国化既是马克思主义理论指导中国实践的接力探索过程，又是中国实践检验和发展马克思主义理论的与时俱进过程。马克思主义时代化，就是把马克思主义同时代特征结合起来，使之紧跟时代发展步伐、不断吸收新的时代内容、科学回答时代课题。③ 时代是思想之母，实践是理论之源。马克思主义中国化以中国共产党在社会变革实践中的理论创新为显著特色。我们党在领导中国革命、建设、改革的实践中，不断推进马克思主义中国化，实现了两次历史性飞跃。发生在新民主主义革命时期的第一次历史性飞跃，找到了农村包围城市、武装夺取政权的中国特色革命道路，形成了毛泽东思想，指引中国革命取得胜利。发生在党的十一届三中全会以后的第二次历史性飞跃，在总结国内国际经验的基础上找到了中国特色社会主义道路，创立了中国特色社会主义理论体系，形成了邓小平理论、"三个代表"重要思想、科

---

①③ 习近平：《关于建设马克思主义学习型政党的几点学习体会和认识》，《学习时报》2009年11月17日。

② 顾海良：《让世界分享马克思主义中国化理论成果》，《人民日报》2015年11月18日。

学发展观和党中央治国理政思想，指引改革开放和民族复兴事业取得一个又一个伟大成就。

与时俱进作为马克思主义的理论品质，体现在马克思主义中国化的"化马中"与"化中马"的全过程。党的十八大以来，以习近平同志为核心的党中央从我国发展现实需要、人民群众热切期盼和推动解决我国面临的突出矛盾和问题中，提出了治国理政新理念新思想新战略，开辟了"中马化"与"马中化"、"马化中"与"中化马"、"化马中"与"化中马"的新境界。今天，我们比历史上任何时期都更接近中华民族伟大复兴的目标，比历史上任何时期都更有信心、有能力实现这个目标。① 只要坚持不断推进马克思主义中国化，中华民族伟大复兴的中国梦一定能实现。

---

① 习近平：《在庆祝中国共产党成立 95 周年大会上的讲话》，《人民日报》2016 年 7 月 2 日。

论马克思主义中国化的"六个化"(代总序) ……………… (001)

第一篇 思想理论教育的马克思主义中国化

"四信"教育与社会主义核心价值体系建设 ……………… (003)
从马克思主义中国化到中国化马克思主义的跃迁 ……… (010)
马克思主义"三化"与思想政治教育学科建设 …………… (019)
高校精神文明建设的首要任务 …………………………… (031)
高校师德的标杆与德育的指南 …………………………… (038)
"四为"文化素质教育与大学生素质的提升 ……………… (045)
综合拓展 人文为本
——安庆师院探索文科人才培养新模式 ……………… (052)
树立科学教育观与我国科学教育的三大转变 …………… (057)
弘扬科学文化与人文文化 ………………………………… (067)
科学教育与人文教育融合的现实意义 …………………… (097)
加强大学生人文艺术素养 ………………………………… (103)
科学人文艺术融合与高校通识教育的创新 ……………… (106)

001

从科学人文艺术融合走向追求真善美的人文实践 …………（113）
高校文化素质教育的科学定位
　　——读《杨叔子文化素质教育演讲录》有感 …………（120）
育人为本与"四成"教育工程 ……………………………（127）

第二篇　马克思主义中国化的思想理论教育

江泽民对"邓小平理论"概念的科学阐释 ………………（135）
高举邓小平理论伟大旗帜 …………………………………（143）
胡锦涛对"三个代表"重要思想的科学阐释 ……………（161）
从双重角度把握邓小平理论的科学体系 …………………（176）
论《邓小平理论概论》框架体系的建构 …………………（182）
创设教学情境与高校邓小平理论"三进" ………………（188）
情感教学与邓小平理论教育 ………………………………（193）
积极探索三个"三结合"的邓小平理论教学法 …………（197）
中学思想政治课教学中的邓小平理论教育 ………………（204）
邓小平理论教育与大学生思想政治素质的提高 …………（211）
邓小平理论教育与大学生创新能力的培养 ………………（217）
论高校"邓小平理论和'三个代表'重要思想概论"课程
　　建设 …………………………………………………（228）
把握"五大发展理念"的战略高度 ………………………（234）

后记 …………………………………………………………（248）
附录　马克思主义中国化研究丛书（八卷本）总目录 …（255）

第一篇　思想理论教育的马克思主义中国化

"四信"教育与社会主义核心价值体系建设[*]

社会主义核心价值体系是社会主义制度的生命之魂。马克思主义和中国化的马克思主义为建设社会主义核心价值体系提供了科学世界观；建设中国特色社会主义，实现社会主义现代化，反映了我国最广大人民的利益要求，是我国现阶段的历史任务和共同理想，也是中国共产党人的坚定信念；以爱国主义为核心的民族精神和以改革创新为核心的时代精神，是社会主义核心价值体系的精神支撑；以"八荣八耻"为主要内容的社会主义荣辱观，反映了社会主义道德的基本要求。社会主义核心价值体系建设的目的是解决"四观"问题，即树立正确的世界观、人生观、价值观、道德观。信仰、信念、信心、信任等"四信"与社会主义核心价值体系四大内容都属于精神世界范畴。"四信"教育是社会主义核心价值体系建设的重要途径，其任务是提高"四力"即增强社会主义核心价值体系的说服力、感召力、凝聚力和公信力。社会主义核心价值体系与信仰、信念、信心和信任是一个整体。"四信"教育的提升是社会主义核心价值体系建设的标尺，社会主义核心价值体系建设的成效要通过"四信"教育培养"四有"新人和"四个新一代"来衡量。

---

[*] 此文原刊于《党的文献》2007年第5期。

党的十六届六中全会提出的社会主义核心价值体系理论，是新时期社会主义价值理论建设的重要成果。信仰、信念、信心、信任等"四信"教育，是社会主义核心价值体系建设的重要途径。同时，社会主义核心价值体系建设的成效要通过"四信"教育培养"四有"新人和"四个新一代"来衡量。

一、社会主义核心价值体系建设的目的

社会主义核心价值体系是社会主义制度的生命之魂。社会主义核心价值体系建设的目的是解决"四观"问题，即树立正确的世界观、人生观、价值观、道德观。

马克思主义和中国化的马克思主义为建设社会主义核心价值体系提供了科学世界观。江泽民指出："马克思主义是我们立党立国的根本指导思想，是全国各族人民团结奋斗的共同理论基础。"[1] 动摇马克思主义的指导地位，就会动摇中国特色社会主义的根基和全国人民团结奋斗的思想基础，就会造成世界观的混乱。社会主义核心价值体系建设，要把马克思主义作为一种信仰，作为真理来学，要真学真信真用。只有坚持以马列主义、毛泽东思想、邓小平理论和"三个代表"重要思想为指导，才能使全国人民具有共同的信仰和精神支柱。

建设中国特色社会主义，实现社会主义现代化，反映了我国最广大人民的利益要求，是我国现阶段的历史任务和共同理想，也是中国共产党人的坚定信念。2007年6月25日，胡锦涛在中央党校的重要讲话中指出，中国特色社会主义是当代中国发展进步的旗帜，是全党全国各族人民团结奋斗的旗帜。中国特色社会主义共同理想，是建设社会主义核心价值体系的目标。有了共同理想，社会

---

[1] 《江泽民文选》（第3卷），人民出版社2006年版，第282页。

成员才能把自己的理想与共同理想统一起来，才能实现自己的人生观。

以爱国主义为核心的民族精神和以改革创新为核心的时代精神，是社会主义核心价值体系的精神支撑。中华民族生生不息、薪火相传，就是依靠以爱国主义为核心的团结统一、爱好和平、勤劳勇敢、自强不息的伟大民族精神的精神支撑；而以改革创新为核心的与时俱进、开拓进取、求真务实、奋勇争先的时代精神，则是当代中国人民创造新辉煌的力量所在。我们对中国特色社会主义建设的信心，既源于改革开放和现代化建设的成功实践，更源于包括爱国主义为核心的民族精神和改革创新为核心的时代精神在内的价值观的引领。

以"八荣八耻"为主要内容的社会主义荣辱观，反映了社会主义道德的基本要求。只有树立正确的荣辱观，分清是非荣辱、明辨善恶美丑，才能形成良好的道德风尚。中国共产党是领导我们事业的核心力量，经过艰辛探索，我们党的领导集体更加成熟、坚强有力、可以信赖；广大社会成员践行"八荣八耻"荣辱观，坚持诚实守信，坚定对党和政府的信任，就能实现中华民族的伟大复兴。

二、"四信"教育与社会主义核心价值体系建设的实现

信仰、信念、信心、信任等"四信"与社会主义核心价值体系四大内容都属于精神世界范畴。"四信"教育是社会主义核心价值体系建设的重要途径，其任务是提高"四力"即增强社会主义核心价值体系的说服力、感召力、凝聚力和公信力。

坚持马克思主义指导思想，是社会主义核心价值体系的核心和灵魂。在我国社会意识形态中，马克思主义具有指导地位和作用。毛泽东、邓小平、江泽民、胡锦涛都把坚持马克思主义提到信仰的高度来强调。在国际共产主义运动处于低潮时，邓小平向世界宣示：

"我坚信,世界上赞成马克思主义的人会多起来的,因为马克思主义是科学。"①把坚持马克思主义提到信仰的高度,"四信"教育特别是信仰教育必须阐明马克思主义的科学性和人民性,从而增强社会主义核心价值体系中指导思想的说服力。

任何一个国家和民族,都需要有一个精神支柱。理想信念是最重要的精神支柱。邓小平开辟改革开放新时期以来,建设中国特色社会主义成为现阶段全国各族人民的共同理想。党的十二届六中全会提出,建设有中国特色的社会主义,把我国建设成为高度文明、高度民主的社会主义现代化国家,这就是现阶段我国各族人民的共同理想。建设有中国特色的社会主义这一共同理想,昭示着我们在21世纪前20年全面建设小康社会,到世纪中叶基本实现社会主义现代化,把我国建设成为富强、民主、文明、和谐的社会主义国家。"四信"教育特别是信念教育必须阐明中国特色社会主义作为中国人民现阶段共同理想的历史必然性与人民选择性,从而增强社会主义核心价值体系中共同理想的感召力。

以爱国主义为核心的民族精神和以改革创新为核心的时代精神,是中华民族薪火相传的精神支撑和当代中国人民创造新业绩的力量源泉。党的十六大报告提出"把弘扬和培育民族精神作为文化建设极为重要的任务"。2004年8月,中共中央、国务院发出《关于进一步加强和改进大学生思想政治教育的意见》,第一次把改革创新表述为时代精神的核心;十六届四中全会正式提出加强理想信念教育,弘扬以爱国主义为核心的民族精神和以改革创新为核心的时代精神,弘扬集体主义、社会主义思想,使全体人民始终保持昂扬向上的精神状态。"四信"教育特别是信心教育必须阐明民族精神和时代精神所具有的广泛性和包容性,从而增强社会主义核心价值体系中民族精神和时代精神的凝聚力。

---

① 《邓小平文选》(第3卷),人民出版社1993年版,第382页。

社会主义荣辱观是和谐社会的道德支撑,可以通过有效的宣传使得导向性道德成为主流道德规范。胡锦涛提出的以"八荣八耻"为主要内容的社会主义荣辱观,涵盖了社会风尚、人生态度,体现了中华民族传统美德、党的优良传统和社会主义道德的完美结合。执政党和人民政府是公共政策的制定者和实践者,其诚信起到道德示范作用;党政部门、领导干部和公职人员诚实守信的道德风貌,对公民起到引导作用并增加对公共权力的信任。"四信"教育特别是信任教育必须阐明社会主义荣辱观的传播性和示范性,从而增强社会主义核心价值体系中社会主义荣辱观的公信力。

三、"四信"教育与社会主义核心价值体系建设成效的检验

社会主义核心价值体系与信仰、信念、信心和信任是一个整体。"四信"教育的提升是社会主义核心价值体系建设的标尺,社会主义核心价值体系建设的成效要通过"四信"教育培养"四有"新人和"四个新一代"来衡量。

在社会主义核心价值体系中,马克思主义指导思想决定社会主义核心价值体系的性质和方向;中国特色社会主义理想、民族精神和时代精神、社会主义荣辱观能有效凝聚各个方面智慧和力量,能用一元化指导思想引领多样化的社会思想。

"四信"则是包括对马克思主义的信仰、对建设中国特色社会主义的信念、对改革开放和现代化建设事业的信心、对党和政府的信任所构成的体系。信仰是对历史必然性的把握,是对未来发展趋势的科学预测。共产主义是共产党人崇高的理想追求;信念是现阶段共同理想,是党的基本纲领,是当前全党全国团结奋斗的共同目标。中国近代以来一个多世纪的历史证明,只有社会主义才能救中国;中华人民共和国成立以来半个多世纪的历史证明,只有中国特色社会主义才能发展中国;在当代中国,只有中国特色社会主义道路,才是维护统一、走向富强、实现和谐的正

确道路。①信仰和信念是密不可分的,信仰是信念的最高表现形式,信念则是信仰的具体体现。我们要把自己个人的追求汇入国家和人民的共同追求之中。

对民族振兴、对社会主义事业必胜信心,既有对社会主义事业必然性的把握,又有民族精神与时代精神的支撑,正是以爱国主义为核心的民族精神和以改革创新为核心的时代精神鼓舞人们充满信心地去奋斗。这两种精神是巨大的信心支持和文化财富。信任则是一种道德观,树立社会主义荣辱观,知荣辱,讲荣辱,人们才讲诚实守信,人们才有相互信任。不讲荣辱的人,也就难以诚信,就会发生信任危机。信任危机会波及对信心、信念、信仰的危机。信任教育是信仰、信念、信心教育的切入点,只有先取得信任,才能逐步发展和提升到信心、信念、信仰的层次。

社会主义核心价值体系建设和"四信"教育的成效最终要归结到全面发展的人才培养上。20 世纪 50 年代,毛泽东提出"把受教育者培养成为有社会主义觉悟的有文化的劳动者"。党的十一届三中全会以后,邓小平提出培育"有理想、有道德、有文化、有纪律"的新时期"四有"新人。在新的历史条件下,江泽民提出:以科学的理论武装人,以正确的舆论引导人,以高尚的精神塑造人,以优秀的作品鼓舞人。2007 年 5 月 4 日,胡锦涛致信中国青年群英会全体代表,希望全国广大团员和各族青年努力成为理想远大、信念坚定的新一代,品德高尚、意志顽强的新一代,视野开阔、知识丰富的新一代,开拓进取、艰苦创业的新一代,让青春在建设中国特色社会主义的伟大事业中焕发出更加绚丽的光彩。②从培育"四有"新人到培养"四个新一代",正是社会主义核心价值体系建设的目标和"四

---

① 章传家、颜晓峰:《坚定不移地走中国特色社会主义发展道路》,《人民日报》2007 年 5 月 16 日。
② 胡锦涛:《致中国青年群英会的信》,《人民日报》2007 年 5 月 5 日。

信"教育的任务，正是检验"四信"教育和社会主义核心价值体系建设成效的标准。全面建设小康社会、加快推进社会主义现代化，需要加强"四信"教育和社会主义核心价值体系建设，构建社会主义和谐文化，培养"四有"新人和"四个新一代"。

从马克思主义中国化到中国化马克思主义的跃迁*

从马克思主义中国化到中国化马克思主义跃迁,首先要回答马克思主义中国化的立足点问题。马克思主义中国化的实质是马克思主义的民族化和本土化,从发生学的意义上看,马克思主义中国化是运用马克思主义解决不同时代中国社会重大问题的需要。从马克思主义中国化到中国化马克思主义跃迁,最重要的是必须明确马克思主义中国化的出发点问题,要从中国国情实际出发,而不能从理论原则出发。对中国国情的客观分析是中国化马克思主义的理论基石。从马克思主义中国化到中国化马克思主义的跃迁,最根本的是要解决马克思主义中国化的着力点问题。要在马克思主义与中国具体实际相"结合"的基础上实现实践创新与理论飞跃,形成和发展中国化的马克思主义。中国化马克思主义是马克思主义中国化的最高成就,是马克思主义中国化的实现标志。

近代以来中国历史的一条主线是马克思主义的中国化。马克思主义中国化的历史就是马克思主义与中国实际相结合的历史,就是

---

* 此文系国家社会科学基金重大项目《经典作家关于经济文化落后国家发展道路的基本观点研究》(04MZD021)的研究成果。原刊于《科学社会主义》2005年第2期。

中国化马克思主义形成和发展的历史。全面研究马克思主义中国化的客观历史进程，把握马克思主义中国化到中国化马克思主义的跃迁规律，对于不断推进中国特色社会主义伟大事业和党的建设新的伟大工程，具有重大的意义。

一

从马克思主义中国化到中国化马克思主义跃迁，首先要回答马克思主义中国化的立足点问题。马克思主义中国化的实质是马克思主义的民族化和本土化，从发生学的意义上看，马克思主义中国化是运用马克思主义解决不同时代中国社会重大问题的需要。

马克思依据西欧发达资本主义国家生产力与生产关系的矛盾运动，总结世界无产阶级革命斗争的经验，阐明了资本主义产生、发展和必然被社会主义代替的历史规律。但当有人把马克思主义关于西欧资本主义起源的历史概述变成一般发展道路的历史哲学理论时，马克思对此提出严肃批评：这样做会给我过多的荣誉，同时也会给我过多的侮辱。[①] 由于各国的革命和建设具有各国的特殊性或个性，晚年的马克思研究全球化条件下不发达国家的国情实际，提出了东方社会跨越资本主义"卡夫丁峡谷"的构想。发达国家社会主义对资本主义的"代替论"和不发达国家社会主义对资本主义的"跨越论"，体现的正是人类社会发展规律与社会主义革命规律之间普遍性与特殊性的统一。马克思主义是以改造世界为己任的科学理论，具有揭示和构造现存世界的价值指向。来源自无产阶级实践的马克思主义必须回到西方发达国家和东方不发达国家无产阶级革命实践过程中才能在指导革命中得到验证和发展。马克思主义只有中国化，才能发挥对中国革命的指导作用，才能通过解决中国这一东方大国的实际问题来实现其改造世界的历史使命。

[①]《马克思恩格斯选集》（第3卷），人民出版社1995年版，第341—342页。

马克思主义中国化又是中国社会变迁和革命发展的客观要求。马克思主义本是来自西方的理论，为什么能被中国人民所接受并成为中国先进文化的核心内容？有的认为，16世纪至19世纪中西文化的大际遇，使马克思主义与中国文化有着学脉渊承的关系①；有的认为，马克思主义与中国文化传统之间有一些相似相通的因素②。笔者认为，马克思主义被中国人民接受的根本原因在于马克思主义所回答的基本问题恰好是中国人民企盼和努力解决的重大问题。中国面临的重大实践问题，也只有上升到理论的层面，在马克思主义指导下才能得到解决。

"马克思主义中国化"命题最初是毛泽东针对中国革命中存在的问题提出的。1930年5月，毛泽东在《反对本本主义》一文中指出："马克思主义的'本本'是要学习的，但是必须同我国的实际情况相结合。我们需要'本本'，但是一定要纠正脱离实际情况的本本主义。"③ 1938年10月14日，毛泽东在中共六届六中全会上代表中央作《新阶段》的政治报告，第一次明确提出"马克思主义中国化"的论断。他指出，离开中国特点来谈马克思主义，只是抽象的空洞的马克思主义。因此，马克思主义的中国化，使之在其每一表现中带着中国的特性，即是说，按照中国的特点去应用它，成为全党亟待了解并亟须解决的问题。④

学习马克思主义要精要管用。马克思主义中国化要解决的中心课题主要是中国民族独立和国强民富的问题，这就产生了中国革命、中国改革和中国发展三大主题。马克思主义中国化要解决这三大主题，实现中国的发展和现代化。换句话说，中国化马克思主义也正是因为解决了这三大主题，才算实现了马克思主义中国化立足点的

---

① 张允熠：《中国文化与马克思主义》，山西教育出版社1999年版，第159页。
② 何萍、李维武：《马克思主义中国化探论》，人民出版社2002年版，第37页。
③ 《毛泽东选集》（第1卷），人民出版社1991年版，第115页。
④ 毛泽东：《论新阶段》，《解放》1938年第57期，第37页。

科学定位。

二

从马克思主义中国化到中国化马克思主义跃迁,最重要的是必须明确马克思主义中国化的出发点问题,要从中国国情实际出发,而不能从理论原则出发。对中国国情的客观分析是中国化马克思主义的理论基石。

马克思主义具体化、民族化、本土化表现在时间和空间两个方面。在时间方面即纵向方面是与时俱进,根据无产阶级解放运动不同时代的特点、不同历史阶段的实际运用马克思主义;在空间方面即横向方面是因地制宜,将马克思主义的普遍原理与不同民族、不同国家的具体实际结合起来。1887年,恩格斯在《美国工人运动》一文中指出,美国工人阶级的最终纲领,应该而且一定会基本上同整个战斗的欧洲工人阶级现在所采取的纲领一样,同德美社会主义工人政党的纲领一样。在这方面,这个党必须在运动中起非常重要的作用。但是要做到这一点,它必须完全脱下它的外国服装,必须成为彻底美国化的党。列宁也指出,"我们认为,对于俄国社会党人来说,尤其需要独立地探讨马克思的理论,因为它所提供的只是总的指导原理,而这些原理的应用具体地说,在英国不同于法国,在法国不同于德国,在德国又不同于俄国"。[①]

"马克思主义中国化"的命题是我们党在总结历史经验的基础上提出的,有着强烈的针对性。正确认识极为复杂的中国国情,是一件十分艰难的事情,马克思主义书本上没有现成的答案。马克思主义认为,人类社会在总体上要历经原始社会、奴隶社会、封建社会和资本主义社会才能进入社会主义共产主义社会,东方社会存在一个亚细亚生产方式和跨越资本主义"卡夫丁峡谷"的问题。但这些

---

① 《列宁选集》(第1卷),人民出版社1995年版,第274—275页。

思想中没有提到"半殖民地半封建"的社会形态，也没有提出"新民主主义革命"的范畴。

在马克思主义中国化的早期，我们党存在对马克思主义教条化倾向和盲从共产国际指导的问题。按照共产国际的组织规则，中国共产党必须无条件地执行共产国际的指示，必须接受共产国际代表的监督和指导。当时世界上只有苏联成功地实现了社会主义革命，马克思主义俄国化和俄国革命经验神圣化就成为一种难以避免的状况。用俄国党的标准和俄国革命的经验来指导与衡量各国共产党和各国革命的情况，当然会影响马克思主义中国化的进程。陈独秀右倾错误和瞿秋白、李立三、王明"左"倾错误的发生，都与马克思主义中国化的出发点错位相关。

在新民主主义革命时期，我们党内有两种马克思主义者：一种是教条主义的马克思主义者，他们不懂得马克思主义基本原理的实际运用随时随地都要以当时的历史条件为转移。陈独秀照抄照搬俄国孟什维克的策略，认为资产阶级革命应由资产阶级领导，放弃无产阶级领导权；王明照抄照搬俄国布尔什维克的策略，认为中国应走俄国攻打大城市的道路。另一种是创造性的马克思主义者，毛泽东就是这种马克思主义的杰出代表。同样是在马克思主义中国化的过程中，毛泽东能冲破教条主义，不迷信共产国际指示的束缚，从半殖民地半封建社会的国情实际出发，提出了无产阶级领导的、人民大众的、反帝、反封建、反官僚资本主义的新民主主义革命总路线和以农村为中心、以农民为主体的农村包围城市的中国特色的革命道路。

中国革命的实践证明，从马克思主义原理出发、把马克思主义搬到中国甚至把俄国式马克思主义搬到中国，或者照抄共产国际指示和俄国革命经验，表面上使马克思主义中国化了，实际上并未做到马克思主义与中国实际的真正结合，并未实现马克思主义中国化。运用马克思主义要理论联系国情实际，而不能用理论剪裁实际，不能要求实际去适应理论,这是唯物主义原则的贯彻。对马克思主义理论的掌握程度以及对中国历史与现实的认知深度,是马克思主义中国化的必要前提;从中国实际出发实事求是,是中国化马克思主义的理论精髓。

三

从马克思主义中国化到中国化马克思主义的跃迁,最根本的是要解决马克思主义中国化的着力点问题。要在马克思主义与中国具体实际相"结合"的基础上实现实践创新与理论飞跃,形成和发展中国化的马克思主义。

(一)马克思主义中国化,就是要着眼于马克思主义与时代特征和中国实际的结合,使产生于欧洲的马克思主义成为体现时代性、具有中国作风和中国气派的中国化的马克思主义

历史表明,中国现代化的思想资源,不能纯粹源自西方,但又要求具有西方形式;不能源自自身的文化传统,却又要充分考虑到文化传统及其现代转换的内在要求[①]。邓小平1956年在《马列主义要与中国的实际情况相结合》一文中指出,马列主义普遍真理与本国的具体实际相结合,这句话包含两个方面,一方面叫普遍真理,另一方面叫结合本国实际。我们历来认为离开任何一面都不行。遗憾的是后来马列主义与中国实际的结合出现了偏差,未能清醒地认识到社会主义中国不发达的基本国情,犯了"大跃进"、人民公社化盲目求快、盲目求纯的错误和"文化大革命"超越发展阶段的"左"倾错误。

十一届三中全会以来,我们党既坚持马克思主义,又立足我国改革开放和现代化建设的实践,成功地实现了马克思主义与当代中

---

① 邹诗鹏:《马克思主义中国化与中国现代性的建构》,《中国社会科学》2005年第1期。

国实际和时代特征的结合。邓小平总结我国社会主义建设的经验教训，指出，"思想路线是什么？就是坚持马克思主义，坚持把马克思主义同中国实际相结合，也就是坚持毛泽东同志说的实事求是。"① 1982年邓小平在党的十二大开幕词中郑重宣告："把马克思主义的普遍真理同我国的具体实际结合起来，走自己的道路，建设有中国特色的社会主义，这就是我们总结长期历史经验得出的基本结论。"② 中国革命的成功，是毛泽东实事求是地把马克思列宁主义与中国的实际相结合、走自己的路的结果；现在中国搞建设，也要解放思想，实事求是，把马列主义同中国的实际相结合，走自己的路。

（二）马克思主义中国化，就是要着眼于中国特色革命、改革和建设过程中的实践创新，创立和发展充满活力和富于创造性的中国化的马克思主义

毛泽东说过，不如马克思，不是马克思主义者；等于马克思，也不是马克思主义者；只有超过马克思，才是马克思主义者。中国共产党人只有在他们善于应用马克思列宁主义的立场、观点和方法，善于应用列宁斯大林关于中国革命的学说，进一步地从中国历史实际和革命实际的认真研究中，在各方面做出合乎中国需要的理论性的创造，才叫做理论和实际相联系。③

在旧中国这样一个半殖民地半封建的东方大国，共产党人要领导革命取得胜利，在马列主义书本上找不到现成的答案。是毛泽东从中国的实际出发，把农民作为革命的主力，在农村这一薄弱环节首先突破，开辟了一条在农村建立革命根据地、以农村包围城市、最后夺取全国政权的道路，创立了毛泽东思想。中华人民共和国成

---

① 《邓小平文选》（第3卷），人民出版社1993年版，第62页。
② 《邓小平文选》（第3卷），人民出版社1993年版，第3页。
③ 《毛泽东选集》（第3卷），人民出版社1991年版，第820页。

立后,毛泽东把马克思主义同中国具体实际相结合,创造性地提出了过渡时期总路线,比较好地完成了从新民主主义向社会主义过渡的历史任务。

马克思主义具有与时俱进的理论品格。社会主义搞市场经济,过去在社会主义国家是很难想象的。把社会主义与市场经济结合起来,是邓小平的一个创举,也是中国特色社会主义的一个重要内容。中国马克思主义只有继马克思主义中国化之后进一步实现马克思主义现代化,才有可能从对马克思主义的"形似"上升为"神随"。马克思主义现代化是马克思主义中国化进程的内在要求,是马克思主义中国化更高水平的表现形式。[1]

(三)马克思主义中国化,就是要在马克思主义中国化基础上实现历史性飞跃,高举体现规律性的中国化马克思主义的理论旗帜

以毛泽东、邓小平、江泽民和胡锦涛为领导的党中央,在中国革命、改革和发展的进程中,实现了马克思主义与中国实际相结合的一次次历史性飞跃,产生了中国化马克思主义的理论成果。

毛泽东是马克思主义中国化的开拓者和奠基人,毛泽东思想是中国化马克思主义的第一形态;邓小平开辟了马克思主义中国化的新境界,邓小平理论是中国化马克思主义的第二形态;江泽民将马克思主义中国化推向新阶段,"三个代表"重要思想是中国化马克思主义的第三形态;胡锦涛把马克思主义中国化推进到全面建设小康社会的新世纪,科学发展观是中国化马克思主义的最新形态。

毛泽东思想、邓小平理论、"三个代表"重要思想和科学发展观,作为马克思主义中国化的理论成果,都是在实践与理论双重探索中形成和发展的内容丰富的思想体系。科学发展观是我们党以邓小平理论和"三个代表"重要思想为指导、从新世纪新阶段党和国

---

[1] 余金成:《实现马克思主义中国化与现代化的统一》,《科学社会主义》2004 年第 5 期。

家事业发展全局出发提出的重要指导思想①。坚持以人为本、全面协调可持续的科学发展观，要正确认识和处理社会主义物质文明、政治文明、精神文明与和谐社会建设的关系，从促进经济社会协调发展和人的全面发展的实践中深化对中国特色社会主义建设规律的认识，实现中华民族的伟大复兴。

中国化马克思主义是马克思主义中国化的最高成就，是马克思主义中国化的实现标志。从马克思主义中国化到中国化马克思主义的跃迁，是一个永恒的事业。在新世纪新阶段，我们要不断推进马克思主义中国化进程，把中国化的马克思主义发展到新水平。

---

① 胡锦涛：《坚持以科学发展观统领发展全局》，《人民日报》2004年12月23日。

马克思主义"三化"与思想政治教育学科建设[*]

思想政治教育的学科属性姓"马",是马克思主义思想政治教育;思想政治教育的马克思主义属性是马克思主义理论学科的题中应有之义。在当代中国,拓展思想政治教育的学科领域,应该在马克思主义"三化"背景下强化思想政治教育学科属性。思想政治教育坚持马克思主义中国化时代化大众化,才能根据中国社会的需要,在解答与解决中国革命、建设和改革问题过程中,发挥思想政治教育传播科学理论、武装头脑的功能。从高校本科专业教育与学科发展的关系看,马克思主义基本原理、马克思主义发展史、马克思主义中国化研究、国外马克思主义研究、中国近现代史基本问题研究5个马克思主义理论的二级学科都未设置本科专业,唯有思想政治教育这个二级学科设置了高校本科专业。在当代中国,丰富思想政治教育的学科内涵,应该在马克思主义"三化"指导下明确思想政治教育专业目标。学科和专业建设要通过课程即课业及其进程来落实。在当代中国,增强思想政治教育的学科特色,应该在推进马克思主义"三化"过程中建设思想政治教育课程体系。

---

[*] 此文原刊于《思想理论教育导刊》2012年第6期。

思想政治教育学科是设在马克思主义理论一级学科下的二级学科，这种学科定位决定着该学科与马克思主义的内在本质联系。在新世纪新阶段，马克思主义中国化时代化大众化规定着思想政治教育学科建设的方向、内容与方式；思想政治教育学科建设要在马克思主义"三化"的宏大背景下，拓展学科领域、丰富学科内涵、增强学科特色进而提高学科水平。

一、马克思主义"三化"与思想政治教育学科属性

学界曾对思想政治教育的学科属性展开过讨论，有的认为思想政治教育属于教育学，有的认为思想政治教育属于政治学。这些议论关注到了"思想政治教育"的核心词"政治"或"教育"，[①] 但忽视了"思想"这一"思想政治教育"的首位核心词。国务院学位委员会、教育部《关于调整增设马克思主义理论一级学科及所属二级学科的通知》（学位［2005］第64号）指出，思想政治教育作为二级学科隶属于马克思主义理论一级学科，而马克思主义理论一级学科设置于"法学"门类内。[②] 这就明确规定了思想政治教育的学科属性既不是教育学也不是政治学，而是归属于法学学科门类的马克思主义理论一级学科。思想政治教育的学科属性姓"马"，是马克思主义思想政治教育；在当代中国，拓展思想政治教育的学科领域，应该在马克思主义"三化"背景下强化思想政治教育学科属性。

（一）思想政治教育是马克思主义理论的概念，突出强调思想政治教育学科建设的马克思主义属性是马克思主义理论学科的题中应有之义

马克思主义是工人阶级和广大劳动人民认识世界和改造世界的

---

① 朱桂莲：《略论思想政治教育的学科属性及本质特征》，《学校党建与思想教育（高教版）》2003年第12期。

② 教育部社会科学司：《普通高校思想政治理论课文献选编（1949—2008）》，中国人民大学出版社2008年版，第230页。

强大思想武器，马克思主义基本原理同各国具体实践相结合是马克思主义发展的重要特点，各国工人阶级政党都重视马克思主义传播，以启发工农阶级觉悟和投身革命与建设实践。中国共产党是以马克思主义为指导思想的党，自成立之日起就把思想政治工作作为实现马克思主义价值的重要途径，运用马克思主义中国化理论成果开展思想政治教育，引领前进方向，凝聚奋斗力量。

马克思主义是世界性与国别性相统一的理论。马克思主义普遍性理论只有与各国具体实际相结合，才能适合各国国情，满足各国需要，才能在各国得到广泛传播、被接受并指导各国实践。中华人民共和国成立以来，我国在广大人民群众中广泛开展丰富多采的思想政治教育活动，在学校把开设思想政治理论课作为对学生进行思想政治教育的主渠道。思想政治教育学科以马克思主义为理论指导，以党的思想政治工作为实践基础，多年的学科建设取得了丰硕成果。

（二）设立包括思想政治教育在内的所属二级学科，是巩固和加强马克思主义在意识形态领域指导地位的重大举措。

意识形态性是思想政治教育的根本属性，思想政治教育与意识形态在本质上的鲜明阶级性、功能上的政治服务性以及价值上的认同主导性之间是相互吻合与一致的。[①] 作为设在马克思主义理论一级学科下的二级独立学科，思想政治教育具有马克思主义理论一级学科所具有的共同学科内涵；要对思想政治教育学科进行正确定位，就必须把它放在马克思主义理论一级学科的全局中，正确认识马克思主义中国化时代化大众化与思想政治教育的关系。

随着我国改革开放的深入，人们思想活动的独立性、选择性、多变性、差异性明显增强，思想政治教育的意识形态属性与非意识形态属性都越来越突出；但思想政治教育的意识形态属性与非意识

---

① 张耀灿：《试论思想政治教育学科的定位与建设》，《思想理论教育导刊》2006年第7期。

形态属性不是并列关系,思想政治教育的主要任务在于进行统治阶级的意识形态教育,思想政治教育的意识形态性主导着思想政治教育的根本方向。[①] 坚持社会主义意识形态的主导地位,必须突出思想政治教育的意识形态性,坚持把马克思主义特别是中国化马克思主义作为思想政治教育的指导思想、理论基础和根本教育内容。

(三)思想政治教育只有坚持马克思主义中国化时代化大众化,才能根据中国社会的需要,在解答与解决中国革命、建设和改革问题过程中,发挥思想政治教育传播科学理论、武装头脑的功能

马克思主义这一科学理论被运用于中国并发挥出巨大的作用,是因为中国的社会条件有了这样的需要,是因为这一科学理论同中国人民争取自身解放和发展的实践发生了联系,同中国社会进步的客观要求紧密地结合在了一起。如果没有客观存在的需要,如果不同中国的实际、中国人民的实践和时代发展的要求相结合,那么再好的理论也是不起作用的。[②] 中国革命、建设和改革的实践证明,照搬照抄马克思主义的书本,不可能使马克思主义与中国实际结合;马克思主义只有中国化时代化大众化,才能使马克思主义理论由普遍走到特殊。党的十六大以来,以胡锦涛为总书记的党中央坚持用马克思主义中国化最新成果武装全党和教育人民,巩固全党全国各族人民团结奋斗的共同思想基础。2011年10月中共十七届六中全会通过的《中共中央关于深化文化体制改革推动社会主义文化大发展大繁荣若干重大问题的决定》要求,深入推进马克思主义理论研究和建设工程,实施中国特色社会主义理论体系普及计划,加强重点学科体系和教材体系建设,推动中国特色社会主义理论体系进教材、进课堂、进头脑,加强和改进学校思想政治教育。这给思想政治教

---

① 石书臣:《论思想政治教育中意识形态性与非意识形态性的统一》,《探索》2003年第3期。
② 胡锦涛:《用"三个代表"重要思想武装头脑指导实践推动工作》,《求是》2004年第1期。

育学科建设指明了方向。

马克思主义不仅通过从理论变为现实,推动社会主义在实践中获得巨大发展,而且极大地影响了资本主义的历史进程,展示出强大的理论生命力。中国特色社会主义实践的成功范例更使我们清楚地看到马克思主义中国化所焕发出的旺盛的理论创新力和强大的实践影响力。① 当下教育学科建设坚持马克思主义"三化"的方向,就是要掌握马克思主义理论,不断加深对中国特色社会主义理论体系的理解,把马克思主义中国化理论成果转化为大学生建设中国特色社会主义的坚定信念和行动力量。

二、马克思主义"三化"与思想政治教育专业目标

按照国家2011年颁布的《学位授予和人才培养学科目录》,法学门类下设法学、政治学、社会学、民族学、马克思主义理论等6个一级学科,马克思主义理论一级学科又下设马克思主义基本原理、马克思主义发展史、思想政治教育等6个二级学科。一级学科是基础,二级学科是专业。从高校本科专业教育与学科发展的关系看,马克思主义基本原理、马克思主义发展史、马克思主义中国化研究、国外马克思主义研究、中国近现代史基本问题研究等5个马克思主义理论的二级学科都未设置本科专业,唯有思想政治教育这个二级学科设置了高校本科专业。在当代中国,丰富思想政治教育的学科内涵,应该在马克思主义"三化"指导下明确思想政治教育专业目标。

学科的发展是由学科下的各专业发展来体现的,专业建设是学科建设内容的细化。② 在2008年普通高等学校本科专业目录中,思想政治教育属于政治学类;而教育部2011年4月和9月发布的修订

---

① 衣俊卿:《理论的力量——〈马克思恩格斯文集〉〈列宁专题文集〉读后》,《光明日报》2010年7月18日。
② 顾钰民:《论马克思主义理论学科建设的三个关系》,《思想理论教育导刊》2009年第4期。

版本科专业目录（第一、二稿）都把思想政治教育调整到马克思主义理论类，这就实现了思想政治教育本科专业与马克思主义理论下属思想政治教育二级学科定位上的一致性。高校思想政治教育本科专业具有厚基础、宽口径、重能力、强素质的目标要求，不仅需要思想政治教育这一马克思主义理论的二级学科提供直接的学科支撑，而且需要马克思主义基本原理、马克思主义发展史、马克思主义中国化研究、国外马克思主义研究、中国近现代史基本问题研究等马克思主义理论的二级学科给予多学科支持。

国务院学位委员会和教育部2005年颁布的《马克思主义理论一级学科及其所属二级学科简介》指出："思想政治教育是运用马克思主义理论与方法，专个研究人们思想品德形成、发展和思想政治教育规律，培养人们正确世界观、人生观、价值观的学科。"[①] 马克思主义理论学科在马克思主义理论研究上具有内容的整体性、研究方法的综合性和教育对象的公共性等学科特点。按照这样的学科特点建设作为马克思主义理论学科下属的思想政治教育学科与专业，就要坚持运用马克思主义理论与方法进行专业教育。

高校思想政治教育本科专业的人才培养目标一般是通过核心课程、通识课程、选修课程、实训课程的开设实施的。1993年10月国家教委下发的《关于高等学校思想政治教育专业办学的意见》（教政〔1993〕7号）提出，马克思主义理论是思想政治教育专业的主课，在各个办学层次的教学内容中处于核心地位，其他各科教学内容都必须坚持以马克思主义为指导。该《意见》强调，要特别注重对学生的马列主义、毛泽东思想教育，帮助学生逐步掌握马克思主义基本立场、观点和方法。要把建设有中国特色社会主义的理论作为教学的基本内容之一。

---

① 教育部社会科学司：《普通高校思想政治理论课文献选编（1949—2008）》，中国人民大学出版社2008年版，第230页。

19世纪上半叶创立的马克思主义深刻揭示了人类社会发展规律,坚定维护和发展最广大人民根本利益,是指引人民推动社会进步、创造美好生活的科学理论。马克思主义具有与时俱进的理论品质,广义的马克思主义是由马克思恩格斯创立、而由其后各个时代各个民族的马克思主义者不断丰富和发展的观点和学说的体系。广义马克思主义已包含马克思主义时空内涵。习近平说,中国特色社会主义理论体系是马克思主义中国化最新成果,总体上属于马克思列宁主义同中国实际相结合的第二次历史性飞跃的理论成果。这个重要论断,从时间和空间上对中国特色社会主义理论体系的产生和发展作出了科学界定,为我们正确认识中国特色社会主义理论体系在马克思主义中国化进程中的历史地位提供了根本依据。[1]

马克思主义是历史性与当代性相统一的理论。马克思主义只有中国化时代化大众化,才能使马克思主义理论由抽象到具体,解决不同历史时期中国面临的中心课题。当下思想政治教育学科与专业建设的根本任务是要坚持马克思主义基本原理,紧密结合中国实际、时代特征和人民愿望,用发展着的马克思主义指导思想政治教育专业建设。一方面,要开设马克思主义主要经典著作与基本原理专题、中国化马克思主义理论、思想政治教育理论与方法、中国共产党思想政治工作史、思想政治教育心理学等核心课程;另一方面,必须深入开展中国共产党思想政治工作史与基本经验研究、马克思主义理论教育研究、中国化马克思主义教育研究、思想政治教育创新等研究,从而系统掌握马克思主义基本原理和中国化马克思主义理论,全面掌握思想政治教育理论与方法,熟悉思想形成、发展规律和思想政治教育规律,掌握从事思想政治工作的基本能力,才能在马克思主义中国化时代化大众化过程中提高思想政治教育的针对性和有

---

[1] 习近平:《关于中国特色社会主义理论体系的几点学习体会和认识》,《求是》2008年第7期。

效性。

思想政治教育学科专业建设始终坚持马克思主义中国化时代化大众化，有利于对大学生关注的重大问题作出有说服力的阐释。社会主义核心价值体系是兴国之魂，是社会主义先进文化的精髓，决定着中国特色社会主义发展方向。[①]

思想政治教育在专业建设内容上根据社会主义核心价值体系推进马克思主义中国化时代化大众化，总结鲜活的实践经验，找准科学理论和现实生活的结合点，赋予当代中国马克思主义鲜明的民族特色时代特色实践特色，贴近实际、贴近生活、贴近群众，就能走进群众、赢得人心，发挥思想政治教育引领社会发展进步的指导实践功能。

三、马克思主义"三化"与思想政治教育课程体系

学科和专业建设要通过课程即课业及其进程来落实。课程是学校学生所应学习的学科总和及其进程安排。一级学科、二级学科（专业）的人才培养需要其专业之下的第三级——课程体系来承担。马克思主义理论一级学科决定了思想政治教育学科（专业）应建构以中国化马克思主义为主体架构的专业性与综合性并重的思想政治理论课程体系，还要开展公共思想政治理论课程的大众化教学培训。在当代中国，增强思想政治教育的学科特色，应该在推进马克思主义"三化"过程中建设思想政治教育课程体系。

20世纪90年代，高校思想政治教育专业开设了马克思主义原理、中国特色社会主义理论与实践、马克思主义思想政治教育著作选读、马克思主义思想政治教育理论基础、思想政治教育学原理、

---

① 《中共中央关于深化文化体制改革　推动社会主义文化大发展大繁荣若干重大问题的决定》，人民出版社2011年版，第11页。

思想政治教育史、思想政治教育心理学、思想政治教育方法论、基本思想政治观教育等课程，通过这样的课程体系来建设思想政治教育学科与专业。

高校坚持社会主义办学方向，必须对全体大学生进行社会主义核心价值体系教育。所以我国高校思想政治理论课教学要以马克思主义中国化理论成果为中心内容完善思想政治理论课课程体系。增设马克思主义理论一级学科及所属二级学科的决定与大学生思想政治理论课"05方案"的实施大体同时开展，这就把处理马克思主义理论学科与思想政治理论课程建设关系问题摆到了高校从事马克思主义理论科学研究和教育教学的教师面前。诚然，马克思主义理论学科与高校思想政治理论课学科不能划等号，但"马克思主义理论"学科作为一级学科的独立设置对加强和改进高校思想政治理论课建设具有特殊的意义。[①] 中宣部、教育部在2005年《关于进一步加强和改进高等学校思想政治理论课的意见》中指出，马克思主义理论学科建设是加强和改进思想政治理论课的基础。设立马克思主义理论一级学科，开展马克思主义理论体系研究，开展马克思主义发展史、马克思主义中国化研究，开展思想政治教育研究，是要为推进党的思想理论建设和巩固马克思主义在高等学校教育教学中的指导地位，为加强高校思想政治理论课建设，培养思想政治教育工作队伍提供有力的学科支撑。

马克思主义是学术性与大众性相统一的理论。思想政治教育作为马克思主义理论一级学科之下的二级学科，其思想政治教育专业课程和思想政治理论课的课程建设不仅要进行以马克思主义中国化、时代化理论成果为主要内容的思想政治教育，而且要进行有效实施马克思主义大众化的思想政治教育。加强马克思主义理论学科建设

---

① 武东生、余一凡：《从30年演进看高校思想政治理论教育课程与学科的关系》，《马克思主义理论学科研究》（第4辑），高等教育出版社2009年版，第177页。

与思想政治理论课建设,必须正确处理马克思主义理论研究与马克思主义传播普及、马克思主义学术性与马克思主义大众性的关系。

第一,思想政治教育学科、专业、课程建设要高度重视马克思主义理论学术研究,使马克思主义教育深入浅出、晓之以理。马克思恩格斯以全球化视野,在工业文明尚未在全球范围内充分展开的时代,就从西方社会、东—西方社会、东方社会角度提出文明国家、半文明国家、落后国家走向社会主义的替代、跨越、跳跃三维模式,① 其世界历史思想包含了深刻的理论穿透力与解释力。思想政治教育学科、专业、课程建设要深刻研读马克思主义经典著作产生的历史背景,真正全面地把握马克思恩格斯的基本立场和观点方法,揭示马克思主义巨大的理论力量和思想力量。

第二,思想政治教育坚持以人为本,与群众面对面、心贴心,才能引起共鸣、打动人心。马克思说:"理论只要说服人,就能掌握群众;而理论只要彻底,就能说服人。所谓彻底,就是抓住事物的根本。而人的根本就是人本身。"② 只有始终把人民放在党和国家一切工作的核心位置,坚持人民的价值与社会价值的统一,人民群众才能感受到马克思主义的人文关怀,才会真心接受和自觉运用马克思主义。

马克思主义大众化是使马克思主义理论由深奥到通俗,理论宣传、宣讲、解释、论述要力求通俗化以及运用互联网等技术手段,但这还不足以有效保证人们自觉接受和发自内心地认同马克思主义;只有在加强理论宣传普及的同时不断改善民生,努力使全体人民学有所教、劳有所得、病有所医、老有所养、住有所居,提高人民的生活水平,推动建设和谐社会,才能使人民群众认识到马克思主义

---

① 汪青松:《马克思社会发展"三维模式"的重新审视》,《马克思主义研究》2011年第5期。
② 《马克思恩格斯文集》(第1卷),人民出版社2009年版,第11页。

理论的魅力和说服力，才能有效保证大学生自觉接受和认同马克思主义。

第三，思想政治理论课教学必须开展思想政治教育的性质、规律、功能、内容、方法研究，探索和把握马克思主义大众化的规律。对重大思想理论问题的阐述和对现实问题的回答要通俗易懂，用具体的、贴近群众的语言形象地表达出来。只有让群众听得懂听得进，才能增强理论的说服力感染力。实践最有说服力，从实践立论、拿事实论证，用案例说话，让人感到理论可亲可近、可学可用。

思想政治教育要入耳入脑入心见行，思想政治理论学习要在"真学真懂真信真用"上下工夫。清华大学改进思想政治理论课教学，围绕"培养什么人"、"如何培养人"这一重大课题，明确提出"拥护党、拥护社会主义，服务祖国、服务人民"的思想政治教育目标；[1] 有的教师严格课堂管理，保证大学生能来上课，使学生实现从"要我学"到"我要学"的思想转变，从而做到真学马克思主义；真懂是真信的前提，只有学生真懂了，马克思主义理论本身的力量才能使大多数学生信仰马克思主义，从而产生学习动机；学生学习目的是为了真用，让学生把学到的理论灵活地用来分析他们感兴趣的问题，要求必须引用每节课记录下的课堂语录进行"串写"。在"串写"中运用马克思主义并检验学习成果。[2] 思想政治教育只有做到"四真"，思想政治理论课才能成为让大学生真心喜爱、终身受益、毕生难忘的课程。在高校有效实施马克思主义大众化，把思想政治理论课教好，才能发挥思想政治教育促进德育工作的功能。

在新世纪新阶段推进马克思主义中国化、时代化、大众化，是

---

[1] 朱亦一：《祖国母亲，为我们骄傲！——千名清华学子感言录》，河南人民出版社 2011 年版，第 1—4 页。

[2] 韦正翔、张正东：《有清华学生这样学习马克思主义》，中国社会科学出版社 2011 年版，第 1—2 页。

实施马克思主义理论研究和建设工程、加强党的思想理论建设的重要任务，也是思想政治教育拓展学科领域、丰富学科内涵和增强学科特色的实践课题。提高高校思想政治教育学科水平，马克思主义"三化"与思想政治教育学科建设任重而道远。

高校精神文明建设的首要任务*

　　高校精神文明建设把用邓小平理论武装师生作为首要任务，是社会主义精神文明建设本身的要求，也是培养社会主义建设者和接班人的需要，必须把它提到战略高度来认识。高校精神文明建设要加强邓小平理论教育，首先要解决邓小平理论进课堂、进教材、进头脑的"三进"问题。要把学习《邓小平文选》原著与对邓小平理论纲要或有关教材的教学结合起来，把独立开设邓小平理论课程与邓小平思想的渗透式教学结合起来，把全面掌握邓小平理论的科学体系与重点学习邓小平主要理论观点结合起来，把准确理解邓小平理论的特征与深入把握邓小平理论的依据结合起来。高校邓小平理论"三进"的关键是"进头脑"，不仅需要在邓小平理论教育内容上下工夫，而且需要完善教学环节，调动各种教学手段，运用科学的教学方法，情感激发与理性升华相联结，释疑解惑与引导学生参与相联结，理论联系实际与学以致用相联结，第一课堂与第二课堂相联结，深化理论研究与强化理论宣传相联结，提高理论教育的质量和效果，以达到用邓小平理论武装师生的头脑的目的。

　　高等学校是社会主义精神文明建设的重要阵地。高校精神文明

---

* 此文原刊于《中国高教研究》1997年第6期。

建设包括思想道德建设和教学科研两大内容，既要抓精神文明软件建设，又要抓精神文明硬件建设，还要积极开展精神文明创建活动。而这一切的核心问题是要贯彻中共十五大精神，高举邓小平理论的伟大旗帜，加强邓小平理论的教育。坚持用邓小平理论武装全体师生，是高校精神文明建设的首要任务。

一

高校精神文明建设把用邓小平理论武装师生作为首要任务，是社会主义精神文明建设本身的要求，也是培养社会主义建设者和接班人的需要，必须把它提到战略高度来认识。

（一）邓小平理论是当代中国社会主义精神文明建设的指导思想，高校精神文明建设必然要以邓小平理论为指导，要把邓小平理论作为思想建设的首要内容

江泽民总书记在党的十五大报告中指出，邓小平理论开拓了马克思主义的新境界，把对社会主义的认识提高到了新的科学水平，对当今时代特征和总体国际形势作出了新的科学判断，形成了新的建设有中国特色社会主义理论的科学体系。邓小平理论与马列主义、毛泽东思想一脉相承。在当代中国，坚持邓小平理论，就是真正坚持马克思列宁主义、毛泽东思想；高举邓小平理论的旗帜，就是真正高举马克思列宁主义、毛泽东思想的旗帜。高校精神文明建设以马列主义、毛泽东思想和邓小平理论为指导，就要突出强调邓小平理论教育在思想建设中的中心地位。

（二）邓小平理论是我们党的理论旗帜、民族的精神支柱和现代化建设的行动指南，高校师生理所当然地要用这一伟大理论武装自己的头脑

邓小平理论来源于实践，是对中华人民共和国成立以来我国社会主义建设的历史经验和改革开放的新鲜经验的总结，第一次比较系统地初步回答了在中国这样经济文化比较落后的国家如何建设社

会主义、如何巩固和发展社会主义的一系列基本问题。实践证明，在当代中国，只有邓小平理论能够解决社会主义的前途和命运问题。旗帜问题至关紧要。旗帜就是方向，旗帜就是形象。在跨世纪的发展中，12亿中国人民、5800万中共党员要有统一的思想指导和精神支柱，邓小平理论正是统一全党全国人民意志的政治基础和新时期现代化建设事业的根本指针。高校精神文明建设必须向师生员工充分阐明邓小平理论的历史地位和指导意义，用邓小平理论武装广大师生，从而保证高校各项工作沿着正确的方向发展。

（三）思想道德建设是精神文明建设的塑灵魂工程。高校精神文明建设用邓小平理论武装广大师生的头脑，是提高师生思想政治素质、培养跨世纪合格人才的根本性措施

高校贯彻党的教育方针，其目标是培养德智体全面发展的社会主义事业的建设者和接班人。用科学理论武装青年，关系到我国社会主义现代化建设的前途和21世纪中国的面貌，意义特别重大。我们认为，用邓小平理论武装头脑，是当代中国合格的建设者和接班人的必备素质。当代大学生只有在精神文明建设中努力学习和掌握邓小平理论这一当代中国的马克思主义，才能成长为社会主义"四有"新人，真正担负起实现跨世纪现代化发展战略的历史重任。正因为如此，江泽民总书记强调："教育战线的同志们要坚持用马列主义、毛泽东思想和邓小平理论武装干部、党员和全体师生，不断加强党的建设和精神文明建设，坚持社会主义办学方向，努力培养德、智、体等方面全面发展的社会主义事业的建设者和接班人。这是学校工作的一项根本任务，直接关系到科教兴国战略的成功，关系到国家的前途和命运。"根据江泽民同志的这一重要指示，高校精神文明建设应从培养跨世纪合格建设者和接班人的高度切实抓好用邓小平理论教育师生的工作，从实现跨世纪现代化发展战略的高度把用邓小平理论武装师生这一首要任务完成好。

二

高校精神文明建设要加强邓小平理论教育，首先要解决邓小平理论进课堂、进教材、进头脑的"三进"问题。

（一）要把学习《邓小平文选》原著与对邓小平理论纲要或有关教材的教学结合起来

邓小平理论是全党全国人民智慧的结晶，邓小平是这一理论的创立者，《邓小平文选》集中地表达了这一理论的基本内容。高校开展邓小平理论教育，一项基本功是要研读《邓小平文选》一至三卷特别是第三卷。通读原著，有助于全面把握邓小平理论体系及其重要观点，有助于认识邓小平重要思想的发展战略和形成背景。高校师生的理论教育不仅要把《邓小平文选》作为必备教材，还要把邓小平理论若干方面的学习纲要作为重要辅助材料。

（二）要把独立开设邓小平理论课程与邓小平思想的渗透式教学结合起来

严格地说，要把邓小平理论引入高校课堂和教材，还有一个课程设置问题。教育界对高校如何讲授邓小平理论课程有两种观点，有的主张单独开设一门邓小平理论课，有的主张把邓小平理论渗透到相关课程中进行教学。我们认为，邓小平理论教育仅靠渗透是不够的，应该是独立开课与渗透式教学相结合，应在这方面多做一些有益的尝试。

（三）要把全面掌握邓小平理论的科学体系与重点学习邓小平主要理论观点结合起来

邓小平强调"学马列要精，要管用"，高校精神文明建设在进行邓小平理论教育的过程中，也要坚持求精求深的原则。要精要管用是一个如何学马列的重要指导思想。精是相对泛来讲的，精是精选，精也要讲究理论思想的完整和准确。精选了必要的内容，就要精读、精通，精通的目的全在于应用。从一定意义来讲，就是要精到管用的程度。因此要精读精通邓小平理论。

按照精读精通的要求，高校邓小平理论教育必须在通读邓小平著作的同时，精讲《邓小平文选》的重点篇目；在掌握邓小平理论体系的同时，重点学习和领会其主要观点与思想。一方面，要全面讲解邓小平在社会主义发展道路、发展阶段、根本任务、战略步骤、发展动力、外部条件、政治保证、领导力量和依靠力量、祖国统一等重大问题上的一系列相互联系的基本观点，把握这一理论的科学体系；另一方面，学习和把握邓小平理论体系，最主要的是要把握其理论重点。江泽民、胡锦涛和邢贲思等同志对邓小平理论的重点内容都作过阐述，概括起来即"三个一"：一个精髓、一个主题、一个核心。一个精髓就是解放思想、实事求是，这是邓小平理论的哲学基础，贯穿邓小平理论的各个方面。一个主题就是建设有中国特色社会主义。一个核心就是党的"一个中心两个基本点"的基本路线。抓住邓小平理论的精髓、主题和核心，有重点、有针对性地展开邓小平理论教学，就能使大学生从根本上掌握邓小平理论的科学体系。

（四）要把准确理解邓小平理论的特征与深入把握邓小平理论的依据结合起来

高校邓小平理论教育要注重入脑，求精求深，还应该从认识和讲解邓小平理论的特征切入，进而深刻揭示邓小平理论的依据。邓小平理论的特征与其依据有着内在的联系，深入揭示并透彻地讲解邓小平理论的特征、依据及其内在关联，是以邓小平理论内容着手把高校邓小平理论教育引向深入的重要途径。

三

高校邓小平理论"三进"的关键是"进头脑"。这不仅需要在邓小平理论教育内容上下工夫，而且需要完善教学环节，调动各种教学手段，运用科学的教学方法，提高理论教育的质量和效果，以达到用邓小平理论武装师生头脑的目的。

（一）情感激发与理性升华相联结

教学过程要有情感因素参与其间，教学越动情越能打动人、感染人。高校邓小平理论教育要激发师生对邓小平和邓小平理论的敬仰之情，而激发敬仰之情的目的是为了引导师生把对邓小平和邓小平理论的认识上升到理性的高度，只有理性的把握才是邓小平理论教育入耳入脑的最终体现。

（二）释疑解惑与引导学生参与相联结

教育的功能在于传道授业、释疑解惑，高校邓小平理论教育不应回避社会中和学生思想中存在的热点、疑点、难点问题。在教学过程中，应以教师为主导，以学生为主体，高校邓小平理论教育课应摒弃传统的满堂灌的教学方法，通过以疑引思、重点剖析的课堂教育形式，激发学生的学习兴趣和强烈的求知欲。

（三）理论联系实际与学以致用相联结

在高校邓小平理论教育中我们需做到：一是要联系国际形势和我国国情，使广大师生坚定共产主义信念，牢固树立建设有中国特色社会主义的共同理想；二是联系师生的思想实际开展邓小平理论教育，使广大师生树立正确的世界观、人生观、价值观。

（四）第一课堂与第二课堂相联结

第一课堂的邓小平理论的课程化教学和系统讲授，是高校邓小平理论教育的主渠道和基本环节。在加强第一课堂教学的同时，我们还应把邓小平理论教育从第一课堂扩大和延伸到第二课堂，通过组建邓小平理论研究社团和实践环节，开辟邓小平理论教育的新天地。

（五）深化理论研究与强化理论宣传相联结

高校邓小平理论教育还应发挥高校理论优势和知识优势，综合运用理论研究、宣传等手段，促进理论教育向广度和深度发展。校报、广播、有线电视等是高校邓小平理论教育的重要宣传工具，应予以加强。现在不少高校已成立了邓小平理论研究所，把从事马克思主义和邓小平理论教学与研究的专家学者的智慧凝聚起来，出了一些研究成果。与此同时，教师又把新的研究成果充实到理论教学之中，大大增强了理论教育的吸引力和说服力，这是高校邓小平理论"三进"的宝贵的经验。

高校师德的标杆与德育的指南[*]

　　学校教育，育人为本；德智体美，德育为先。"八荣八耻"的荣辱观是高校德育的工作指南。胡锦涛总书记对社会主义荣辱观的重要论述，内涵深邃，寓意深刻，从八个方面对社会、个人提出了一种道德要求和规范。大学生把"以热爱祖国为荣，以危害祖国为耻"作为对公民、对大学生的最高要求，把"以遵纪守法为荣，以违法乱纪为耻"作为对公民、对大学生的最基本要求。"八荣八耻"是师德的标杆。要进一步拓宽社会主义荣辱观教育的渠道。哲学社会科学课教师要发挥学科优势，用科学的理论武装大学生；辅导员要深入到学生中，切实了解学生的所荣、所耻、所需、所求，为学生解决思想上和生活中的实际问题；广大教师要认真履行职责，把社会主义荣辱观教育引入课堂，贯穿到教学工作的各个环节，做到言传身教，以良好的思想、道德、品质和人格给学生潜移默化的影响。要通过形式多样的实践活动提高大学生荣辱观教育的效果。在全体师生员工中开展荣辱观的教育活动，将荣辱观渗透到学校教学、管理、服务的每一个角落，通过外部环境的熏陶和学生的自我修炼，让"八荣八耻"荣辱观的观念变成一种习惯和行为。

---

[*] 此文原刊于《安庆师范学院学报》2006年第5期。

自2006年3月4日胡锦涛总书记发表社会主义荣辱观讲话以来，安庆师范学院党委迅速组织学习与贯彻，学院专门下发文件布置学习教育，先后召开院党委理论中心组学习会、思想政治工作研究会报告会，学院国家大学生文化素质教育基地与省级"三个代表"重要思想研究基地还联合主办了学习社会主义荣辱观研讨会，兴起社会主义荣辱观教育的热潮。

在两个月荣辱观学习教育的基础上，学院成立荣辱观教育课题组，于2006年5月在全院范围内开展了"大学生社会主义荣辱观教育"问卷调查。课题组设计7道选择题，分别从"你是否知道社会主义荣辱观、通过何种途径了解社会主义荣辱观、提出社会主义荣辱观的意义是什么，社会主义荣辱观中的最高要求和最低要求分别是什么，大学生日常生活中引以为荣的表现和有损于大学生形象的表现是什么"等角度，对大学生社会主义荣辱观的教育情况进行调查，考察学生对荣辱观的掌握、理解情况和是非辨别能力。问卷还设计了一道开放式问题，了解在我院学生心目中有哪些教师的教书育人事迹和精神让他们感动，不提供选项，由学生自由回答。学院宣传部按照在校生人数10%的比例印制了1300份问卷，由学工部下发给各院系学生无记名填写并回收问卷，宣传部组织学生对所收回的1128份有效问卷按照系别、性别、师范类和非师范类、低年级和高年级、文科和理科等不同类别进行了统计分析。调查问卷分析之后，课题组又召开学生管理干部座谈会对大学生荣辱观教育成效进行了讨论。

一、大学生对社会主义荣辱观的掌握

关于"你是否知道社会主义荣辱观"的问题，有36%的学生明确表示"知道社会主义荣辱观8个方面的具体内容"，50%的学生表示"对社会主义荣辱观有些了解"；10%的学生回答"不知道"；4%的学生表示"无所谓知道不知道"。文科有41%的学生表示知道荣辱观 8 个方面内容,理科只有 32% 的学生知道。女生了解社会主义荣辱观内容的有 92%,男生只有 78%。关于"通过何种途径了解社会主义荣辱观"问题,47% 的学生表示是通过课堂、辅导员和思想政治课老师的讲授知晓社会主义荣辱观的;有 33% 的学生表示通过报纸、电视、宣传标牌了解,20% 的学生表示通过同学、网络了解。女生主要是通过课堂、老师、读书、看报等方式了解到社会主义荣辱观,男生则多通过网络、电视等媒介了解。

关于"对社会主义荣辱观意义的认识",有 41% 的学生认为提出社会主义荣辱观"非常必要和及时",39% 的学生认为"社会主义荣辱观教育有一定意义",12% 的学生认为"荣辱观学比不学要好",8% 的学生认为"提与不提无所谓"。文科有 45% 的学生认为提出社会主义荣辱观"非常及时和必要",理科只有 38% 的学生这样认为。调查结果显示,胡锦涛总书记提出的社会主义荣辱观在我院广大师生中引起了强烈反响。学院党委将社会主义荣辱观教育确定为全校师生员工政治理论学习的重要内容,各单位、各院系党总支组织师生学习讨论,起到了很好的效果。

2006 年全国高校学生思想政治状况滚动调查表明,当前大学生思想政治状况的主流继续呈现出健康、良好的发展态势,大学生高度认同科学发展观和社会主义和谐社会的战略目标。我院大学生思想的总体状况也是积极向上的。86% 的大学生了解社会主义荣辱观的内容,认同学习和践行社会主义荣辱观的必要性。这说明辅导员教育和思想政治课老师课堂讲授对大学生了解社会主义荣辱观是有成效的。但应看到,仍有少数学生对荣辱观不了解并对荣辱观学习无所谓,需要进一步加大荣辱观宣传教育的力度。

关于"社会主义荣辱观中最高要求是哪一条"的问题,有 42% 的学生认为是"以热爱祖国为荣,以危害祖国为耻";16% 的学生认为是"以服务人民为荣,以背离人民为耻";13% 的学生认为"以诚实守信为荣,以见利忘义为耻";8% 的学生认为"以艰苦奋斗为荣,以骄奢淫逸为耻";6%的学生认为"以崇尚科学为荣,以愚昧无知为耻";6%的学生认为"以辛勤劳动为荣,以好逸恶劳为耻";6%的学生认为"以团结互助为荣,以损人利己为耻";还有3%的学生认为"以遵纪守法为荣,以违法乱纪为耻"。

关于"社会主义荣辱观中最低要求是哪一条"的问题,有18%的学生认为"以遵纪守法为荣,以违法乱纪为耻";16%的学生认为"以辛勤劳动为荣,以好逸恶劳为耻";14%的学生分别认为"以崇尚科学为荣、以愚昧无知为耻","以艰苦奋斗为荣、以骄奢淫逸为耻";12%的学生认为"以团结互助为荣、以损人利己为耻";8%的学生分别认为"以诚实守信为荣,以见利忘义为耻","以服务人民为荣,以背离人民为耻"。在关于"大学生日常生活中引以为荣的表现、有损大学生形象的表现是什么"等问题上,一二年级学生大多都发表了自己的观点,列举了很多引以为荣和有损形象的行为,三四年级学生较少回答,女生的作答选项则普遍比男生多。

胡锦涛总书记对社会主义荣辱观的重要论述,内涵深邃,寓意深刻,从八个方面对社会、个人提出了一种道德要求和规范。我院大学生在学习的过程中结合自己的思想实际进行了深入思考,加深了对荣辱观内涵的理解,对社会主义荣辱观八个方面要求的把握比较准确,把"以热爱祖国为荣,以危害祖国为耻"作为对公民、对大学生的最高要求;把"以遵纪守法为荣,以违法乱纪为耻"作为对公民、对大学生的最基本要求。这说明,我院大多数学生对我们的祖国、人民怀着深切感情,在世界观、人生观、价值观和利益观上有比较正确的认识,反映出了我院大学生比较高的荣辱观道德水准。

二、大学生对是非的辨别能力

在"我院大学生中引以为荣的表现有哪些"的多项选择中,有76%的学生选择了"勤奋学习",60%的学生选择了"勤工俭学",

52%的同学选择了"热爱祖国",50%的学生选择了"同学互助",47%的学生选择了"勤俭节约",34%的学生选择了"服务社会"。有的同学还把"尊敬师长""拾金不昧""保护环境""奉献爱心""西部支教"等增加为"引以为荣"的表现。非师范类大学生对"自主创业"的行为多表示赞赏,师范类大学生则偏重于"勤奋学习"。

关于"哪些行为有损大学生形象"的问题,有60%的学生选择了"打架斗殴",57%的学生选择了"考试作弊",57%的学生选择了"厌学旷课",57%的学生选择了"沉溺网络",46%的学生选择了"偷窃财物",45%的学生选择了"非法同居",44%的学生选择了"奢侈浪费",25%的学生选择了"违弃就业协议"。有的同学认为,"不讲卫生""衣冠不整""无责任心和集体荣誉感""抽烟赌博""快餐式恋爱""破坏公共财物"也是"为耻"的要项。

调查结果显示,我院大学生具有基本的是与非、荣与耻的辨别力。勤奋学习、勤工俭学、热爱祖国、自主创业、服务社会等,被大学生认为是"引以为荣"的表现;打架斗殴、考试作弊、厌学旷课、沉溺网络、偷窃财物、奢侈浪费等,被大学生认为是有损于形象的行为。好的行为与事例在大学生中有着广泛的正面影响。我院大学生对身边存在的一些不良行为有着清醒认识和抵制意识,反映出了良好的行为鉴别力;但对"违弃就业协议"有损于大学生形象的选择最少,这与大学生把"以遵纪守法为荣,以违法乱纪为耻"作为对公民、对大学生的最基本要求的选择存在不一致,表明一些大学生还没有充分认识到"违弃就业协议"这一问题的严重性,存在职业道德认知上的模糊。因此,需要广大教师,特别是毕业班的辅导员加强对学生的师德意识、法律知识、诚信观念的教育。

对于"哪些教师的教书育人事迹让大学生感动"的问题,大学生的回答比较分散。大学生所填的多为本学期所在班级的任课教师,这些教师有着学历职称高、教学水平高、教学效果好、爱岗敬业、乐于奉献等共同特点。大学生的选择表明,社会主义荣辱观是高校师德的标杆。作为一名高校教师，要在师德、作风、能力上不断提高自己，用真理的力量教育学生，用人格的力量感染学生，才能取得良好的育人业绩。

三、加强社会主义荣辱观教育的建议

（一）进一步加强对社会主义荣辱观教育活动的领导

从调查情况看，我院大学生的荣辱观教育在院党委的正确领导下扎实开展，取得了实效。学院要紧密联系师生的思想和工作实际，针对思想道德建设中出现的新情况、师生提出的新要求，创新形式、创新内容、创新手段，不断增强工作的针对性、实效性和吸引力、感染力，把我院大学生社会主义荣辱观教育提高到新的水平。

"八荣八耻"是师德的标杆。我院作为高师院校，应坚持学高为师、身正为范。在荣辱观教育学生管理干部座谈会上，计算机与信息学院团总支书记朱新华谈到，学院要健全完善大学生荣辱观教育的长效机制，做好计划制订、指导总结工作，要防止形式主义。大学生中存在少数不良现象，如个别学生甚至认为"考试作弊不可耻，被监考老师抓住了才算可耻"等。因此，要在全体师生员工中开展荣辱观的教育活动，将荣辱观渗透到学校教学、管理、服务的每一个角落，通过外部环境的熏陶和学生的自我修炼，让"八荣八耻"荣辱观的观念变成一种习惯和行为。

（二）进一步拓宽社会主义荣辱观教育的渠道

调查表明，有47%的学生是通过课堂，通过辅导员和思想政治课老师的讲授知晓社会主义荣辱观的，教师和课堂教学在社会主义荣辱观的教育中发挥着重要的作用。哲学社会科学课教师要发挥学科优势，用科学的理论武装大学生；辅导员要深入到学生中，切实了解学生的所荣、所耻、所需、所求，为学生解决思想上和生活中的实际问题；广大教师要认真履行职责，把社会主义荣辱观教育引入课堂，贯穿到教学工作的各个环节，做到言传身教，以良好的思想、道德、品质和人格给学生潜移默化的影响。

宣传社会主义荣辱观要形成积极向上的良好氛围。院团委唐雪莲提出,对于大学生荣辱观的教育应抓住关键点,要正面宣传,树立榜样,及时发现校园内的先进事迹和典型人物,建立表彰激励机制,在社会主义荣辱观的舆论氛围中达到潜移默化的教育作用。

(三)广泛开展社会主义荣辱观的实践活动

学校教育,育人为本;德智体美,德育为先。"八荣八耻"的荣辱观是高校德育的工作指南。要通过形式多样的实践活动提高大学生荣辱观教育的效果。数学与计算科学学院辅导员汪沛在座谈会上说,少数大学生"沉溺网络"到了走火入魔的地步,导致厌学旷课、考试作弊等后果,单纯的说理难以起到实质性效果。对于大学生社会主义荣辱观教育要突出可操作性,以演讲比赛、座谈会等学生喜闻乐见的形式吸引学生的注意力,开展生动活泼、丰富多彩的道德实践活动,让学生在实践活动中得到锻炼和健康成长。

"四为"文化素质教育与
大学生素质的提升*

  培养什么人，如何培养人，是我国社会主义教育事业发展中必须解决好的根本问题。文化素质教育要坚持"育人为本"，人文教育与科学教育相结合，努力促进大学生综合素质的提升。文化素质教育要以思想政治教育为方向，思想政治素质要以文化素质为基础。文化素质教育要坚持"德育为先"，专业教育与思想教育相结合，促进大学生思想道德水平的提升。高校教师是文化素质教育的主导者和组织者，教育者必须先受教育。文化素质教育要坚持"队伍为重"，学生教育与教师教育相结合，努力提高从事文化素质教育的教师的文化素养。大学文化是培养人与塑造人的教材和教师，地方文化也是高校文化素质教育的重要资源。要坚持"特色为魂"，充分挖掘学校的历史文化底蕴和地方文化资源，校内教育与校外教育相结合，有力地促进了学校文化品位的全面提升。

实施素质教育，就是全面贯彻党的教育方针，以提高国民素质为根本宗旨，造就德智体美等全面发展的社会主义建设者和接班人。安庆师范学院高度重视大学生文化素质教育工作，坚持"育人为本、

---

* 此文原刊于《中国大学教学》2006年第1期。

德育为先、队伍为重、特色为魂"的"四为"文化素质教育，促进大学生思想道德水平、教师文化素养和学校文化品位不断提升。

一

培养什么人，如何培养人，是我国社会主义教育事业发展中必须解决好的根本问题。安庆师范学院在文化素质教育中坚持育人为本，人文教育与科学教育相结合，努力促进大学生综合素质的提升。

1995年全国高校开展文化素质教育试点，安庆师范学院于1996年就开始在全校学生中开设公共选修文化素质教育课。1998年，在全国第一次普通高校教学工作会议精神指导下，学校组织开展了历时两个多月的转变教育思想观念大讨论，为深入开展大学文化素质教育打下了思想基础。1999年党中央、国务院《关于深化教育改革全面推进素质教育的决定》颁布后，学校提出《关于加强大学生文化素质教育的实施意见》，成立以党委副书记、分管院长任组长的文化素质教育领导组，精心规划与统一部署大学生文化素质教育工作，将《自然科学基础》和《人文社会科学基础》作为必修课对文理科学生开设。

安庆师范学院领导班子认为，人是教育的出发点，也是教育的归宿。人生成于教育、提高于教育，教育的重要使命是陶冶人性，铸造健康人格。坚持育人为本的教育观，要破除为教学而教学的传统教育观，以育人为中心，突出人的发展，德育、智育、体育、美育都要围绕培育高素质的人才来展开。

时代呼唤科学与人文相融，科学和人文综合化是现代社会发展的重要特征。[①] 高等学校开展文化素质教育，必须把科学教育与人文教育结合起来，这是全面推进素质教育的必然要求。安庆师范学院按照素质教育要求制定新的人才培养方案，构建起人文教育与科学

---

① 杨叔子：《创新首先要推动科学与人文交融》，《光明日报》2002年6月28日。

教育相结合的教学体系。2000年,学校申报的"新世纪高等教育教学改革工程"项目《师范院校文科专业人才培养模式综合改革研究与实践》获教育部批准立项;经过五年艰辛探索,形成"夯实'三基'、综合拓展、活动创新、人文为本"的综合人才培养模式。2003年,在综合文科改革基础上申报的人文教育专业获得教育部批准。2004年,人文教育专业被评为安徽省高校教改示范专业。2005年年初,学校又举办科学教育实验班,有5个院系116名学生参加了科学教育实验班的学习。

安庆师范学院改革人才培养模式,把全面推进素质教育提高到突出的位置,从人文教育扩展到科学教育,组织编写人文与科学教育系列丛书作为大学生文化素质教育教材,开展丰富多彩的人文科学教育实践课程,着力培养大学生的科学素质和人文素质,使大学生文化素质教育迈上了新台阶。

二

文化素质教育要以思想政治教育为方向,思想政治素质要以文化素质为基础。[①] 安庆师范学院文化素质教育坚持德育为先,专业教育与思想教育相结合,促进大学生思想道德水平的提升。

胡锦涛强调,思想政治教育要以理想信念教育为核心,以爱国主义教育为重点,以公民道德教育为基础,德智体美,德育为先。把专业教育与思想教育相结合,是高校文化素质教育的重要任务。[②] 安庆师范学院不仅设置系列人文与科学教育课程,强调中西融合、文理渗透,注重科学方法与人文方法的综合运用,而且努力将思想教育贯穿于专业教育之中。

---

① 陈怡:《实现科学与人文的比翼齐飞,促进个人与社会的和谐发展》,《东南大学学报》2002年第1期。

② 刘献君:《知识经济呼唤人文教育与科学教育相融合》,《高等教育研究》1999年第2期。

安庆师范学院是安徽省"三个代表"重要思想研究基地,主持安徽省级重点学科"科学社会主义与国际共产主义运动"和安徽省首批精品课程"邓小平理论和"三个代表"重要思想概论"建设,在《人民日报》《光明日报》《求是》《党的文献》等报刊上发表阐述马克思主义中国化与中国化马克思主义的论文,发挥思想政治教育优势,坚持用马克思主义特别是中国化的马克思主义教育当代大学生。

学校思想政治课教师坚持不懈地用马克思列宁主义、毛泽东思想、邓小平理论和"三个代表"重要思想武装大学生,深入开展党的基本理论、基本路线、基本纲领和基本经验教育,开展中国革命、建设和改革开放的历史教育,开展基本国情和形势政策教育,开展科学发展观教育,使大学生正确认识社会发展规律,认识国家的前途命运;以爱国主义教育为重点,深入进行弘扬和培育民族精神教育,引导大学生在中国特色社会主义事业的实践中汲取营养,始终保持艰苦奋斗的作风和昂扬向上的精神状态;深入进行公民道德教育,引导大学生自觉遵守爱国守法、明礼诚信、团结友善、勤俭自强、敬业奉献的基本道德规范,形成正确的世界观、人生观和价值观。

安庆师范学院还把思想政治教育融入到大学生专业学习的各个环节,渗透到教学、科研和社会服务各个方面,把传授知识、培养能力和提高思想政治素质融为一体,在传授专业知识过程中加强思想政治教育,使学生在学习科学文化知识过程中,自觉加强思想道德修养,提高政治觉悟,引导大学生勤于学习、善于创造、甘于奉献,成为有理想、有道德、有文化、有纪律的社会主义新人。

三

高校教师是文化素质教育的主导者和组织者,教育者必须先受教育。安庆师范学院在文化素质教育中坚持队伍为重,学生教育与教师教育相结合，努力提高从事文化素质教育的教师的文化素养。

1998年教育部负责人提出，深入开展文化素质教育必须注重"提高大学生的文化素质，提高大学教师的文化素养，提高大学的文化品位与格调"①，这就把提高大学教师的文化素养与大学生文化素质教育联系了起来。

安庆师范学院成立人文与科学教育等公共课教研室，负责各自系列的课程建设、教材建设等，鼓励专业课教师承担文化素质教育课程的教学，并担任相关社团活动的指导教师。实施大学生文化素质教育队伍人才培养工程，采取有力措施建设一支高水平的文化素质教育队伍，要求从事大学生文化素质教育的教师，坚持正确的政治方向，加强思想道德修养，增强社会责任感，成为大学生健康成长的指导者和引路人，形成教书育人、管理育人、服务育人的工作格局。

在文化素质教育过程中，学校将教师的继续教育纳入到学校素质教育整体规划中加以实施，定期组织教师外出进修、参加研讨会、参观学习，不断提高教师的文化素养；同时，要求广大教师理论结合实践，加强对素质教育理论的研究，在育人工作中贯彻素质教育思想。教师提高师德和业务水平，爱岗敬业，教书育人，为人师表，以良好的思想、道德、品质和人格给大学生以潜移默化的影响，实现教学相长，共同提高师生的文化素养。

四

大学文化是培养人与塑造人的教材和教师，地方文化也是高校文化素质教育的重要资源。安庆师范学院坚持特色为魂，充分挖掘学校的历史文化底蕴和地方文化资源，校内教育与校外教育相结合，

---

① 周远清、刘凤泰、阎志坚：《高校文化素质教育深化发展》，《光明日报》2005年11月12日。

形成"传承皖江文化,弘扬百年校魂"的文化素质教育特色,有力地促进了学校文化品位的全面提升。

安庆师范学院是安徽省高等教育的发源地。1897年,敬敷书院移建于此,揭开了学院百年办学的序幕,后创办安徽大学堂、安徽高等学堂、省立安徽大学和国立安徽大学等。1998年,学校举办百年校庆活动,拨专款维修敬敷书院,举行百年校史展览、人文科学素质讲座等系列校庆活动。时任教育部长的陈至立同志、著名科学家杨振宁等发来贺信和贺词。2000年,学校第二次修缮校内人文景点敬敷书院、安徽大学红楼,将其命名为"安庆师范学院大学生人文素质教育基地",组织编写《安庆师范学院与皖江文化》教材,在大学生中开展"百年校魂"教育。

安庆师范学院把文化素质教育从校园活动向社会实践延伸,重视校外文化素质教育基地建设[①]。学校所在地安庆市是国家历史文化名城。在这片土地上先后诞生了以薛家岗文化为标志的古皖文化,禅宗在此得以传承和发扬的佛教文化,主盟清代文坛两百年的桐城派文化,以黄梅戏为代表的戏曲文化,以中国近代工业发祥地和中国共产党创始人陈独秀为代表的新文化,汇聚成底蕴深厚的皖江文化。学校与安庆市文化局、天柱山风景区管委会、潜山县博物馆、桐城县博物馆共建了四个校外文化素质教育基地,为加强大学生文化素质教育提供了有利条件。围绕文化素质教育,以青年志愿者协会为依托,积极组织大学生"进农村、进社区、进校园、进贫困家庭"实践活动,积极探索和拓展大学生社会实践活动的新途径、新领域,大学生暑期"三下乡"社会实践活动,连续6年荣获全国"先进单位"荣誉称号。

近年来,安庆师范学院开发具有地方人文的素质教育课程,设置了"皖江文化概览"等人文素质教育系列课程、"从方以智到邓稼

---

① 汪青松、张国定:《从文科综合到人文教育》,合肥工业大学出版社2005年版。

先"等科学素质教育系列课程、"黄梅戏艺术欣赏"等艺术素质教育系列课程。学校成立"黄梅戏票友俱乐部",组织黄梅戏业余爱好者开展课外戏曲演唱活动,开展"春之声"文艺汇演、"古皖新韵"书画展、歌咏比赛、校园歌手大赛、环保服装设计大赛等系列活动,在安徽省大学生戏曲文化节、戏曲票友大赛乃至全国大学生艺术展演中都获得了优异成绩。

综合拓展　人文为本[*]

——安庆师院探索文科人才培养新模式

适应知识经济时代知识增长交叉渗透的发展趋势，适应我国基础教育课程改革综合化的新要求，安庆师范学院改革高师院校传统的人才培养模式，以中文、政教、历史三个专业新生为基础组建综合文科实验班，坚持探索复合型文科师资培养新模式。为培养复合型文科师资，课题组根据"厚基础、宽专业、强能力、高素质"的人才培养目标，构建起"夯实'三基'、综合拓展、活动创新、人文为本"的综合文科专业课程体系。"夯实'三基'"，是打好通识基础课、专业基础课和师范基本技能课的基础；"综合拓展"，是打通学科间联系，突出专业整合与综合课程的拓展功能，提高学生发现问题和解决问题的能力；"活动创新"，是开设综合实践课，开展丰富多彩的实践活动，培养学生创新精神和实践能力；"人文为本"，是重视建设人文学科，传播人文知识，培养人文精神，提高人文素质。新的时代需要复合型、高素质的人才，而高素质的文科人才首先要具备高素质的人文品格。"人文为本"是综合文科人才培养模式改革实践的灵魂和精髓。

---

[*] 此文原刊于《光明日报》2005年1月5日。

为适应知识经济时代知识增长交叉渗透的发展趋势，为适应我国基础教育课程改革综合化的新要求，安庆师范学院改革高师院校传统的人才培养模式，打通传统的文、史、政专业，以中文、政教、历史三个专业新生为基础组建综合文科实验班，为培养高素质复合型文科师资进行了改革研究和实践。

一、专题研究　重在实践

2000年8月，安庆师范学院主持的教育部21世纪高等教育教学改革工程项目"师范院校文科专业人才培养模式综合改革研究与实践"开始启动研究。学院领导班子对高师文科专业人才培养模式改革高度重视，选拔学科带头人和骨干教师成立课题组。课题组改革传统的大学文科教育单纯分科培养模式的弊端，制定综合文科人才培养方案，开展专题研究和实践。

近五年来，课题组在文科人才培养的目标综合、课程融合和方法整合等方面做出了有益的探索，两门课程分获2003年、2004年度安徽省高校精品课程，在国家级报刊上发表论文60多篇，出版5部专著和12本教材，获得15项省级教学成果和省级社会科学成果奖励；学生综合素质高，首届实验班毕业生深受用人单位的欢迎。

2003年9月，安庆师范学院在综合文科实验班改革基础上申报的人文教育专业获得教育部批准，2004年7月该专业被评为安徽省高校教改示范专业；2004年12月，安庆师范学院"文科专业人才培养模式改革实践"被评为安徽省高等教育教学成果一等奖。

二、夯实"三基"　综合拓展

安庆师范学院综合文科人才培养模式改革坚持探索复合型文科师资培养新模式。为培养复合型文科师资，课题组根据"厚基础、宽专业、强能力、高素质"的人才培养目标，构建起"夯实'三基'、综合拓展、活动创新、人文为本"的综合文科专业课程体系。"夯实'三基'",是打好通识基础课、专业基础课和师范基本技能课的基础;"综合拓展",是打通学科间联系,突出专业整合与综合课程的拓展功能,提高学生发现问题和解决问题的能力;"活动创新",是开设综合实践课,开展丰富多彩的实践活动,培养学生创新精神和实践能力;"人文为本",是重视建设人文学科,传播人文知识,培养人文精神,提高人文素质。

复合型文科师资的培养要通过全新的教学计划来落实。课题组制订和修订高师综合文科专业(实验)教学计划,先后形成"拼盘式""整合式""菜单式"和"融合式"四个阶段的教学计划,体现出综合文科专业课程的均衡性、综合性、选择性和人文性。

"拼盘式"教学计划,是通过专业的整合,把相邻专业的课程合理搭配、协调拼盘,实现课程的均衡性;"整合式"教学计划,是把相同或相近的课程合并,实现课程的综合性;"菜单式"教学计划,是重视学生的个性发挥和能力培养,开发综合实践活动课程供学生自主学习,实现课程的选择性;"融合式"教学计划,是整个人才培养方案均体现人文主题,实现专业和课程的人文性。

"毛泽东思想概论""邓小平理论概论"两门课程,在"拼盘式"教学计划中是分设的,在"整合式"教学计划中与"'三个代表'重要思想概论"整合为一门"中国化马克思主义概论";在"菜单式"教学计划中,又增设"世界社会主义与中国特色社会主义""毛泽东思想与邓小平理论比较研究""科学发展观与党的执政能力建设"等选修课;在"融合式"教学计划中,强调从世界与中国、历史与现实、理论与实践三个结合的视角,讲述马克思主义中国化的历程和中国化马克思主义的发展,使大学生在接受中国化马克思主义理论的教育中提高思想政治素质。

三、以人为本　坚持创新

"人文为本"是综合文科人才培养模式改革实践的灵魂和精髓。新的时代需要复合型、高素质的人才,而高素质的文科人才首先要具备高素质的人文品格。安庆师范学院综合文科人才培养模式改革坚持以学生为主体、教师为主导,关注学生多样化的学习需求,不断深化教学内容和教学方法的改革,提高人文素质。

课题组创新教育理念,通过开设"人文概论"课程,举办"人文科技素质专家论坛"系列讲座,文、史、政课程都渗透和凸现人文精神,启发大学生反思历史、关注现实、思考人生。发挥综合课程横向拓展和纵向提升的功能,帮助学生打下厚实的文、史、哲基础,培养学生阅读欣赏能力、获取和处理信息的能力、发现问题和解决问题的能力。积极开发有特色的校本课程,编写《陈独秀研究》《桐城派研究》《黄梅戏研究》《安庆与近代中国》等在综合文科专业使用,以教育学生传承中华文明,弘扬皖江文化;将本校具有百年办学历史的敬敷书院、安庆市陈独秀纪念馆等作为人文素质教育基地;组织英语口语竞赛、读书比赛、演讲比赛、课件与网页设计大赛等,有效地提高学生的实践能力。课题组还开展多元教学评价,采用笔试、口头答辩、课程论文、方案设计、调查报告等评价方式,考核教学效果,促进教与学方式转变和人才培养质量的提高。

通过五年综合文科教学改革实验,安庆师范学院已形成综合文科专业人才培养新模式,实验班学生的综合素质得到了全面提高。调查表明,综合文科实验班的综合素质明显高于普通班。首届实验班58位毕业生中,有42人向党组织递交了入党申请书,占学生总数的72.4%;有12人被吸收为中共党员,占学生总数的20.6%。实验班学生刻苦读书,勤于思考,学习成绩优秀。2000级综合班大学英语四级统考一次通过率达82.8%,比非试验班高出40个百分点,参加全国大学生英语竞赛,4人分获一、二、三等奖。2001级、2002

级大学英语四级统考也取得好成绩。实验班学生的创新精神与实践能力强，发表作品200余篇。复合型文科人才综合素质高、社会适应性和竞争力强，首届毕业生就业率达到100%（包括6人考取研究生），位居各专业毕业生就业率之首。

综合文科人才培养模式的改革实践，推动学校教学改革从实验班推向非实验班，从文科推广到理科。现在，安庆师范学院文科专业普遍实行"主辅修制"、"学生选课制"等；文科专业新的人才培养模式实验取得成果后，理科专业也正在试办科学教育专业。

树立科学教育观与我国科学教育的三大转变[*]

树立科学教育观，必须开展科学知识、科学方法和科学精神的教育。科学教育首先是科学知识的教育。传统的科学教育是分科式的，20世纪以来科学发展呈现学科交叉与文理渗透的综合化趋势，当代科学教育在科学知识的教育上要从分科化科学教育转向综合化科学教育。科学教育包括科学方法的训练。传统的科学教育以教师、教材、教学为中心，主要传授和灌输科学知识，直接向学生介绍成熟的科学理论；当代科学教育要从传授科学知识转向带领学生经历科学探究。科学教育最终是科学素养的教育，传统的科学教育主要是学校教育，但科学素养教育仅靠学校教育是不够的；当代科学素养教育要从学校型科学教育转向社会型科学教育，通过全员科学教育、全面科学教育和全程科学教育，提高全民族的科学素养。

经济全球化和科学技术的迅猛发展，正改变着人类的生产方式和生活方式。随着信息技术为主要特征的高新技术革命的到来，各国都重视改革和发展科学教育以提高民族素质。在当代中国，树立科学教育观，实现科学教育的三大转变，对于落实科学发展观与实

---

[*] 此文原刊于《中国科技论坛》2006年第1期。

施科教兴国战略，具有重大的现实意义。

一、从分科化科学教育向综合化科学教育的转变

科学教育首先是科学知识的教育。近代科学革命的演进以学科分化为主要方式，与此相对应，传统的科学教育是分科式的。20世纪以来科学发展呈现学科交叉与文理渗透的综合化趋势，当代科学教育在科学知识的教育上要从分科化科学教育转向综合化科学教育。

英国曾把科学教育解释为主要是关于物理、化学、生物、地学以及环境科学的教育。我国传统的学校科学教育也主要是分科的理科课程教育，小学设自然课，中学开物理、化学、生物课，大学按专业开设各类自然科学课程。在传统的科学教育观中，人们把学校的物理、化学和生物等自然科学的分学科教学通称为科学教育。

历史地看，分科式的科学教育注重学科本身内在的逻辑性，有助于学生深入把握各学科的科学内容；但它不利于学生从整体上把握科学知识体系的联系，造成学科封闭和文理隔离，束缚了学生综合能力的发展，有碍于公众科学素养的整体提高。我国师范教育也主要是培养学科教师，学物理的不懂化学，学化学的不接触生物，教师科学水平不高，影响了科学教育的效果。

针对分科课程造成学科间知识割裂的弊端，德国于20世纪初开始合科教学。美国从20世纪60年代的课程改革起，整合其科学课程，从幼儿园到8年级的科学教育已是综合性的。日本于20世纪60年代在小学阶段设置综合性质的"理科"，在初中阶段设置综合理、化、生、地各科知识的"基础理科"课程；80年代在高中增设必修性质的"理科 I"和选修性质的"理科 II"；90年代把综合理科课程与物理、化学、生物和地学5门课程综合成理科综合 A 和理科综合 B 两门课程。

我国部分省在20世纪90年代开始实行初中综合课程教学改革。浙江省最早把分设的物理、化学、生物及自然地理融合成自然科学

课程。1997年，广东省和上海市部署普通高中综合课程试点，天津、山西和江西进行了普通高中新课程试教。2001年5月，国务院印发《关于基础教育改革与发展的决定》，提出，适应社会发展和科技进步，根据不同年龄学生的认知规律，优化课程结构，小学加强综合课程，初中分科课程与综合课程相结合，高中以分科课程为主。中小学都要积极开展科学技术普及活动。同年7月，教育部颁发《基础教育课程改革纲要》，要求改变课程结构过于强调学科本位、科目过多和缺乏整合的现状，整体设置九年一贯的课程门类和课时比例，并设置综合课程，以适应不同地区和学生发展的需求，体现课程结构的均衡性、综合性和选择性。目前我国部分省市基础教育开展了综合式科学教育，但有的省市在基础教育阶段尚未开设综合性科学课程。

科学教育不仅要在小学和中学里进行，还应在大学本科和研究生阶段展开。目前我国高校本科阶段科学教育主要是自然科学课程教学，专门开设科学教育综合化课程的还是少数，仅在硕士、博士研究生阶段先后开设了"自然辩证法""现代科技革命与马克思主义"课程。20世纪末湖南怀化学院建立了第一个综合理科专科专业，2001年重庆师范大学建立了第一个科学教育本科专业，高校科学教育专业建设正在探索之中。

科学不仅指自然科学，还包括技术科学和人文科学；科学教育也不只是自然科学知识教育，需要自然科学、技术科学和人文科学三大科学教育的融合。科学技术社会化和社会的科学技术化趋势，使得我们面临大量单一学科解决不了的综合性的个人和社会问题。实践表明，分科课程的科学教育已不适应新时代的发展。综合化的科学教育，使科学知识教育具有丰富的生活性和多样性，有利于发挥多学科优势更有效地解决复杂的实际问题。建构从小学到大学相贯通、自然科学、技术科学和人文科学相融合的科学教育体系，是我国新世纪科学教育从分科化到综合化转变要努力达到的目标。

二、从传授性科学教育向探究性科学教育的转变

科学教育不等同于科学知识的教育，还应包括科学方法的训练。传统的科学教育以教师、教材、教学为中心，主要传授和灌输科学知识，直接向学生介绍成熟的科学理论；而当代科学教育则正在经历科学教育方法的深刻变革，从传授科学知识转向带领学生经历科学探究。

（一）传统的传授式科学教育重科学知识、轻科学方法，中小学应试教育对书本知识的记诵取代了科学方法的训练。当代探究式科学教育则是教师引导下的师生互动过程，在第一课堂里注重展现科学理论发现和创立的途径

我国传授式科学教育的特色是以教师的讲解为主，注重系统传授学科基础知识并通过大量书面练习形成学生应用知识的能力；但科学教育的主要目标并非一味追求科学知识的获得，传授式教学方法有可能使科学知识变得枯燥乏味。学生把教科书上的科学理论当成教条来接受，对于培养科学思维能力和树立正确的科学观也是不利的。

从20世纪80年代中后期开始，全世界兴起科学教育改革的浪潮。美国1989年发表的《面向全体美国人的科学》即"2061计划"，1996年发布《美国国家科学教育标准》，这两个文件成为世界性科学教育的重要参考文献。法国1997年也开始对小学科学教育进行全面的改革。这场世界范围内的科学教育改革表现为科学教育的方法发生变革，从传授科学发展到科学探究。

美国国家科学教育标准把科学探究定义为科学家们用以研究自然界并基于此种研究获得证据和提出种种解释的多种不同途径。科学探究既然是科学家工作的基本方式，必然是各个不同的科学家从不同的研究方式出发探索未知世界的多种尝试。科学理论不是一下子就确立的，而是经过猜测、验证和反驳，抛弃旧的假说和尝试新

的假说等不懈努力发展起来的。把科学探究引入科学教育领域，所指的是学生用以获取科学知识、领悟科学思想、掌握科学家研究自然所用方法而进行的学习活动。

作为人们揭示客观世界奥秘、获得新知识和探索真理的工具，科学方法能指导人们更有成效地学习科学知识和运用科学知识来解决实际问题。科学方法建立在对客观世界发展规律正确认识的基础上，随着科学方法的每一次新进展导致科学的新突破，科学教育的方法也要不断改革和创新。我国教育部颁发的《基础教育课程改革纲要》提出，要改变课程实施过于强调接受学习、死记硬背、机械训练的现状，倡导学生主动参与、乐于探究、勤于动手，培养学生搜集和处理信息的能力、获取新知识的能力、分析和解决问题的能力以及交流与合作的能力。这里提出的就是探究式科学教育方法。

科学探究是科学的基础特征和学习科学的中心环节。纵观科学兴起与发展的历史，从早期牛顿力学的建立到近代爱因斯坦相对论的创立，科学探究都是科学发现的成就之路。当代科学教育完整地展现科学理论创立和发现的途径，对于培养学生理解科学的过程、激发对科学的求知欲和提高科学探究能力有着重要的价值。

（二）传统的传授式科学教育重科学理论、轻科学实验，少量的实验课和实验作业也主要是验证性的。当代探究式科学教育是以学生为主体的生生互动过程，从第一课堂与第二课堂中体验科学家发现科学真理的思维历程

中外科学教育的一个重要区别是，我国传统的科学教育过分注重科学知识而忽视科学研究过程和方法，而国外的科学探究要求学生在获取科学知识和领悟科学思想时参加实验活动，通过积极的实验方法去学习。德国国民学校的初中物理课本编有343个实验，其中296个实验是可以由学生来完成的；213道课外作业题中，实验或制作题占52.6%，计算题仅占15%。而我国初中物理课本仅编有20多个实验，345道练习题中计算题多达35%，实验设计和动手制作的实

验题仅占9%，不利于培养学生实验操作技能与发展创造能力。

当代探究式科学教育提倡让学生用科学家做科学的方法来学习科学。在第一课堂师生教学活动和第二课堂学生科协社团活动中，要掌握获取科学知识的方法，有机会亲历探究自然与社会奥秘的过程，在观察、提问、设想、动手实验、表达、交流的探究活动中，体验科学探究的过程、建构科学知识、获得科学探究能力。

诚然，在学校课堂上倡导以科学探究为核心的教育方式，与真正的科学家进行科学研究是有区别的。我们没有必要带领学生完全重复科学家所做过的事情，而要带领学生在课堂上重演科学家发现科学真理的思维过程，进行一些重要的心理重演。当学生经历了像科学家那样发现科学真理的过程时，实际上是在获得一种体验，这对于培养科学思维、训练科学方法有着重大意义。

（三）传统的传授式科学教育重理论难题的解决、轻实际问题的处理，科学理论与科研实践脱节。当代探究式科学教育是开放式的知行互动过程，师生从校内第一、二课堂到校外第三课堂的社会实践活动中培养探索精神和创新激情

科学知识建立在可重复的科学实验的基础上，科学实验有验证性与设计性两大类。我国高中阶段乃至大学阶段的科学实验大多是验证性的，基本上是在重复别人已经做过的成熟实验，学生不能体会到原创性实验的艰辛，更体会不到科学探索与发现的乐趣。一位访美学者认为，中国的学校强调学习理论，动手操作实践是为了证明课本上的理论和结果。学生只需要用相同的方法和仪器做相同的实验，并被希望得出相同的结果。而美国学校强调学习实践，动手操作活动的目的是发现课本上以及课本以外的理论和结果，学生受到鼓励进行不同的实验，用不同的方法和材料得出不同的解决问题的方案和结论。中国学生的动手操作活动是试验性的，而美国学生的动手操作活动是探索性的。这一评析切中科学教育的要害，为改变这一现状，最近我国教育部下发的《普通高等学校本科教学工作

水平评估指标和等级标准》，要求高校开设综合性、设计性实验，并规定：综合性、设计性实验的课程占实验课程总数的比例≥80%，且效果好的为优秀，有综合性、设计性实验的课程占实验的课程总数的比例达50%—60%且效果较好的方为合格。

科学教育应鼓励学生参与探究性的社会调查研究，学生与教师共同行动，交互学习；学生将科学理论应用到实际中，致力于问题解决、决策制定和小组讨论，以讨论、模拟、角色扮演、实验调查等活动代替简单的阅读和听课，加强理论与实践的结合，激发学习的主动性和创新精神。

三、从学校型科学教育向社会型科学教育的转变

科学教育最终是科学素养的教育，学习科学知识与训练科学方法，根本目的是为了培养科学思维和科学精神。传统的科学教育主要是学校教育，但科学素养教育仅靠学校教育是不够的；当代科学素养教育要从学校型科学教育转向社会型科学教育，通过全员科学教育、全面科学教育和全程科学教育，提高全民族的科学素养。

（一）学校型科学教育与社会型科学教育相互联结，进行全员性科学教育

科学教育的目的不只是为了把少数人才培养成科学家，而是要把所有的学生培养成具有科学素养的人。为实施科教兴国战略，科学教育必须明确自己的目标定位，面向全体学生，使大家都能接受基本的科学教育。2004年我国颁发的《科学课程标准》的基本理念是面向全体学生，立足于学生的发展，体现科学本质，突出科学探究，反映当代科学成果。要真正从应试教育转向素质教育，必须培养学生学科学的兴趣、爱科学的激情和从事科研的能力。

狭义上的科学教育特指学校中实施的科学教育，广义上的科学教育则是社会教育事业。1996年，我国公民达到基本科学素质水平的比例仅为0.2%，而美、欧国家达到科学素养标准的人口比我国分

别高35倍和22倍。学校教育系统和社会教育系统的脱节，是产生这一差距的重要原因。学校教师很少利用科协阵地开展科学教学，科学家也很少有机会介入学校进行科学教育，学校与科协的科学教育两个阵地之间缺少沟通。新世纪科学教育要在全社会广泛开展科普工作，使学校科学教育与社会科学教育相联结。有的学者认为，美、日等发达国家没有"科普"概念，而是将科学教育融入到了课堂教学中，我国也应在中小学生日常课堂教学中训练科学思维和培养创新意识。这种意见值得重视。但从我国人口多、文化素质总体不高的实际看，积极开展科普性社会科学教育还是非常必要的。把学校型科学教育与社会型科学教育联系起来，开展全员性科学教育，才能提高全民的科学素养。

（二）学校型科学教育与社会型科学教育相互补充，进行全面性科学教育

从1992年的公众科学素养测试对比看，我国与美国公众在理解科学知识方面的差距并不很大，但在理解科学过程和理解科技对社会影响方面存在较大差距。科学发展的广泛性也带来学校科学教育内容的多样性，信息科学、生命科学、材料科学、环境科学、健康与生活等都已成为学校科学教育的内容，拓展了科学教育的领域。我们必须从广义上理解科学教育，把与人的科学素养发展有关的教育活动都视为科学教育。

当代科学教育观的内涵更为宽广，不仅要求重视科学知识的教育，而且要求强调理解科学价值、弘扬科学精神、培养科学态度、树立科学观念和培养运用科学解决实际问题的能力。《面向全体美国人的科学》和《科学素养基准》不仅要求对科学知识、理论的系统掌握，还加入了历史、思维、社会、科学本质等方面的深层内容。从科学—技术—社会（STS）的角度看，科学教育涉及个人需要、社会问题、就业准备以及学术深造基础四个领域。当代科学教育要向学生和公众传授用于日常生活和未来科技世界的科学知识，教育学

生和公众正确处理科学与社会问题，实现科学精神与人文精神、现代科技与人类生活、科学内容与科学过程、知识教育与能力培养的结合。学校型科学教育与社会型科学教育相互补充，坚持全面的科学教育，才能使学生和公众在科学意识、科学思维、科学精神等方面得到培养和提高。

（三）学校型科学教育与社会型科学教育相互促进，进行全程性科学教育

科学教育是终身教育的重要环节，需要建立家庭科学教育、学校科学教育和社会科学教育相互依存、相互促进的发展机制。当今科学技术发展迅速，很快就进入实际应用阶段，科学教育要尽可能地为公众提供方便灵活、能满足其要求的学习，必须为科学教育建立多途径、多渠道的培养创新人才的通道，形成从基础教育到高等教育再到继续教育的全程性科学教育链，并化为学习型社会建设的共同行动。

近几十年来，世界各国高度重视公民科学素质的建设。美国不仅将中小学科学教育作为提高全体公民科学素质的主渠道，同时实施面向家庭和社区公众的延展计划，增强家长对科学教育需求的意识，通过展览、文化娱乐活动等公益性项目，使公众分享科技资源，建立起一套与非正规科研机构、家长、教师及社区其他居民合作的机制。欧盟国家开展"公众理解科学"的研究和实践，2001年制订了"科学与社会行动计划"。

我国在改革学校科学教育的同时，也提出了《全民科学素质行动计划》，要求到2049年即中华人民共和国成立100周年时使我国国民素质达到与中等发达国家经济社会发展程度相适应的水平。为了实现全民科学素质教育远景目标，中国科协在城市开展了以"讲科学生活、建文明社区"为主题的科教进社区活动，推动科普进社区、进楼群、进家庭；在农村开展科技下乡活动，深入乡村开展科普宣传和技术培训；从2005年起，在每年9月份第三周公休日举行"全

国科普日"活动，主办"科学发展观"专题展览、"科学发展观——资源节约与可持续利用"知识大赛、"树立科学发展观，建设节约型社会"科普报告会等一系列科普活动。学校型科学教育与社会型科学教育相互促进，才能促进全社会提高科学素养。

树立与落实科学发展观和科学教育观，当代科学教育改革必须实现从分科化向综合化、传授性向探究性、学校型向社会型转变，通过全员性、全面性、全程性的科学知识、科学方法和科学精神的教育，培养具有创新精神和实践能力的人才，才能为中华民族在21世纪的伟大复兴作出新的贡献。

弘扬科学文化与人文文化*

弘扬科学文化与人文文化，必须认识科学文化与人文文化。明确科学与人文的内涵，狭义的科学就是自然科学，包括数学、物理、化学、天文学、地理学、生物学等研究自然界现象和规律的学科。狭义的人文指的是人文社会科学。包括哲学、语言、文艺学、历史学、考古学、文化学、宗教学等在内的文、史、哲学科。广义的科学指的是人们对客观世界的一般认识，是反映客观事实和规律的知识体系，既包括自然科学，又包括人文社会科学。广义上的科学与人文是"两种文化"。科学与人文的含义是多层次的。为深入把握科学与人文的内涵，有必要进一步考察科学与人文既相互区别、又相互联结和转化的辩证统一关系。科学与人文都是人类认识和改造自然与社会的产物，科教兴国，人文立国，科学揭示自然与社会的本质及发展规律；人文传承文明，资政育人。科学与人文具有强大的认识和改造世界的功能。科学发展观生动地体现着科学与人文的融合。

开展科学教育与人文教育，必须认识科学文化与人文文化。1959年，英国学者查尔斯·帕希·斯诺（1905—1980）在剑桥大学

---

* 此文原为笔者主编的《科学教育与人文教育》（合肥工业大学出版社2006年版）第一章（笔者执笔）。标题是新改的。

的讲演《两种文化》中指出，现代社会存在着相互对立的两种文化，一种是人文文化，一种是科学文化。科学与人文既是两种学科，又是两种文化。

一、明确科学与人文的内涵

要了解科学文化与人文文化，首先必须明确科学与人文的含义。但目前学术界对科学与人文这两个概念仁者见仁、智者见智，没有统一的定义，需要我们在多义理解的基础上作出明确的内涵界定。

（一）科学与人文的基本含义

科学是个外来词，从语义上看，科学在英文上称为 science，源于拉丁文 scientia，本意是关于自然万物的学问，其含义是"知识"，具体指关于自然的哲学原理和方法。19 世纪末，日本人把"science"译成日文"科学"，意为"分科之学"。科学一词在中国古代原指科目之学和科举之学，到了近代从日本引入这一概念才赋予了上述定义。

几个世纪以来，人们一直想给科学下一个定义，现在这种努力还在继续。可是，大家发现每一个定义都不能令人满意。有学者把科学的本质归纳为 10 个特征：（1）科学应该是系统化的对个别现象的一般性、共同性、规律性的描述；（2）科学力图对事物作出统一的、数量化的、因果性的解释；（3）科学建立在实验的基础上；（4）科学不断地利用过去的知识创造新的知识；（5）重要科学成果的获得出于对大自然持久的好奇心；（6）科学与技术之间呈现出一种极其复杂的互动关系；（7）科学家们在追求预想结果时格外关注这些实验所带来的副产品或者副结果；（8）科学是不可替代的但并不能解决一切问题；（9）科学不仅是知识的本体而且是一种思维方法；（10）科学是人类共同的文化。[1]

---

[1] 张开逊：《科学本质十大特征》，《人民政协报》2002 年 12 月 24 日。

"人文"一词源于中华民族2000多年前的经典文献《易经》。《易·贲》指出，"文明以止，人文也。观乎天文，以察时变；观乎人文，以化成天下"。古人用"文明以止"代表人文，把人文指称为研究人自身以及人和人之间关系。古代的"文"和"纹"相同一，"纹"是"色相杂也"，即只有不同的颜色在一起才能形成学问，是要指明每个人都应有自己的个性和特色。人与人的这种个性和特色形成的差异程度既不能过弱也不能过强，人与人关系的处理要求个性特色恰到好处，纹彩显示得分明就可以了，这样才是真正的人文。[①]

人文是人类社会的文化现象，是人类在社会历史实践过程中所创造的物质财富和精神财富的总和。人文一词的英文 humanity 来源于拉丁文 humanitas（人性、教养），其含义是人道或仁慈的性质或状态，慈爱或慷慨的行为或性情。人道指对人和人类福利的关心；博爱指对人类的广泛的爱；人本主义与神本主义相对立，主张人是宇宙万物的主宰。有学者指出，人文第一个讲的是人，理想的人，理想的人性；第二个讲的是人表达自己人性的方式。[②]

在《从文科综合到人文教育》一书中我们认为，人文的"人"指的是尊重人之为人的权利，尊重人的尊严和价值，承认人追求自由和幸福的权利；人文的"文"指的是承认人的理性，追求理想的人格，重视自由艺术的功能，以提高人的精神境界，促进人的全面发展。从人文学科看，人文具有文化性；从人文精神看，人文具有人本性；从人文素质看，人文具有审美性[③]。

（二）狭义上的科学与人文是"两种学科"

科学内涵有狭义与广义之分。狭义的科学是指自然科学，包括

[①] 陈怡：《实现科学与人文的比翼齐飞促进个人与社会的和谐发展》，《东南大学学报》2002年第1期。

[②] 吴国盛：《让科学回归人文》，江苏人民出版社2003年版，第235页。

[③] 汪青松、张国定：《从文科综合到人文教育》，合肥工业大学出版社2005年版，第180—182页。

数学、物理、化学、天文学、地理学、生物学等研究自然界现象和规律的学科。

在英语词汇中,"science"通常指自然科学。在科学发展史上,早期的科学依附于哲学,牛顿的《自然哲学的数学原理》就是一部关于自然科学学问的巨著。我国古代把有关自然科学的学问称之为"格致之学",与自然科学一词同义的术语叫"空际格致";近代从国外引入科学一词时也主要指称有关自然博物之分门别类的学问,即赋予自然科学的含义。

科学史家丹皮尔认为,"科学可以说是关于自然现象的有条理的知识,可以说是对于表达自然现象的各种概念之间的关系的理性研究"。《简明大不列颠百科全书》则提出:"科学涉及对物质世界及其各种现象并需要无偏见观察和系统实验的所有各种智力活动。一般来说,科学涉及一种对知识的追求,包括各种普遍真理基本规律的作用。"在我国,关于科学的界定有时囊括自然科学、人文社会科学,但更多的时候专指自然科学。中国科学院包括对自然科学研究的管理,为国家在科学技术方面的最高学术机构和全国自然科学与高新技术的综合研究与发展中心。日常生活中所说的科学技术,也主要是指自然科学。

狭义的人文指的是人文社会科学。不少学者把人文看成是包括哲学、语言、文艺学、历史学、考古学、文化学、宗教学等在内的文、史、哲学科。我国学者认为,近代西方人文主义者着力于语法、修辞、诗歌、历史和道德哲学五科(实际上就是我们习称的文史哲),确立了既有别于传统的神学又有别于新兴的自然哲学(自然科学)的学科体系,导致了今天人们所说的人文学科(humanities)[①]。

《简明大不列颠百科全书》指出:"人文科学是那些既非自然科学也非社会科学的学科的总和。一般人认为人文学科构成一种独特

[①] 吴国盛:《让科学回归人文》,江苏人民出版社2003年版,第11页。

的知识，即关于人类价值和精神表现的人文主义的学科。美国国会法案认为，人文学科包括：现代与古典语言、语言学、文学、历史学、哲学、考古学、法学、艺术史、艺术批评、艺术理论、艺术实践以及具有人文主义内容和运用人文主义方法的其他社会科学。"

中国科学院原来包括哲学社会科学学部，为了便于工作，1977年5月哲学社会科学学部独立出来，并在此基础上成立中国社会科学院。

（三）广义上的科学与人文是"两种文化"

科学与人文的内涵都有狭义与广义之分。广义的科学指的是人们对客观世界的一般认识，是反映客观事实和规律的知识体系，既包括自然科学，又包括人文社会科学。赫胥黎在《论自然史学科的教育价值》的演讲中指出："科学只不过是经过整理和系统化的常识。"罗素从理性的角度将科学界定为"诉诸人类的理性而不是诉诸权威的一切确切的知识"。《韦伯斯特20世纪新字典》解释"科学是一部分的研究和知识，它们尤其是通过实验和假说，使事实和原理系统化"。[①] G. 萨顿在《美国百科全书》中指出，"科学之义为系统化的知识"。我国《辞海》将科学规定为"运用范畴、定理、定律等思维形式反映现实世界各种现象的本质和规律的知识体系"。1918年，德国历史学家施本格勒在《西方的没落》中最早把科学看作是一种文化，主张把科学放到特定的文化背景中加以考察。广义的人文指的也是人类文化，既包括人文社会科学，又包括自然科学。我国最早的人文概念，是观照社会整个文化层面使用的。在我国古代，人文指社会的礼仪制度、道德规范和文德教化，与今天所说的文化有相通之处。

我国《辞海》指出："人文科学源出拉丁文humanities，意即人性、教养。欧洲十五六世纪时开始使用这一名词，原指同人类利益

[①] 《辞海》，上海辞书出版社2000年版，第2107页。

有关的学问,以别于在中世纪占统治地位的神学。"①《简明大不列颠百科全书》"人文科学"条目说,人文科学是那些既非自然科学也非社会科学的学科的总和。一般人认为人文学科构成一种独特的知识,即关于人类价值和精神表现的人文主义的学科。某些人文学科问题可以用非人文主义方法去研究,例如语言的数学研究;而非人文学科的问题,也可以用人文主义方法去研究,例如科学中的历史和哲学问题。20世纪50年代,英国科学家斯诺第一次明确提出科学文化与人文文化概念。斯诺认为,科学是一种文化,属于这种文化的科学家们彼此之间尽管也有许多互不理解之处,但是总的来说,他们具有共同的价值标准和行为准则。科学作为一种文化,其约束力甚至比宗教、政治和阶级的模式更强。人文文化是以人道、博爱和人本主义为主要内容的文化,它兴起于欧洲文艺复兴时期,它与科学文化追求真实理性至上不同,追求首先是美与善。并对理性之外的意志、信仰、情感和潜意识给予了很大的关注。

从狭义与广义上考察科学与人文,其两个层面的内涵是不同的。从狭义上作界定,科学与人文是两种学科。科学主要是指自然科学,人文主要是指人文社会科学。科学不是专指自然科学,人文社会科学同样具备自然科学的性质,如对象的客观性、规律的重复性、理论的可检验性、理论体系的逻辑严谨性等。从广义上对其界定,科学与人文是两种文化。科学文化即科学的文化形态,是人类文化系统的重要组成部分。从两种科学和两种文化的意义上界定科学与人文的内涵,对于认识和讨论科学与人文的关系及其功能具有重要意义。

二、把握科学与人文的关系

科学与人文的含义是多层次的。为深入把握科学与人文的内涵,

---

① 《辞海》,上海辞书出版社2000年版,第372页。

有必要进一步考察科学与人文既相互区别、又相互联结和转化的辩证统一关系。

（一）狭义上的科学与人文作为两种学科的区别

从狭义上看科学与人文，自然科学与人文社会科学两个学科具有鲜明的特征。有的学者认为，科学在于揭示客观规律，人文在于提升生命的意义与质量；科学追求精确性和简约性，人文追求生动性和丰富性；科学的标准是规范的和统一的，人文的标准是多变的和多样的；科学强调客观事实，人文强调主观感受[1]。作为两种学科，狭义的科学与人文在研究对象、研究方式和研究性质上诸方面具有区别。

从两种学科在研究对象上的区别看，自然科学学科主要研究客观世界即"天道"它要回答"是什么"的问题即"实然"的问题；人文社会科学学科主要研究主观世界即"人道"，它回答"应当怎样"的问题即"应然"的问题。"是什么"有唯一性，而"应当怎样"则并非唯一，取决于每个人的认识。这是二者在研究的对象、研究的目的和特性上的主要差别之所在。[2]

自然科学以求知为主导，以物为尺度。作为知识体系，自然科学是理性至上的，排除人为干扰，保持了价值和情感的中立。人文社会科学是价值体系，以觉悟为主导，以人为尺度，人性至上，人的身心融入其中，体现情感倾向，要解决的问题是满足个人与社会需要的终极关怀。

中国科学院院士杨叔子指出，与自然科学相比，人文社会科学不仅是一种知识体系，而且也是一种价值体系，一种伦理体系。[3] 科

---

[1] 何旭明：《科学与人文——课程的一体两面》，中国人事出版社2005年版，第32页。
[2] 陈怡：《实现科学与人文的比翼齐飞促进个人与社会的和谐发展》，《东南大学学报》2002年第1期。
[3] 杨叔子、余东升：《人文教育：情感、责任感、价值观——兼论素质教育》，《河北建筑科技学院学报》1999年第3期。

学是解决对客观世界的认识问题，是一个知识体系、认识体系。人文是解决精神世界的认识问题，不但是一个知识体系、认识体系，而且是一个价值体系、伦理体系。①

从两种学科在研究方式上的区别看，自然科学是理性的抽象思维的成果，人文社会科学则是感性的形象思维的产物。科学追求的是真实，人文追求的是浪漫。

《简明大不列颠百科全书》认为，科学和人文学科的区别在于其分析和解释的方向：科学从多样性和特殊性走向统一性、一致性、简单性和必然性；相反，人文学科则突出独特性、意外性、复杂性和创造性。科学是理性的产物，使用事实、规律、原因等概念，并通过客观语言沟通信息；人文学科是想象的产物，使用现象与实在、命运与自由意志等概念并用感情性和目的性的语言表达。

从两种学科在研究性质上的区别看，自然科学是全球性的，科学研究无禁区；人文社会科学有很强的民族性，活动有禁忌。刘献君教授认为，文化和人文文化两个方面。科学文化没有国界，不具有独特的民族性，主要提供工具理性，解决不了政治信念、伦理规范、终极关怀等问题。人文文化则具有民族性，有国界、民族之分。它研究的对象是人文世界，具有价值导向作用，为人类提供价值理性。从现实来看，我们所学的数学、物理、化学等科学文化基本上都是从西方引进的，因为近代科学诞生于西方；我们所用的电灯、电话、电冰箱、电视机、计算机等也是西方人发明的。因为科学文化价值中立，学习西方的科学文化有利于我们自身的发展。但人文文化却不能照搬西方文化，中华民族就是靠自己的人文文化来维系和支撑的。人文文化越民族化本土化，就越国际化，这与科学文化的国际化正好相反。

何旭明博士认为，人文面的生命力在于本土化，而科学面的生

---

① 《中国大学人文启思录》，华中科技大学出版社2000年版，第171页。

命力在于全球化。众所周知,教育发展到今天已呈现国际化趋势,这种趋势在教育的两面有不同的具体表现:人文面呈现的是本土化、民族化;科学面呈现的是全球化、一体化。常言道"科学无国界",科学知识可以超越国家与民族界限而广泛传播和应用,对科学原理的理解也不受民族思维传统的限制,科学概念、原理的内涵在不同国家都能引起相同的反应。科学的运用效果,也会一视同仁地起作用:运用得当能造福于人,运用不当则加祸于人。人文知识则与科学不同,它有着强烈的民族意识。全球可以有共同的科学水平,但没有完全一致的人文成就。不同国家的人可以共享科学成果,但不能也不愿与人分享人文资源,很难找到超越民族、国界的宗教、文学、语言、艺术风格、风俗民情和道德规范。正是这些文化派别林立、风格各异,才呈现出五彩缤纷的繁荣景象。世界文化的人文如果说有走向完全融合的趋势,那只可能是强势文化的野蛮入侵与弱势文化的倒退衰亡。在历史上西方国家曾把我国的科技成果吸纳入他们的文化之中,今天我们为了现代化建设也引进发达国家的科学技术。不管什么时候,也不管哪个国家,任何试图将别人的人文成就照搬照抄的做法都是注定会自讨苦吃。[1]

(二)广义上的科学与人文作为两种文化的联系

从广义上看,科学文化与人文文化作为两种文化,具有诸多内在联系和共性。

有的学者通过历史考察,指出科学文化与人文文化这两种文化在源头处就是统一的。人文作为人类文化,当然包括科学文化。人文是科学之母,科学是从人文中分化出来的,但最终还要从属于人文。

肖峰认为,科学与人文本有一个共同的源头:自然科学用来解释

---

[1] 何旭明:《科学与人文——课程的一体两面》,中国人事出版社 2005 年版,第 36 页。

自然，人文用来歌颂自然。前者是理性的，后者是情感的，并不是截然分开的。而且在科学处于萌芽阶段的古代文明中，科学是一个统一的体系。在古希腊人的观念中，科学和艺术是相通的。毕达哥拉斯学派把美归结为数的形式，把音乐看作是数学的一个分支。古希腊的建筑和雕塑，严格受数学的黄金分割律的支配。他们塑造的神和英雄的雕像极为重视结构明确和比例关系正确。作为古代科学代表人物的亚里士多德，就是将自然科学、社会科学和人文科学结合在一起建立了一个包括哲学、天文学、物理学、动物学、植物学、逻辑学、政治学、美学等方面的体系。而且我们还看到，科学与人文在文艺复兴时期曾有过黄金般的"联姻"时期。①

吴国盛认为，人类一切学问在从前都是人文的范畴。希腊时代天文、几何、算术和音乐四大学科都被认为对培养人性有好处，都属人文范畴。人文范畴就是如何培养一个自由人，教育的目的就是培养人、培养人性。在一定意义上说，人文是万学之祖，是一切学问的母亲，也是今天所谓的自然科学的母亲。人文与科学是母与子的关系，科学发展要走向人文。②

世界和人生的统一性离不开两种文化。有的学者则从世界的统一性与人生的统一性上考察科学和人文的联系。陈怡指出，世界由人和物两大部分组成。人作为世界上唯一有主体意识的高等生物，既探索人身外的一切，也探索人自身。人探索身外的物和各种现象，逐渐形成了运用范畴、定理、定律等形式反映各种事物和现象的本质和规律的知识体系，产生了科学；人探索自身，逐渐形成了恰当把握人自己以及人和人之间关系的学问，产生了人文。人生也离不开科学和人文。人活在世上，总希望过一个充实而有意义的人生。尽管每个人的人生都不相同，但其内涵无非两方面：做事和做人。做

---

① 肖峰：《现代科技与社会》，经济管理出版社2003年版，第41页。
② 《科学时报读书周刊》2000年7月24日、31日。

事离不开科学，做人则离不开人文。①

两种文化产生过程的同源性。有的学者根据辩证唯物主义认识论，从科学文化与人文文化产生的过程阐述这两种文化的同源性。杨叔子院士2002年3月28日在北京工业大学的演讲中指出，科学文化与人文文化同源于实践，同源于人脑，同源于人脑对客观世系中实践的反映以及对反映的加工；两者都承认客观实际，都提炼客观实际的本质，都探索客观实际规律，都是精神世界所需形成的产品。只有深入实践，深入生活，才能高于实践，高于生活。科学技术如此，文学艺术也是如此。最完美、最正确的东西不能脱离实践，科学技术与文学艺术都源于实践，又要高于实践，这是二者统一和相融的基础。正因为两种文化都源于人脑，源于人对客观实际的认识，不可能不体现出科学文化中含有人文文化，人文文化中含有科学文化。②

2004年6月9日，杨叔子院士在山西大学的演讲中，又分析了科学文化与人文文化的三层关系：形而下的基层，是实践，是大脑对实践的反映，两者完全一致；知识层的中层，包括思维和方法等在内作为科学文化与人文文化存在的形式，差于形态，异于功能，才将文化划分成不同的学科；形而上的顶层是精神层面，情感与思维高度交融、人性与灵性交融，两者又完全一致。没有科学的人文，是残缺的人文，没有人文的科学，是残缺的科学。③广义上的科学文化与人文文化在起源和归宿上是同一的，这就是两种文化的内在联系。

---

① 陈怡：《实现科学与人文的比翼齐飞促进个人与社会的和谐发展》，《东南大学学报》2002年第1期。
② 杨叔子：《科学与人文——相融则利，相离则弊》，《高教探索》2002年第1期。
③ 杨叔子：《科学文化与人文文化的交融是时代发展的必然趋势》，《科学与中国——院士专家巡讲报告集》（第1辑），北京大学出版社2005年版。

三、发挥科学与人文的功能

科学与人文都是人类认识和改造自然与社会的产物，都是人类智慧的结晶。中国科学院院士杨叔子指出，没有先进科学和技术，一个国家、一个民族就要落后挨打；同时，没有优秀民族文化传统，没有民族人文精神，一个国家、一个民族，就可能"不打自垮"。①科教兴国，人文立国，科学揭示自然与社会的本质及发展规律；人文传承文明，资政育人。科学与人文具有强大的认识和改造世界的功能。

（一）探索自然与社会的奥秘

如前所述，狭义的科学主要是指自然科学，狭义的人文主要是指人文社会科学。狭义的科学与人文的首要任务是认识世界，对世界作出解释和预言。

在原始社会，对自然的敬畏使人们生活在万物为灵的世界中，少数人垄断着神秘世界的解释权，人们难以发现人自身的力量。是科学的真理之光揭开了笼罩世界的面纱，使人们认识到世界有其内在的规律，人类可以认识真理。人类从此开始用自然科学理解世界。

自然科学反映自然界运动规律。自然科学以自然界各种形态的物质运动为研究对象，研究机械运动、物理运动、化学运动、生物运动、地球运动、天体运动、生命运动的规律。数、理、化是研究现实世界的空间形式、数量关系和物理运动、化学运动规律的科学。人类在文明初期就积累了一些数学知识，到16世纪形成算术、初等代数、初等几何和三角的初等数学，17世纪已获得了变量的概念，开始研究变化中的量与量之间的互相制约的关系和图形间的相互变换，从而使运动和辩证法进入了数学。现代的数学在习惯上分成数理逻辑、数论、代数学、几何学、拓扑学、函数论、泛函分析、微

---

① 杨叔子：《科学与人文：民族腾飞的双翼》，《人民日报》2003年12月26日。

分方程、概率论、数理统计、计算数学、组合数学等分支。物理学在古代欧洲是自然科学的总称,现代物理学研究物质运动最一般的规律和物质的基本结构。根据研究的物质运动形态和具体对象的不同,分为力学、声学、热学和分子物理学、电磁学、光学、原子物理学、原子核物理学、固体物理学等。化学研究物质单质及化合物的组成、结构、性质及其变化规律性。中国古代陶瓷、冶炼、染色、制盐、酿造、造纸、火药等化学工艺有着辉煌的成就,有的经阿拉伯传入欧洲;国外化学知识发展最早的是埃及,后经希腊、罗马和阿拉伯人的发展传入西欧。19世纪以来化学学科获得新的成就,最重要的有原子和分子结构学说、元素周期律、化学热力学及化学动力学等成就,为现代化学的发展奠定了理论基础。化学通常分为无机化学、分析化学、有机化学、物理化学等学科。

天、地、生是研究物质世界的天体形式、地理环境和生命物质运动规律的科学。天文学研究天体的位置、分布、运动、形态、结构、化学组成、物理性质及其起源和演化。一般分为天体测量学、天体力学、天体物理学等。地理学研究地球表面人类生活的地理环境中各种自然现象和人文现象以及它们之间相互关系与区域分异,具有综合性、区域性、动态性和研究方法多样性等特点。自然地理学研究地理环境的特征、结构及其演化,人文地理研究人类各种社会经济活动的空间结构和变化以及同地理环境的关系,部门地理学主要研究单一地理要素的特征、分布及其发展变化规律,区域地理学研究各地理要素的区域组合和相互联系以揭示区域特点、区域差异和区际关系。生物学研究动物、植物和微生物的生命物质的结构和功能,它们各自发生和发展的规律,生物之间以及生物与环境之间的相互关系,目的在于阐明生命本质,有效地控制生命活动和能动地加以改造、利用,使之更好地为人类服务。

人文社会科学以人类社会为研究对象,包括个人、阶级、国家的利益和信仰。自然界中物质运动规律不受人的意志或意识的影响,自然科学反映自然界中物质运动的客观规律性而不掺杂人的价值观念；人文社会科学不像自然科学那样客观，而是受到个人的、阶级的、国家的意志的影响，人文社会科学具有阶级性。

文学是社会意识形态之一，作者通过想象活动和艺术创造，把生活经验体现在一定的语言结构之中，以表达人对现实生存方式的某种发现和体验。在阶级社会里，文学带有阶级性，优秀的作品又往往具有普遍的社会意义。历史学是研究和阐述人类社会发展历史过程及其规律性的科学，具有鲜明的阶级性。马克思和恩格斯站在无产阶级立场上，阐明了生产力和生产关系、经济基础和上层建筑的辩证关系，揭示了人类社会发展的普遍规律，使历史学变成为科学。哲学是理论化、系统化的世界观和方法论，是关于自然界、社会和人类思维及其发展的最一般规律的学问。作为人类文明发展的产物，哲学源出希腊语的"爱智慧"，任何真正的哲学都是自己时代精神的精华。哲学也是社会意识形态之一，是具有最普遍的理论形式的意识形态，是统帅其他一切意识形态的最高意识形态，能从世界观的高度反映社会存在并指导人们的社会生活实践。[①] 经济学是研究人类社会经济发展过程中经济关系和经济活动规律及其应用的科学的总称，政治经济学是经济学科的共同理论基础。政治学是以国家及其活动为主要研究对象的科学。现代政治学的研究对象主要是国家，其范围涉及政治理论、政治制度、比较政治、公共政策、公共行政和国际政治等领域。政治学具有鲜明的阶级性。奴隶主、封建主阶级的政治学竭力维护其神权政治或君主专制制度。资产阶级的政治学宣扬资产阶级国家的"永恒性"和资产阶级政治制度的"优越性"，为巩固资产阶级专政服务。无产阶级政治学运用辩证唯物主义和历史唯物主义观点，揭示国家的产生、发展和消亡的必然过程，阐明国家的本质、职能和历史作用，无产阶级专政的建立和

---

① 林泰：《唯物史观通论》，高等教育出版社 2001 年版，第 234 页。

巩固，社会主义民主和社会主义法制，无产阶级政党的建设及其与国家的关系，以及如何运用国家政权为建设社会主义服务等。社会学从社会整体出发，通过社会关系和社会行为来研究社会的结构、功能、发生、发展规律的综合性学科。其研究范围涉及社会现象的各个方面，从宏观社会系统、社会组织及制度，到微观的初级群体和人际关系等。

自然科学是物质低级运动形态规律性的反映，人文社会科学是物质高级运动形态规律性的反映。物质高级运动形态建立在物质低级运动形态基础之上，人是从自然界中分化出来的，社会是在人群基础上组成并发展起来的。因此，自然科学与人文社会科学的理论观点应该是相容的，承认自然界的不断进化与发展就应承认社会也是不断进化与发展的，承认自然界有普遍的规律性就应承认人与社会也有普遍的规律性。

（二）改造自然界和人类社会

科学是人类对于自然规律和社会发展的认识和把握，是推动历史进步的杠杆和基石。科学技术最初是为解决人们的生活需要产生和发展的，人们在生产和生活中，不断地探索规律、改进工具、发展技能，从而增长了智慧，形成了科学技术。科学技术的应用不断增强人们改造自然、创造优裕生活条件的能力，从而逐步摆脱了对天然产品的依赖。

德国哲学家恩斯特·卡西尔曾指出，科学是人类精神发展中的最后一步，并可以被看成是人类文化最高最独特的成就。在我们现代世界中，再没有第二种力量可以与科学思想的力量相匹敌。科学开始于人类对秩序和简单性的追求。科学给予我们有关自然界的一般图景的基础。科学作为系统的理论化的知识体系，具有解释、预见和认知的价值。求实、创新、不迷信权威的科学精神与科学方法常常成为一种革命的力量推动社会进步。由于科学求助于数学想象，运算和概念分析，以其预想不到的复杂性和协调结构，打开了一个以宇宙或亚原子尺度为对象的新的经验世界。这种新的经验世界与传统艺术以及人为尺度的世界不同，因而拓宽了人类创造性和想象力的视野，并创造了新型的美和欣赏①。

科技知识是生产力发展的源泉。科学技术增强了人们改造自然、谋取生活资料的能力，改善了人们生活的物质环境。从火的使用，到金属工具的制造，到蒸汽机的发明，到电的发现，到计算机技术的成功，每一次都从根本上改变了人们生活的物质条件。科学技术的神奇力量，使人类获得了空前的物质优势。正是依赖于科技进步，人类才拥有大量超出天然形态的消费资料。

在世界历史上，资产阶级在它不到100年的统治中所创造出的生产力比过去一切世代创造的全部生产力还要多、还要大，这在很大程度上归功于近代科学革命的产生和以蒸汽机技术为代表的第一次产业革命。产业革命开创了大机器工业时代，开创了以社会化大生产为基础的近代工业文明。这种文明大大领先于以往人类社会的以小生产为基础的农业文明和手工业文明，极大地改变了人类的生产方式和生活方式。19世纪以来科学技术取得了全面的进步，科学与技术之间产生了密切的联系，并广泛应用到工业之中，带来了电力工业、交通运输工业和化学工业的空前发展。20世纪以来特别是二次大战后科学技术日新月异、突飞猛进，使人类相继进入了原子能时代、航空航天时代和信息时代。以信息技术为代表的新技术革命使人类社会生产从传统的机械化、工业化向自动化、智能化转变。

生产力的发展直接依赖于科技知识，人类社会的发展就是先进生产力不断取代落后生产力的进程，科学技术是第一生产力。没有金属工具的创造，就没有农业社会；没有蒸汽机的发明，就没有第一次工业革命；没有电磁现象的发现，就没有第二次工业革命；没有放射性元素的发现，就没有原子能的诞生；没有半导体的发现，

---

① 黄顺基：《自然辩证法概论》，高等教育出版社2004年版，第291页。

就没有信息革命；没有DNA双螺旋结构的发现，就没有现代分子遗传学和生物革命。

人文社会科学与自然科学如同车之两轮、鸟之双翼，共同推动着社会的发展和进步。正如有的学者所指出的，科学技术为社会的"发动机"，人文社会科学是社会的"方向盘"。① 一个兴盛的民族和强大的国家，应该有发达的自然科学和繁荣的人文社会科学。一个民族要想登上科学的高峰，就一刻也不能离开理论思维；人类社会要实现由必然王国向自由王国的飞跃，必须有高度发达的人文社会科学。

科学知识是人类对于客观规律的认识和总结，不仅能帮助人们形成智力、生产力，也帮助人们形成新的思想道德和精神品格，促进人的全面发展。培根说，"知识就是力量"。贝尔纳认为，科学是对未知的发现，可以作为一种积累的知识系统，一种维持和发展生产的主要因素，以及构成我们的诸信仰和对宇宙和人类诸态度的最强大势力之一。正是科学知识的不断积累，揭示出自然过程的奥秘，使人类能相对自主地决定自身的命运。

现代科学从根本上改变着公众的意识、对发展观念的认识和对财富本质的认识，改变着企业的策略，改变着国家的战略。科学技术可以转化为直接生产力，还体现为科学作为一种世界观、一种方法论、一种产业、一种社会职业等，在很大程度上成了现代文明的代名词，一个社会的文明程度同科技发展的水平息息相关。在近代科学实验诞生后，科技与社会的一体化不断渗透到社会生产和生活的各个方面，深刻地改变着社会的既定面貌。

1962年，美国科学社会学家普赖斯在一次演讲中指出："由于当今的科学大大超过了以往的水平，我们显然已经进入了一个新的时代。不仅现代科学硬件如此光辉不朽，堪与埃及金字塔和欧洲中世

---

① 曹文彪：《科学与人文：发动机与方向盘》，《光明日报》2004年8月3日。

纪大教堂相媲美,且用于科学事业的人力物力的国家支出也骤然使科学成为国民经济的主要环节,现代科学的大规模性,面貌一新且强而有力,使人们以'大科学'一词来美誉之。"

在人们的社会实践过程中,科学技术越来越发达,日益成为人们发展生产力、改善生活条件的强大武器。在人类认识自然和改造自然的过程中,科学技术为人们提供关于世界总体特别是人类社会的知识和理论,是人们认识世界和改造世界的重要工具。

近代以来世界各国的发展历程,特别是当代后进国家和地区的追赶现代化,向我们展示了科学技术与社会发展的内在密切联系。当世界科学中心的转移路线从意大利到英国与法国再到德国和美国时,世界经济中心的转移路线也从英国到德国再到美国,两者呈现正相关性。在两次工业革命之后,出现过三次后进国家追赶先行国的范例:第一次是19世纪与20世纪之交美国花了半个世纪追上英国;第二次是第二次世界大战之后日本经过40年时间成为仅次于美国的经济强国;第三次是20世纪60年代以来韩国、新加坡的崛起。无论科学中心与经济中心的转移,还是后进国家追赶先进国家,"科技兴国"主旋律都贯穿其中。[1]

人文社会科学对人类社会的变革及发展的作用更难以估量。2001年8月7日,江泽民在北戴河同国防科技和社会科学专家座谈时指出,哲学社会科学,是人们认识世界、改造世界的重要工具,是推动历史发展和社会进步的重要力量。[2] 2002年4月,江泽民在考察中国人民大学时发表重要讲话指出,哲学社会科学,主要是帮助人们解决世界观、人生观、价值观,解决理论认识和科学思维,解决对社会发展、社会管理规律的认识和运用的科学。掌握必备的哲学社会科学知识,对于人们正确认识纷繁复杂的社会现象,提高道

---

[1] 曾国屏等:《当代自然辩证法教程》,清华大学出版社2005年版,第423页。
[2] 《江泽民论有中国特色社会主义》,中央文献出版社2002年版,第275页。

德素养和精神境界是十分重要的，对于领导干部特别是高级干部学会讲政治、懂全局，驾驭复杂形势、研究战略策略、提高领导水平更是十分重要的。①

2002年7月，江泽民在考察中国社会科学院时强调，建设中国特色社会主义，应是我国经济、政治、文化全面发展的进程，是我国物质文明、政治文明、精神文明全面建设的进程。哲学社会科学建设，是社会主义精神文明建设的重要组成部分，又是为推进社会主义社会的物质文明、政治文明、精神文明建设服务的。我们不仅要大力发展自然科学，而且要大力发展哲学社会科学，并用这些方面的知识来全面提高全体人民的思想道德素质和科学文化素质。要推进改革开放和现代化建设，要把建设有中国特色社会主义事业不断推向前进，就必须深入了解社会，不仅要深入了解中国社会，还要全面了解世界这个大社会；不仅要了解社会发展的历史，而且更重要的是要研究当今社会发展的现实问题。这就需要我们加强理论研究和理论创新，加强哲学、经济学、政治学、国际政治和经济、法学、历史学、民族学、新闻学、人口学、社会学、文学、语言学、考古学等各学科的研究。要大力加强对各门传统学科的研究，大力加强对各门新兴学科和交叉学科的研究，大力加强各门学科的理论和体系的建设，大力加强各门学科的方法和手段的建设。在科学技术迅速发展的今天，哲学社会科学尤其要加强对信息技术等先进手段的运用。要努力使我国哲学社会科学的发展成为我们正确认识世界和改造世界，推动理论创新和先进文化发展，促进党和国家决策的科学化民主化，推进改革开放和现代化建设的重要力量。我国哲学社会科学界要努力担负起认识世界、传承文明、创新理论、咨政育人、服务社会的职责。②

---

① 《江泽民论有中国特色社会主义》，中央文献出版社2002年版，第276页。
② 《人民日报》2002年7月17日。

党的十六大也明确提出，坚持社会科学和自然科学并重，充分发挥哲学社会科学在经济和社会发展中的重要作用。在全社会形成崇尚科学、鼓励创新、反对迷信和伪科学的良好氛围。中共中央政治局2004年5月28日进行第十三次集体学习，胡锦涛在主持学习时指出，哲学社会科学的发展水平，体现着一个国家和民族的思维能力、精神状况和文明素质。中国特色社会主义事业的兴旺发达，离不开自然科学的繁荣发展，也离不开以马克思主义为指导的哲学社会科学的繁荣发展。在全面建设小康社会、加快推进社会主义现代化的历史进程中，在实现中华民族伟大复兴的历史进程中，哲学社会科学具有不可替代的重大作用。我们一定要从党和国家事业发展全局的战略高度，把繁荣发展哲学社会科学作为一项重大而紧迫的战略任务切实抓紧抓好，推动我国哲学社会科学有一个新的更大发展，为中国特色社会主义事业提供强有力的思想保证、精神动力和智力支持。[1]

2006年3月4日，胡锦涛参加全国政协十届四次会议民盟、民进界委员联组讨论时进一步指出，全面建设小康社会、加快推进社会主义现代化，要求我们必须把发展社会主义先进文化放到十分突出的位置，着眼于提高人的素质、促进人的全面发展，加强思想道德建设，发展教育科学文化，培育有理想、有道德、有文化、有纪律的社会主义公民。[2]

人文社会科学的研究能力和成果是综合国力的重要组成部分。人文社会科学的发展状况如何，对人们的思想意识和社会道德风尚，对经济建设和社会发展，都会产生巨大而深刻的影响，甚至关系国家的盛衰和民族的兴亡。一个民族要顺应世界进步的潮流，站在时代发展的前列，就必须有人文社会科学的理论指导。中国近代史上，

---

[1]《人民日报》2004年5月30日。
[2]《人民日报》2006年4月28日。

五四新文化运动请来的"赛先生"和"德先生"推动了中国文化向先进文化的转型。历史已经证明，马克思主义和中国化马克思主义作为划时代的理论极大地推动了社会历史和人类文明发展的进程。人文社会科学是解放和发展生产力、建设社会主义物质文明的强大动力。在当代中国，以"两弹一星"和"神舟五号"为代表的中华人民共和国取得的科技成就所体现出来的精神，极大地促进了先进文化的建设。在社会主义初级阶段，我们党的根本任务是解放和发展生产力，发展是我们党执政兴国的第一要务。人文社会科学对于破除束缚生产力发展的旧观念、旧体制，确立促进生产力发展的新观念、新体制，有着重要作用。人文社会科学为弘扬民族精神和时代精神、全面建设小康社会提供重要的思想保证。伟大的事业需要崇高的精神，崇高的精神支撑伟大的事业。一个民族如果没有崇高的精神，就不可能自立于世界民族之林。人文社会科学作为民族精神和时代精神的集中反映，对于激励全国各族人民万众一心、团结一致，为实现全面建设小康社会的宏伟目标而奋斗，能够发挥重要的作用。面对世界范围各种思想文化的相互影响，使广大人民群众掌握必备的人文社会科学知识，特别是辩证唯物主义和历史唯物主义，对于提高人们的道德素养和思想境界，保持积极进取和团结奋斗的精神状态，是十分重要的。发挥人文社会科学观察社会的能动性、体悟社会的深刻性、洞见社会的科学性，才能胜任认识世界、传承文明、创新理论、咨政育人、服务社会以及启迪思想、陶冶情操、传授知识、鼓舞人心的历史使命。

（三）解决社会与自然的问题

当今时代，科技与人文对生产力发展和社会进步起着越来越大的作用，但科技与人文的分离不利于对经济、社会与自然关系的正确处理，必须把两种文化统一起来，以实现社会协调与天人和谐。

培根认为，知识就是力量，人们可以利用科学知识所揭示的自然规律控制自然，创造和设计人工世界。但要命令自然，必须服从自然。在从农业文明向工业文明的转型过程中，能源、交通、电信、石化、钢铁等产业为社会生产了大批生活必需品和消费品，人类利用科学技术成果为自身建构了一个人工自然。工业文明提高了人类社会的生产力，同时却过度消耗了自然资源，造成了环境污染，破坏了自然界的生态平衡。这种模式使一些地方富裕繁荣，却给更多的地方带来相对贫困；它虽然满足了人类局部的、近期的需要，却牺牲了全球长远的生存和发展的利益。

从前，在美国中部有一个城镇，这里的一切生物看来与其周围环境生活得很和谐。这个城镇坐落在像棋盘般排列整齐的繁荣的农场中央，其周围是庄稼地，小山下果园成林。春天，繁花像白色的云朵点缀在绿色的原野上；秋天，透过松林的屏风，橡树、枫树和白桦闪射出火焰般的彩色光辉，狐狸在小山上叫着，小鹿静悄悄地穿过了笼罩着秋天晨雾的原野。

沿着小路生长的月桂树、荚莲和赤杨树以及巨大的羊齿植物和野花在一年的大部分时间里都使旅行者感到目悦神怡。即使在冬天，道路两旁也是美丽的地方，那儿有无数小鸟飞来，在出露于雪层之上的浆果和干草的穗头上咏食。郊外事实上正以其鸟类的丰富多彩而驰名，当迁徙的候鸟在整个春天和秋天蜂拥而至的时候，人们都长途跋涉地来这里观看它们。另有些人来小溪边捕鱼，这些洁净又清凉的小溪从山中流出，形成了绿荫掩映的生活着鳟鱼的池塘。野外一直是这个样子，直到许多年前的有一天，第一批居民来到这儿建房舍、挖井筑仓，情况才发生了变化。从那时起，一个奇怪的阴影遮盖了这个地区，一切都开始变化。一些不祥的预兆降临到村落里：神秘莫测的疾病袭击了成群的小鸡、牛羊病倒和死亡。到处是死神的幽灵，农夫们述说着他们家庭的多病，城里的医生也愈来愈为他们病人中出现的新病感到困惑莫解。不仅在成人中，而且在孩子中出现了一些突然的、不可解释的死亡现象，这些孩子在玩耍时突然倒下了，并在几小时内死去。

一种奇怪的寂静笼罩了这个地方。比如说，鸟儿都到哪儿去了呢？许多人谈论着它们，感到迷惑和不安。园后鸟儿觅食的地方冷落了。在一些地方仅能见到的几只鸟儿也气息奄奄，它们战栗得很厉害，飞不起来。这是一个没有声息的春天。这儿的清晨曾经荡漾着乌鸦、鸫鸟、鸽子、樫鸟、鹪鹩的合唱以及其他鸟鸣的音浪；而现在一切声音都没有了，只有一片寂静覆盖着田野、树林和沼泽。农场里的母鸡在孵窝，但却没有小鸡破壳而出。农夫们抱怨着他们无法再养猪了——新生的猪仔很小，小猪病后也只能活几天。苹果树花要开了，但在花丛中没有蜜蜂嗡嗡飞来，所以苹果花没有得到授粉，也不会有果实。

曾经一度是多么吸引人的小路两旁，现在排列着仿佛火灾浩劫后的、焦黄的、枯萎的植物。被生命抛弃了的地方只有寂静一片，甚至小溪也失去了生命；钓鱼的人不再来访问它，因为所有的鱼已经死亡。在屋檐下的雨水管中，在房顶的瓦片之间，一种白色的粉粒还在露出稍许斑痕。在几星期之前，这些白色粉粒像雪花一样降落到屋顶、草坪、田地和小河上。不是魔法，也不是敌人的活动使这个受损害的世界的生命无法复生，而是人们自己使自己受害。①

这是美国生物学家卡逊1962年在其所著的《寂静的春天》一书中对全球环境问题敲响的警示钟。人类是地球上的宠儿，人靠大自然生存，也靠大自然发展。人类在取得社会财富和利用自然方面表现出非凡的智慧和高超的技术，但在对自然资源的利用与对自然的破坏方面又表现出极大的浪费和十足的愚蠢。人类频繁的活动已使今日之地球失去了原有的艳丽姿色。人们有理由担心：地球上是否会呈现出一派"寂静的春天"？②

第二次世界大战期间，爱因斯坦看到一些科学家为希特勒法西

---

① ［美］蕾切尔·卡逊著，吕瑞兰译：《寂静的春天》，北京科学出版社1979年版。
② 郑艳秋等：《自然简史》，上海科学技术文献出版社2005年版，第119页。

斯效力，感到很痛心，特意写信给老朋友玻恩，强调科学家要"坚定地高举伦理的信念"。1945年8月，美国在日本投掷两颗原子弹、造成数十万无辜平民的伤亡后，爱因斯坦和许多科学家更为震惊，进一步醒悟到科学家巨大的社会责任，提出科学家应为保卫和平、增进人类福祉而积极行动起来。

科学技术是"悲喜交集的福音"，是一柄"双刃剑"，既能造福也可能为害。20世纪以来，核危机、全球问题等恶性现象，以及"先制造，后销毁""先破坏，后保护"之类的现实对策，都显示了这柄双刃剑的功能。面对原子弹的蘑菇云以及环境污染、生态破坏等严峻事实，我们不得不承认，科学技术也会酿出不利于人类的苦酒，这种负面效应可能越来越明显和突出。我们要思考：如何更好更充分地发挥科学技术正面的积极的作用，尽可能地避免和减少其负面的消极的效应。

1959年，英国科学家和作家斯诺在剑桥大学发表《两种文化》的讲演。在这一讲演中，斯诺认为，存在两种文化，一种是人文学者（斯诺称文学知识分子）的文化，一种是科技专家的文化。斯诺年轻时曾是一位物理学家，在卢瑟福领导的著名的卡文迪许实验室工作。后来因为一场意外事件改行写小说，并逐渐在公众之中获得名声。"在很长一段日子里，我是白天和科学家在一起工作，晚上则与一些文学同事在一起。"由于斯诺这个特殊的经历，使得他能够注意到他所谓的两种文化。斯诺发现，"他们的才智相近、种族相同、社会出身差别不大、收入相差不多，但却几乎没有什么沟通"。甚至"他们在学术、道德和心理状态等方面的共同点"也非常之少。简而言之，这两个群体的文化理念和价值观念产生了严重的差异，彼此不能认同。斯诺说了一个大致如是的例子：作为一名人文学者，如果不知道莎士比亚是应该感到惭愧的，哪怕他本人的研究方向与莎士比亚毫无关系，因为莎士比亚已经成了基本的文化素养，但是他不会为自己不知道热力学第二定律而感到惭愧；相反，作为科学工作者，如果不知道热力学第二定律，那是不及格的，而对于莎士比亚，他们已经不认为有知道的必要。

斯诺明确指出："非科学家有一种根深蒂固的印象，那就是科学家是肤浅的乐观主义者，他们不知道人类的状况。而在另一方面，科学家认为文学知识分子完全缺乏远见，尤其是不关心他们的同胞，在深层次上是反知识的，并且极力想把艺术和思想限制在有限的时空，如此等等。"① 这种两极分化对我们大家说来都是损失。对于我们个人、对于我们社会都是损失。

1999年，联合国教科文组织和国际科学理事会联合举办的世界科学大会，通过《科学和利用科学知识宣言》及若干附件，强调科技伦理的重要性。《宣言》明确规定，从事科学研究和利用从中所获的知识，目的应当始终是为人类谋幸福，其中包括减少贫困，尊重人的尊严和权利，保护全球环境；并充分考虑我们对当代人和子孙后代所担负的责任，有关各方均应对这些重要原则作出新的承诺。每个国家都应当采取适当的措施，处理科学实践和科学知识的利用及实际应用中的伦理问题，所有科学家都应坚持高的道德标准。

当代中国经济尚不发达的现实要求我们大力发挥科学技术的功利作用，但如片面强调其功利性的一面，由此造成的资源枯竭、道德失范等将是致命性的，科技如在带来工业化社会的同时破坏了人文文化，那将是不可挽回的损失，所以胡锦涛提出科学发展观。科学发展的过程是人类自身问题解决的过程，是人文的进步与人类解决自然和社会水平的提高相互促进。科学使人类能很好利用自然，人文使自然友好回报人类。科学与人文发展中产生的问题最终要靠科学与人文在融合中进一步发展来解决。

社会全面进步不仅是一个人文问题，而且是一个科学问题，要

---

① ［美］斯诺著，陈克艰、秦小虎译：《两种文化》，上海科学技术出版社2003年版，第2、13页。

求科学与人文相融合。科学发展观生动地体现着科学与人文的融合。

科学发展观第一要义是发展,但发展不仅是经济的增长,而是经济、政治、文化的协调发展和人的全面发展。经济发展、社会发展和人的全面发展是相互联系的。坚持科学发展观,就要从单纯追求GDP增长转到在经济增长的基础上注重经济、社会和人的全面发展,全面推进社会主义物质文明、政治文明、精神文明建设。社会的进步是经济、政治、文化协调发展的结果。经济是基础,政治是保证,文化是先导。坚持全面、协调、可持续的发展观,并不意味着发展经济已退居次要位置,更不意味着经济建设不重要了。人类社会的发展规律告诉我们,发展首先要抓好经济发展,经济发展是社会发展和人的发展的基础,树立和落实科学发展观,必须始终坚持以经济建设为中心,聚精会神搞建设,一心一意谋发展。胡锦涛指出:"坚持以经济建设为中心,紧紧抓住和切实用好重要战略机遇期,大力解放和发展社会生产力,对我们这样一个发展中大国加快实现现代化具有重大战略意义。"只有坚持以经济建设为中心,不断增强综合国力,才能为抓好发展这个党执政兴国的第一要务、为全面协调发展打下坚实的物质基础,更好地解决前进道路上的各种矛盾和问题,实现全面建设小康社会和社会主义现代化的宏伟目标。我国人口多,人均资源占有量少,同发达国家相比,还处于相对落后状态。在整个社会主义初级阶段,经济总量的增长,始终是发展最核心、最基本的内容。没有经济总量的快速增长,其他各方面协调发展就难以实现。要在优化结构和提高效益的基础上,使我国的综合国力和国际竞争力明显增强。

科学技术能够推动政治文明的进步,这是由生产力和生产关系的辩证关系所决定的。科学技术不仅推动物质文明的发展,而且也是形成科学精神、改善政治行为的源泉,对政治文明建设起着重要作用。历史上,科学技术的进步总是和民主政治的发展相伴而生的。科学和哲学的结合,导致了唯物主义、启蒙时代和法国的政治革命。

科学和实践的结合,导致了英国的社会革命。我国新文化运动以"科学"和"民主"为旗帜,推动着中国政治从传统向现代的转型。科学是社会文明的重要内容,它驱散了人类的愚昧,照亮了人类文明发展的道路,使人类逐渐成为自然界、人类社会和人自身的主人。

以科学发展观为指导,坚持全面发展,就要促进三个文明协调发展。经济、政治、文化协调发展是科学发展观的基本内容。全面建设小康社会,包括物质生活的改善、民主政治的发展、精神生活的充实、人与环境的协调。我们既不能以经济发展代替社会发展,也不能因为强调发展的全面性而否定经济发展在社会发展中的基础地位。必须统筹城乡经济社会发展,全面繁荣农村经济,加快城镇化进程,促进区域经济优势互补和协调发展,努力实现速度和结构、质量、效益相统一,经济发展和人口、资源、环境相协调,不断增强发展的可持续性。充分考虑资源和环境的承受力,统筹考虑当前发展和未来发展的关系,实现自然生态系统和社会经济系统的良性循环,为子孙后代留下充足的发展条件和空间。

不同文明时代有着不同天人观。早在石器时代,中国学者就开始了"天人关系"这一关乎自身生存的思考,这一思想从古到今从未间断过。

人类对天人关系认识和处理的第一阶段是农业文明时代。唯物主义认为,"人"即人类,是自然存在的人。"天"是自然之天,天和人同属于自然,"天人合一"之"天"与"人"具有相通相合之处。先秦朴素的"天人合一"论带有直观的性质。对"天"的含义理解一是本体论意义的,表述人与天即人与自然的统一性;二是认识论意义的,表述人的精神与自然在认识上达到"天人合一"境界。儒家把"仁爱"观念由人际关系扩大到人与自然的关系,提出"亲亲而仁民,仁民而爱物"和"天地万物为一体"。儒家很早就认识到自然资源的有限性和人类需求的无限性之间的矛盾,从持续发展、永续利用的原则出发,提出了"取物不尽物"的生态伦理道德观念,主张有限地利用自然资源，反对破坏性地开发生物资源。孔子憎恨那种"竭泽而渔、覆巢毁卵"的残暴行为。孟子提出，在耕种收获的季节，做到不违农时、不妨碍生产，那么粮食便会吃不完了；不用细密的渔网到大的池沼里去捕鱼，那么鱼类也会吃不完了；如果砍伐树木有一定的时间，木材也会用不完了。道家则从"道"的理念出发，提出"道法自然"和"以天合天"。儒家和道家在长期的生产和生活实践中，认识到自然资源是人类的生存之本，这些自然资源是有限的。所以，只有形成统一的天人关系，才是人类赖以持续生存和发展的理想境界。在"天人合一"的中国传统文化中，人类需要敬畏大自然，中国人知道"天命不可违"、"谋事在人，成事在天"，所以主张"天人合一"，中国人认为大自然与人不是敌我关系，而是一家人。中华民族最突出价值观中有天人合一，强调人和自然的和谐。但其基调是以人对自然的臣服来换取人与自然的和谐相处，是人的能动性不能充分发挥的"人顺天"的思想表现。儒家根据动物、植物依时变化而发育生长的生态规律，主张"取物以顺时"的天人合一的生态思想。

人类对天人关系认识和处理的第二阶段是工业文明时代。中国古代荀子的天人相分思想肯定了人的主体能动性，但其"制天命而用之"的"戡天说"与环保意识相矛盾，把人类理性抬高到"人定胜天"，缺乏对自然的平等尊重，为所欲为、毫不顾及自然与生态承载力，后来演变为西方工业文明时代"人制天"的人类中心主义。"人制天"思想把人与自然简单对立起来，割裂了环境与人类的共性，而代之以征服与被征服的关系。当人类征服自然的能力越强，其破坏自然的能力也就越强。工业文明观本质上是反自然的。它认为人是自然界的主人，强调人对自然肆意的征服和索取，把大自然看作取之不尽的原料库和随意清空的"垃圾筒"。在处理人与自然的关系上破坏生态自然环境、疯狂掠夺自然资源；在处理人与动物的关系上采取灭绝政策。传统的发展观把发展等同于GDP的发展，发展以大量耗费资源和污染环境为代价，导致人自身的生存与发展环境急剧恶化，直接损害了发展的可持续性。

人类对天人关系认识和处理的第三阶段是生态文明时代。人的全面发展不仅仅是人自身的发展，而是人与自然生态环境的协调发展。要实现可持续发展，必须扬弃工业文明发展观，确定生态和谐发展观。遵循生态学原理，将人看成是自然界的一员，不断追求和递进人与自然的和谐发展。生态文明时代认识和处理天人关系的是"人友天"的思想。生态文明时代倡导绿色文明理念，谋求人与自然、人与人、人自身三大和谐，要求人们从传统的工业文明的发展方式中挣脱出来，转向新的生态和谐文明观。

20世纪80年代，美国曾耗资1.5亿美元，历时6年建成一个再生式密闭生态系统"生物圈2号"，试图人为地创造一个能像地球一样自我循环维持生命的生态系统。第一批科研人员8人、第二批科研人员7人分别于1991年和1994年进驻圈内，但实验最终以失败告终。在"生物圈2号"内引种的3800种动植物，有的断子绝孙，有的泛滥成灾，实验人员则因圈内生态极度恶化不得不提前撤出。美国是当今世界上拥有最多财富和最高技术水平的国家，尚且无法再造一个能够容七八个人生存的小型生态系统，地球大生物圈的独一无二与复制的困难性由此可见一斑。如果人类只图一时之利，破坏了哪怕是生态系统的一个小小环节，造成的也许将是千古遗恨，从而使自称"万物之灵"的人类成为"万物之祸"[①]。生态和谐文明观主张合理发挥人的主观能动性，自觉地遵循自然规律，在人类社会发展中寻求环境资源保护的最佳途径，将环境资源保护纳入经济发展之中，以求"人友天"的发展。因此，它既是对近代以来西方滥加发挥人的主观能动性而征服自然的"人制天"思想的工业文明观的扬弃，也是对中国古代"天人合一"的思想的辩证否定。"天人合

---

① 郑艳秋等：《自然简史》，上海科学技术文献出版社2005年版，第38页。

一"主宰"自然—生态和谐""人顺天—人制天—人友天"构成人类处理人与自然关系的辩证历史过程①。

"人友天"就是要建设环境友好型的社会。环境友好说的是人与环境友好，是人的主体对环境客体互动的辩证关系的简称。建设环境友好型社会，就是要以环境承载力为基础，以遵循自然规律为准则，以绿色科技为动力，倡导环境文化和生态文明，构建经济社会环境协调发展的社会体系，实现可持续发展。20 世纪 70 年代初，国际社会充分认识到环境问题的严峻性，开始了保护环境的征程。在 1992 年联合国里约环发大会通过的关于全球可持续发展战略的《21 世纪议程》中，200 多处提及包含环境友好含义的"无害环境"的概念，并正式提出了"环境友好"的理念。20 世纪 90 年代中后期，"环境友好"覆盖的范围不断扩大，国际社会又提出实行环境友好土地利用和环境友好流域管理，建设环境友好城市，发展环境友好农业、环境友好建筑业等。2002 年世界可持续发展首脑会议，对"环境友好"的认同程度进一步提高，多次提及环境友好材料、环境友好产品与服务等概念。我国的环境保护与世界几乎同时起步。联合国里约环发大会后，我国在世界上率先制定了《21 世纪议程》，把可持续发展作为国家的一项基本战略。党的十六届五中全会提出建设资源节约型、环境友好型社会，这是以胡锦涛为总书记的党中央借鉴国际先进的发展理念，着力解决我国经济发展与资源环境矛盾的重大战略决策。建设"人友天"环境友好型的社会，就是要把科学与人文两种文化统一起来，在落实科学发展观的基础上实现"人友天"的天人合一。

---

① 黄志斌：《绿色和谐管理论》，中国社会科学出版社 2004 年版，第 118 页。

科学教育与人文教育融合的现实意义[*]

科学和人文综合化是现代社会发展的重要特征,知识经济的挑战是科学教育与人文教育相融合的时代根据,实施科教兴国战略是科学教育与人文教育融合的实践根据,落实科学发展观是科学教育与人文教育融合的理论根据。在科学教育与人文教育过程中实现科学精神与人文精神可持续整合,有利于克服重知识传授轻素质提高的倾向。培养大学生成长成人,科学是立世之本,人文是为人之基,科学教育与人文教育融合,要有利于大学生确立热爱祖国和人民的观念;科学是一种认识体系,人文是一种伦理体系。科学教育与人文教育融合,要有利于大学生形成正确的道德感和责任感;科学主要讲客观世界即"天道",人文主要讲主观世界即"人道"。科学教育与人文教育融合,要有利于大学生形成人与自然和谐相处的理念。

时代呼唤科学与人文相融,科学和人文综合化是现代社会发展的重要特征。高等学校开展文化素质教育,把科学教育与人文教育融合起来,对于在新世纪新阶段落实科学教育观,全面推进高校素质教育,培养高素质的社会主义建设者与接班人,具有重大的现实意义。

---

[*] 此文原刊于《光明日报》2006年1月18日。

一

知识经济的挑战是科学教育与人文教育相融合的时代根据，科学教育观所要发展的是全面性的教育。在科学教育与人文教育过程中实现科学知识与人文知识全面融合，有利于克服科学与人文分科教育的缺陷，培养大学生博学多才。

随着社会分工及学科分化，大学内部科学与人文两大学科群分野，高等教育存在专业口径过窄的问题，但科学技术社会化和社会的科学技术化使得我们面临大量单一学科解决不了的综合性的个人和社会问题。实践表明，分科课程的科学教育与人文教育已不适应新时代的发展。

科学教育与人文教育的融合，是知识经济初见端倪之时世界各国教育发展的一种趋势。刘献君教授指出，不同的经济形态有不同的核心要素，相应地在科学和教育上也有不同的要求和表现。农业经济社会核心要素是土地，对应学科高度综合，反映到教育上是以人文教育为主；工业经济社会核心要素是资本，对应学科高度分化，反映到教育上是以科技教育为主；知识经济社会核心要素是知识，对应学科是在高度分化基础上高度综合，反映到教育上是科技教育与人文教育的融合。

知识经济是世界一体化的经济和决策知识化的经济，信息网络技术给人们带来了大量丰富的信息和知识，人们成功与否的关键不在于拥有知识信息的数量，而在于面对大量信息时具有的处理和运用信息的综合能力。这就要求学习自然科学的大学生学一些人文知识，学习人文学科的大学生学一些自然科学知识。综合化的科学教育与人文教育，使科学知识与人文知识教育具有多样性，科学知识与人文知识融合，才能形成处理和运用信息的综合能力，发挥多学科优势有效地解决复杂问题。

新科技革命的挑战、市场经济竞争的加剧，要求大学生掌握广博的基础知识、专业知识和交叉知识。只有既了解国家历史、社会知识，又有科学发展的基本知识，还有哲学、文学、艺术的修养，才能做到科学知识与人文知识渗透，提高学习能力、语言文字表达能力和分析解决问题的能力。全面性的教育就是要融合科学与人文，使大学生在认识上跨越自然科学与人文科学的知识鸿沟，开阔视野，实现全面发展。

二

实施科教兴国战略是科学教育与人文教育融合的实践根据，科学教育观所要发展的是协调性的教育。在科学教育与人文教育过程中实现科学思维与人文思维协调互补，有利于克服科学与人文思维分裂的缺陷，培养大学生创新创业。

（一）科学教育与人文教育融合，科学思维与人文思维功能互补，要着力提高大学生创新能力

知识经济是基于知识创新和技术创新的经济，学习型社会的形成，教育观念的更新，使得人们更关注提高学生的创造性。2006年1月9日，胡锦涛在全国科学技术大会上指出，无论是发达国家还是发展中大国，都把科技人力资源视为战略资源和提升国家竞争力的核心因素。源源不断地培养造就大批高素质的具有蓬勃创新精神的科技人才，直接关系到国家和民族的未来。要培养创新能力，就需要科学教育与人文教育相融合。

自然科学和人文社会科学内部综合及相互融合，才能培养能集成创新的复合型人才。既是物理学家又精通音乐的爱因斯坦说，物理给我以知识，艺术给我以想象力，知识是有限的，而艺术开拓的想象力是无限的，它可以概括世界的一切。没有想象力就不可能产生创造力。2005年7月29日，在温家宝总理看望钱学森院士时，钱学森院士也说，一个有科学创新能力的人不但要有科学知识，还要有文化艺术修养。艺术上的修养对科学工作很重要，它能够开拓科

学创新思维。要培养具有创新能力的大学生,就要注意把科学和文化艺术结合起来。

(二)科学教育与人文教育融合,协调科学方法与人文方法,要着力提高大学生创业能力

实施科教兴国战略,要切实把我们的经济增长方式转移到科技进步和提高劳动者素质上来。只有协调运用科学方法与人文方法,才能培养知识与能力兼备的创业者。科学思维的方法主要是逻辑分析、量化实验;人文思维的方法主要是反思、体验、感悟。科学发现中需要直觉和灵感,而直觉、灵感很多来自人文和艺术。所以,科学与人文两种思维方式在创业过程中要互补运用。

开展以信息技术和知识经济为背景的创业教育具有广阔而深刻的内涵。衣俊卿教授说,各种专业、各种特长的学生都可以接受创业教育,开展创业实践。人的创造性不能像具体技能和技巧那样可以教授,它必须通过现代科学知识和人文知识所内含的文化精神的熏陶和教化才能潜移默化地生成。高校创业教育需要在教学内容、课程设置上打破专业划分过细、文理方法分割的局面,注重科学与人文思维方式的协调性。

(三)科学教育与人文教育融合,综合运用两种思维方式,要着力提高大学生职业转换能力

经济全球化通过国际分工在世界范围内提高资源配置的效率,使得国际信息空间多元化和职业领域流动化成为一种趋势。当代科学技术突飞猛进,知识、技能和技术的更新速度加快,对人的素质要求在变化,要求在知识与技能应变中生存和发展。

科学教育与人文教育融合,整合科学与人文两种思维方式,是提高大学生职业转换能力的客观要求。一个人的科学与人文文化背景越宽,融会贯通的能力和职业转换能力就越强。开展职业转换教育,要从单纯针对某一职业岗位的教育扩展到增强对岗位变化和职业转变适应性的教育,培养一专多能的复合型人才,既要把大学生

培养成能胜任当前某种职业的人,又要着眼于建设者的整个职业生涯,为其长远的可持续发展奠定多岗位的创业基础。

三

　　落实科学发展观是科学教育与人文教育融合的理论根据,科学教育观所要发展的是以人为本的可持续性教育。在科学教育与人文教育过程中实现科学精神与人文精神可持续整合,有利于克服重知识传授轻素质提高的倾向,培养大学生成长成人。

　　(一)科学是立世之本,人文是为人之基,科学教育与人文教育融合,要有利于大学生确立热爱祖国和人民的观念

　　杨叔子院士指出,科学文化没有国界,不具有独特的民族性,主要提供工具理性;人文文化则具有民族性,主要具有价值导向作用,为人类提供价值理性。科学教育与人文教育融合,要坚持以人为本,德育为先,以理想信念教育为核心,以爱国主义教育为重点,培养热爱祖国和人民的人才,实现大学生高度的人性与高度的灵性的统一。

　　(二)科学是一种认识体系,人文是一种伦理体系。科学教育与人文教育融合,要有利于大学生形成正确的道德感和责任感

　　科学求真,解决"是什么""如何做"的问题;人文求善,解决"应该是什么""为谁做"的问题。科学求真应符合客观实际及规律,需要人文为其导向;人文求善应有对人的终极关怀,需要科学为其奠基。科学与人文都植根于对真、善、美的追求,大学生要在深厚的科学与人文基础上确立社会责任感和道德感。

　　(三)科学主要讲客观世界即"天道",人文主要讲主观世界即"人道"。科学教育与人文教育融合,要有利于大学生形成人与自然和谐相处的理念

　　科学承认客观,人文关怀客观,科学与人文融合的教育是人与自然和谐的"绿色教育"。顾明远教授在阐述推进人文精神和科学精

神的结合时指出,一个人要做到"四个正确对待"。一是正确对待自然;二是正确对待社会;三是正确对待他人;四是正确对待自己。能做到"四个正确对待",才是一个高素质的高尚的人。

全面贯彻党的教育方针,切实推进高校文化素质教育,要抓住培养什么样的人和如何培养人这个根本问题。21世纪高校科学教育和人文教育融合只有从知识能力层面上升到思想境界层面才能真正融合起来。引导大学生学习做人和学习做事相结合,使学生学会做人,培养追求真、善、美的创新创业者,是科学教育与人文教育融合的最大根据及意义。

加强大学生人文艺术素养[*]

广义人文教育是科学、人文、艺术融汇的教育,是文化素质融通的通识教育。科学求真,给人以理性和智慧;人文求善,给人以信仰和关怀;艺术求美,给人以感性和激情。高校文化素质教育要从科学人文艺术融合走向追求真善美的人文实践,高等教育的责任就是要弘扬科学人文艺术求真求善求美的精神。科学精神是人类精神中不朽的旋律,它激励着人们驱除愚昧,求实创新。人文精神是一种普遍的人类自我关怀,表现为对人的尊严、价值、命运的维护和关切,对一种全面发展的理想人格的肯定和塑造。艺术伴随着人类的精神、梦想而诞生,同时又给人类带来美好的憧憬和温馨的梦。对大学生开展科学、人文、艺术教育,属于育人工程和德育工程。高校教育不只是赋予大学生较强的专业技能,更要通过科学、人文、艺术教育,充实大学生心灵,塑造健全完善的人格。真善美是文史哲的核心,高校要致力于科学、人文与艺术融合,从而使学校不仅成为传播科学技术的知识殿堂,而且成为崇尚美德、追求高尚的精神家园。

科学、人文、艺术是人类精神世界的三大支柱,缺一不可。科

---

[*] 此文原刊于《光明日报》2009 年 3 月 25 日。

学求真，给人以理性和智慧；人文求善，给人以信仰和关怀；艺术求美，给人以感性和激情。高校文化素质教育要从科学人文艺术融合走向追求真善美的人文实践，高等教育的责任就是要弘扬科学人文艺术求真求善求美的精神。

科学是人的科技理性的伟大产物，现代生产力之发达、人化自然之绚丽，无不凝聚着科学之伟力。科学精神是人类精神中不朽的旋律，它激励着人们驱除愚昧，求实创新。人之所以是万物之灵，就在于它有人文，有自己独特的精神文化。在人类精神发展史上，人文精神是一种普遍的人类自我关怀，表现为对人的尊严、价值、命运的维护和关切，对一种全面发展的理想人格的肯定和塑造。艺术伴随着人类的精神、梦想而诞生，同时又给人类带来美好的憧憬和温馨的梦。文学、音乐、绘画、舞蹈，艺术天空星光闪耀，美不胜收。盛开奇葩异卉的艺术苑囿，是世界文明最值得自豪的瑰宝，人类精神宝库永久的财富。

高等教育要塑造合格人才，就必须打破狭隘的急功近利主义的局限，回归大学的育人功能。学校教育，育人为本；德智体美，德育为先。对大学生开展科学、人文、艺术教育，属于育人工程和德育工程。高校教育不只是赋予大学生较强的专业技能，更要通过科学、人文、艺术教育，充实大学生心灵，塑造健全完善的人格。高校要致力于科学、人文与艺术融合，从而使学校不仅成为传播科学技术的知识殿堂，而且成为崇尚美德、追求高尚的精神家园。

人文教育有广义、狭义之分。狭义人文教育指的是文史哲融合的教育，广义人文教育是科学、人文、艺术融汇的教育，是文化素质融通的通识教育。古人云："观乎天文以察时变，观乎人文以化成天下。"人文教育、艺术教育与科学教育的融合是人自身发展的内在要求，符合人文、社会、自然和谐统一的客观规律，是当代高等教育发展的世界潮流。在科学技术飞速发展的今天，中国高等教育应站在科技发展的前列，在大学生中加强科学人文艺术教育，培育追求真理、实事求是、开拓创新的科学人文精神。科学、人文与艺术融合的意义就在于可以提高师生的境界，可以锻炼创新能力，可以培养一专多能的复合型人才。

人文教育将科学、人文和艺术三者有机融合，突出人类历史的科学精神、人文精神和艺术精神，展现求真、求善、求美的人类文明主题，一个根本性环节是要从人文教育走向人文实践，帮助高校大学生树立求真、求善、求美的人生理想，养成和践行科学思维、健康人格和审美情怀。

人文教育走向人文实践要用真精神。高校教育要用心来管理，教师要用心来教学。教育家应该是关怀祖国命运的人，充满激情的人，爱满天下的人。人文教育走向人文实践要用真情感。方永刚教授思想政治理论课教学，普通群众都欢迎，其奥秘在于以真情打动人。主题鲜明，把握主旋律，同时富于知识性、趣味性、前沿性。用最新的事例来讲课，这样大家就觉得解渴。有学者用真善美评价方永刚教授思想政治理论课教学："真"是他教学中联系实际事例；"善"是他教学中对党的创新思想的阐释；"美"是他教学中运用喜闻乐见的大众化语言。真善美是文史哲的核心，方永刚思想政治理论课教学表明，讲好课，不仅是文史哲之技，而且是真善美之道。人文教育走向人文实践要用真行动。学校要强调师生走进农村、走进企业、走进社区、走进中小学校，广泛开展人文实践。人文教育有利于人们传承民族文化精华和经过长期历史验证了的价值观念，有利于增进世界各种文化的交流与融合。

当下人文教育已成为国际社会共同面对的话题。人文教育要有国际化的视野，要发扬人文教育关注人、尊重人和理解人的理念，把人文教育孕育的爱心真正内化为大学生实践活动的理念，培养社会主义事业的合格建设者和可靠接班人。

科学人文艺术融合与高校通识教育的创新

通识教育的一个重大追求,是使学生在融会贯通中汲取智慧,获得心智训练和提升。科学与人文融合是高校文化素质教育的基本理念,科学教育与人文教育融合有利于形成正确的人生追求,形成全面负责的责任感,从而有动力、激情,而创造性奇迹就在此迸发出来,达到求真、务善、完美、创新的境界。从科学艺术史和教育发展来看,科学里隐含着巨大的艺术魅力,艺术中隐含着深刻的科学道理。科学与艺术的结合,会推动科技工作者在科学研究过程中不断借鉴艺术家捕捉瞬间的能力,为科学发现开拓更为广阔的思维空间。科学求真、人文求善、艺术求美,在高校教育过程中重视科学教育、人文教育与艺术教育的结合,是培养具有良好人文精神和自主创新能力人才的重要方法。

人类文明一直都是在追求真善美的统一,这就需要高校教育实现科学教育、人文教育、艺术教育相融合。科学求真、人文求善、艺术求美,高校人才培养开设科学教育、人文教育、艺术教育,对于在通识教育中提高人才的创新实践能力具有重大意义。

---

* 此文原刊于《安徽农业大学学报》2008年第6期。

一

人类知识结构原本是融为一体的，现代意义上的哲学、文艺学、伦理学和数理逻辑均以智慧之学而被包含在早期的人文教育之中。只是随着人类知识经验的不断积累和发展，人类的精神财富才被分门别类，形成自然科学、工程科学、人文科学、社会科学等分科之学和大学的专业教育。中国科学院院士杨叔子认为，科学主要讲天道，人文主要讲人道，天道和人道要合一，科学和人文要融合。科学与人文融合是高校文化素质教育的基本理念。

天道、人道，包括科学知识、科学文化与人文知识、人文文化。科学教育与人文教育融合有利于形成正确的人生追求，形成全面负责的责任感，从而有动力、激情、全身心投入，而创造性奇迹就在这个境界中迸发出来，达到求真、务善、完美、创新。

2000年，笔者在安庆师范学院工作期间，主持教育部重点项目"师范院校文科专业人才培养模式综合改革研究与实践"，整合中文、政法、历史三个专业创办综合文科班，就是把人文学科的知识打通。综合文科班实验取得了成功，成长为人文教育专业，2004年成为安徽省教学改革示范专业。当时笔者在安庆市中学校长和教委主任的培训班上做问卷调查，中学校长和教委主任大都欢迎能教中文、政治、历史的复合型教师。把文科打通，培养复合型文科师资是第一个改革实验；第二个实验是把数理化生打通，成立科学教育实验班，培养科学教育的人才，2006年科学教育专业也被教育部批准招生。仅在文科或理科搞综合还不够，课题组又倡导在文科开展科学教育，在理科开展人文教育，文理打通融合，培养出的人才就是通识型的。

2006年7月，笔者作为安庆师范学院院长率代表团到美国明尼苏达州奥古斯堡学院考察，两校围绕《世界是平的》这本书对高校教育的影响展开了讨论。大家认为，由于经济全球化、科技信息化的推动，世界扁平化已成为一种趋势，要求我们高校文理科教育打通，文理交融，开展通识教育。2006年年底笔者受安徽省人事厅委托率高校学科带头人代表团到台湾省的中国文化大学、康宁医护管理专科学校、慈济大学和台东大学交流，台湾省这四个大学的通识教育给我们留下了深刻印象，特别是慈济大学展馆中"教书教人教心"的条幅给我很大启发，结合安庆师范学院人文与科学教育实际，我们提出"教师教学要教书教人教心教行，学生学习要真学真懂真信真用"的教育理念。

通识教育具有多学科交叉渗透交融从而促进创新实践的意义。科学教育与人文教育融合有利于形成正确的人生追求，形成全面负责的责任感，从而有动力、激情，而创造性奇迹就在此迸发出来，达到求真、务善、完美、创新的境界。

二

从科学艺术史和教育发展来看，科学里隐含着巨大的艺术魅力，艺术中隐含着深刻的科学道理。科学与艺术的结合，会推动科技工作者在科学研究过程中不断借鉴艺术家捕捉瞬间的能力，为科学发现开拓更为广阔的思维空间。

2007年年底，笔者参加安徽省高校学科带头人代表团到瑞典培训，考察瑞典创新性教育。瑞典是诺贝尔的故乡，诺贝尔从小受家庭教师的教育，能流利地说英、法、德、俄、瑞典等国家语言。作为化学家，诺贝尔具有锲而不舍的实验精神、宽大的胸怀和广阔的国际视野。诺贝尔所进行的炸药实验曾发生爆炸，遭到斯德哥尔摩市民的反对，诺贝尔就把试验地点迁到了郊区的一艘船上，继续坚持自己的实验，终于获得了巨大的成功。诺贝尔一生获得了355项发明专利，他把一生都献给了科技创新事业。

诺贝尔不仅是科技创新的工程师和实业家，而且是科学、人文与艺术融合的通识型人才的代表。他对文学也有长期的爱好，阅读雪莱、拜伦和莎士比亚等人的作品，阅读莫泊桑、巴尔扎克、左拉、果戈里、陀斯妥耶夫斯基、托尔斯泰和屠格涅夫、易卜生、比约恩森、加博格、基兰等人的作品，并对这些作品有过独特的评价；他设立的诺贝尔奖不仅奖励化学领域最高科技成就，还奖励每个年度在物理学、医学、生理学、文学、和平领域作出最大贡献的人，而这五项诺贝尔奖正体现科学与人文的融合。诺贝尔不仅喜欢阅读文学作品，而且曾尝试过进行文学创作，把科学、人文与艺术结合起来。他写过诗，《一则谜语》就是他的一首自传体式的长诗。晚年他开始创作小说，1861年写出《在最明亮的非洲》、1862年写出《姊妹们》，这两部作品抒发了他对社会改革的观点；1895年他写出喜剧《杆菌发明专利权》，对现实持批评态度。人文、艺术与科学是诺贝尔的精神支柱。

"中国航天之父"钱学森也强调把科学与艺术结合起来。钱学森年轻时就喜欢贝多芬的乐曲，学过钢琴和管弦乐，对我国古代诗词等文学作品也有极大兴趣。在北京师大附中读书时学习理科，也学习绘画，师从著名国画大师高希舜。大学期间，他参加了上海交通大学的管乐队。他常说，自己在科学上取得一些成就，得益于小时候不仅学习科学，也学习艺术，因而开阔了思路。在美国加州理工学院学习和工作期间，钱学森不仅参加美国物理学会、美国航空学会和美国力学学会，还参加美国艺术与科学协会的活动。堪称科学与艺术完美联姻的还在于钱学森与中国欧洲古典艺术歌曲权威蒋英的喜结良缘。在谈到文艺对科学思维的开拓时钱学森说，在对一件工作遇到困难而百思不得其解时，往往是蒋英的歌声使自己得到启示，豁然开朗。

科学、人文与艺术成就了钱学森的事业、生活和人格。钱学森向温家宝总理建议，大学生要开艺术教育。努力推动艺术与科学的融合，促进学校的自主创新能力的不断提高。2007年9月4日，国务院总理温家宝到北京四中考察时说，我不太会唱歌，但是爱欣赏，这也和我上中学的音乐课有关。那是20世纪50年代，我的音乐课老师上课只讲10分钟的课本，剩余35分钟有两件事情他要做：一件事情是放唱片，从世界名曲到京剧他都放，就让学生听；还有一件事情就是弹钢琴，他弹的许多曲子至今仍很熟悉。他的教学方法很独特，不把音乐课当成只教唱歌，而是将音乐当成启迪人的思想、陶冶人的情操、培养人的素质的一种手段。荀子说音乐可"正身行"，就是让你站得正，行得稳，堂堂正正做人；"广教化"，就是让音乐面向大众，让人们爱生活；"美风俗"，就是让社会风尚得到美化，而音乐本身就是美的。因此我们更注重音乐对人思想的启迪。我们反复讲学理工的要学一点文艺，学文艺的也要学一点理工。温家宝总理这里强调的正是科学、人文与艺术结合的通识教育的意义。

近几年来，笔者所在的安庆师范学院努力探索艺术与科学人文结合的新途径。安庆是黄梅戏发源地，2006年5月1日安庆师范学院创办黄梅剧艺术学院；2007年9月，表演（黄梅戏方向）本科专业第一届学生入学，成为国内唯一的培养本科层次黄梅戏表演人才的专业。同年，学院申报编导（黄梅戏方向）的本科专业获得教育部批准。学校还成立黄梅戏文化研究所，组建大学生黄梅剧艺术团，形成"一体两翼"的黄梅戏艺术教育的格局，形成黄梅戏艺术教育的特色和亮点。

科学与艺术的结合，推动科学研究不断借鉴艺术家捕捉瞬间的能力，为科学发现开拓更为广阔的思维空间。在高校教育过程中重视科学教育与艺术教育的结合，是培养具有良好人文精神和自主创新能力人才的重要方法。

三

通识教育的一个重大追求，是使学生在融会贯通中汲取智慧，获得心智训练和提升。高校文化素质教育要实现科学、人文、艺术的融合。杨叔子院士2000年12月在华中科技大学的演讲中指出，科学主要求真，承认客观，尊重规律；而人文主要求善，勇挑重担，高度负责。在文艺领域中，伟大的文学艺术家无不具有求真的人文精神和科学精神。一切有利于社会进步的科学发现、技术发明、工程创造、文艺创作、社会变革等社会活动，莫不是美，莫不是新。求真，务善，完美，最后归结为创新与实践。

随着时代的进步，科学的创造发明离不开艺术的情感和艺术的思维，艺术的创作也需要严谨的科学思维方法和先进的技术手段。美国学者佩斯里研究发现，左脑功能主要同科技活动有关，同系统的逻辑思维有关；右脑功能主要同文艺活动有关，同开放的形象思维、直觉、灵感、顿悟有关，其记忆量是左脑的一百万倍。右脑是原创性的源泉。文艺主要开发右脑。科学与艺术的融合，激发出的创新思维的火花，为科学发现开拓更为广阔的思维空间。

具有创造力的大师大家，一般都具有多学科领域的深厚修养和造诣。爱因斯坦创新能力来自科学人文的融合，因为知识渊博，能力高强，才会发现问题、提出问题和解决问题。高校教育要依据"通识为基，能力为本，人文为魂，服务为重"的理念审视和完善人才培养方案。

自 2006 年起，笔者倡导安庆师范学院在本科人才培养方案中设置文化素质教育课，其中包括科学类、人文类和艺术类三个模块。在艺术类文化素质教育课中开设"黄梅戏欣赏与演唱"等相关课程。教务处高度重视全校公共选修课《黄梅戏艺术欣赏与演唱》的开设，派专人负责管理，组织制订课程教学大纲和教学安排，学校特别聘任著名黄梅戏演员任教。每个学生在校学习期间，至少要在艺术类文化素质教育课程中选修 1 门并通过考核，取得 2 个学分，修满规定学分的学生方可毕业。每学期末都以汇报演出的形式作为考核方式并向全校师生展示教学成果。

高等学校本科教学质量与教学改革工程倡导在通识教育的基础上，培养学生的创新精神和实践能力。安庆师范学院把人文教育、科学教育和艺术教育打通，高扬中国特色社会主义伟大旗帜，形成文化育人的办学特色，人文教育专业、黄梅戏表演两个专业被批准为国家特色专业，人文教育教学团队被批准为国家教学团队，"毛泽东思想和中国特色社会主义理论体系概论"课程被批准为国家精品课程，共同推动大学生综合素质和创新实践能力的提高，努力培养通识性、复合性、应用性人才。

从科学人文艺术融合走向追求真善美的人文实践[*]

科学、人文、艺术是人类精神世界的三大支柱,缺一不可。科学求真,给人以理性和智慧;人文求善,给人以信仰和关怀;艺术求美,给人以感性和激情。高等教育的责任就是要弘扬科学人文艺术求真求善求美的精神。人文教育有广义、中义、狭义之分。狭义人文教育指的是文史哲融合的教育,中义人文教育是科学、人文、艺术融会的教育,广义人文教育指的是文化素质融通的通识教育。人文教育、艺术教育与科学教育的融合是人自身发展的内在要求,是当代高等教育发展的世界潮流。人文教育将科学、人文和艺术三者有机融合,突出人类历史的科学精神、人文精神和艺术精神,展现求真、求善、求美的人类文明主题,一个根本性环节是从人文教育走向人文实践,要有真精神,真情感,真行动。

在人类几千年文明史发展历程中,科学、人文、艺术并驾齐驱,交相辉映,为人类文明史谱写了华彩篇章。在科学、人文、艺术之光的照耀下,人类在真、善、美的世界上下求索,生生不息。高校

---

[*] 此文系笔者 2008 年 10 月 18 日在安庆师范学院第二届教师教育国际研讨会上的演讲,原刊于《科学人文艺术融合与大学文化素质教育》(中国科学技术大学出版社 2009 年版)。

文化素质教育要从科学人文艺术融合走向追求真善美的人文实践。

一

科学、人文、艺术是人类精神世界的三大支柱，缺一不可。科学求真，给人以理性和智慧；人文求善，给人以信仰和关怀；艺术求美，给人以感性和激情。高等教育的责任就是要弘扬科学人文艺术求真求善求美的精神。

科学是人的科技理性的伟大产物，是人类社会前进的巨大推动力。现代生产力之发达、人化自然之绚丽，无不凝聚着科学之伟力。科学精神是人类精神中不朽的旋律，它激励着人们驱除愚昧，求实创新，不断推动社会进步。中国科学院杨叔子院士说，科学是一切的基础，是立世之基。一个国家、一个民族，没有现代科学，没有先进技术，就是落后，一打就垮，痛苦受人宰割。

人之所以是万物之灵，就在于它有人文，有自己独特的精神文化。在人类精神发展史上，人文精神是一种普遍的人类自我关怀，表现为对人的尊严、价值、命运的维护和关切，对一种全面发展的理想人格的肯定和塑造。杨叔子院士说，人文是为人之本，而一个国家、一个民族，没有人文文化，没有民族精神，就会不打自垮，甘愿受人奴役。

艺术伴随着人类的精神、梦想而诞生，同时又给人类带来美好的憧憬和温馨的梦。文学、音乐、绘画、舞蹈，艺术天空星光闪耀，美不胜收。盛开奇葩异卉的艺术苑囿，是世界文明最值得自豪的瑰宝，人类精神宝库永久的财富。

高等教育要塑造合格人才，就必须打破狭隘的急功近利主义的局限，回归大学的本体——育人功能。胡锦涛总书记指出，学校教育，育人为本；德智体美，德育为先。2008年8月29日，国务院总理温家宝在国家科技领导小组会议上说，教育的根本任务应该是培养人才，要注重培养学生的社会责任感、实践能力和创造精神，注重培养复合型人才。文理科差别不要搞得太大,学理工的应该关心社会,提高人文素养;学文科的应该加强自然科学知识学习,提高科学素养。

对大学生开展科学、人文、艺术教育,属于育人工程和德育工程。高校教育不只是赋予大学生较强的专业技能,更要通过科学、人文、艺术教育,充实大学生心灵,塑造健全完善的人格。安庆师范学院近些年来开设人文教育、科学教育、艺术教育三大专业,致力于科学、人文与艺术融合在现实中富有成效的实践,提出并实施"通识为基、人文为魂、能力为本、服务为重"的教改理念,从而使学校不仅成为传播科学技术的知识殿堂,而且成为崇尚美德、追求高尚的精神家园。

二

人文教育有广义、中义、狭义之分。狭义人文教育指的是文史哲融合的教育,中义人文教育是科学、人文、艺术融合的教育,广义人文教育指的是文化素质融通的通识教育。古人云:"观乎天文以察时变,观乎人文以化成天下。"人文教育、艺术教育与科学教育的融合是人自身发展的内在要求,符合人文、社会、自然和谐统一的客观规律,是当代高等教育发展的世界潮流。

2007年9月4日,温家宝总理考察北京四中,全面阐述了科学、人文、艺术三大教育。在物理实验室、生物实验室,温家宝观看学生的实验,阐述了科学教育。他说,物理学是探索自然界的奥秘,这是无穷尽的。这种探索既有艰辛,又有快乐。不管从事理论物理,还是实验物理,没有甘于寂寞、无私奉献的精神成不了才。我国生物工程虽有杂交水稻这样先进的领域,但总体上比较落后,尤其是在生物制药方面,90%以上的专利都是国外的。生产人家发明的药物,要先买专利,而专利比药物贵得多。要有自己的药品专利,就要发展生物技术,生物领域大有可为。温总理鼓励正在做实验的同学认真学习，争取将来有所发明，为国多出专利。

当听到历史课教师介绍在历史课的教学中重视国情教育时，温家宝谈到了人文教育，指出，讲历史要联系现实，讲中国要联系世界。历史警示我们要抓住机遇发展自己，不能失之交臂。对学生进行爱国主义教育，历史课可以使学生懂得中华民族的传统，懂得爱自己的祖国。历史课是在中学阶段对学生进行爱国主义教育、历史传统教育、民族文化教育的基础课，绝不是可有可无。不仅要培养学生动脑的能力，还要培养学生实践和动手的能力。一个人的智慧不仅在头脑里，也在手指上。

温家宝在学校艺术楼音乐教室听完合唱团《鼓浪屿之波》排练后，谈到了艺术教育：我不太会唱歌，但是爱欣赏，这也和我上中学的音乐课有关。那是20世纪50年代，我的音乐课老师上课只讲10分钟的课本，剩余35分钟有两件事情他要做：一件事情是放唱片，从世界名曲到京剧他都放，就让学生听；还有一件事情就是弹钢琴，他弹的许多曲子至今仍很熟悉。他的教学方法很独特，不把音乐课当成只教唱歌，而是将音乐当成启迪人的思想、陶冶人的情操、培养人的素质的一种手段。荀子说音乐可"正身行"，就是让你站得正，行得稳，堂堂正正做人；"广教化"，就是让音乐面向大众，让人们爱生活；"美风俗"，就是让社会风尚得到美化。我们更注重音乐对人思想的启迪。他还强调，我们反复讲学理工的要学一点文艺，学文艺的也要学一点理工。这一点在中学尤为重要。

温家宝总理上述思想对于高校科学人文艺术融合具有重要指导价值。在科学技术飞速发展的今天，中国高等教育应站在科技发展的前列，在大学生中加强科学人文艺术教育，培育追求真理、实事求是、开拓创新的科学人文精神。科学、人文与艺术融合的意义就在于可以提高师生的境界，可以锻炼创新能力，可以培养一专多能的复合型人才。

大学教育从根本上说是人文过程，而不仅仅是信息或知识。儒家经典《大学》指出,大学之道,在明德、亲民、止于至善。大学精神的基本内涵是一种人文精神,大学是社会的良心和向导。一个对社会有用的人才需要专业技能的培训和提高,更需要理想信仰来导航。哈佛大学前任校长尼尔·陆登庭说,在今天,没有艺术滋养的教育是苍白的,没有艺术熏陶的人生是贫乏的。艺术本身是美的铸造,艺术审美过程也是一个发现美、感受美与创造美的过程。在这个过程中,艺术能够扩大眼界,开拓思想,形成道德原则,激起幻想,丰富情感,纯洁心灵,完善品格。

三

人文教育将科学、人文和艺术三者有机融合,突出人类历史的科学精神、人文精神和艺术精神,展现求真、求善、求美的人类文明主题,一个根本性环节是要从人文教育走向人文实践,帮助高校大学生树立求真、求善、求美的人生理想,养成和践行科学思维、健康人格和审美情怀。

(一)人文教育走向人文实践要用真精神

2009年2月2日,温家宝总理在英国剑桥大学发表题为《用发展的眼光看中国》的深情演讲。他说,一篇好的演讲应该是不加修饰的。用心说话,讲真话,这就是演讲的实质。我希望我的演讲能够给老师、同学们思想以启迪。我深深爱着的祖国,古老而又年轻,历经磨难而又自强不息,珍视传统而又开放兼容。他在向学生学者介绍中国改革开放历史的同时,敦促大家"用发展的眼光看中国"。

高校教育要用心来管理,教师要用心来教学。温家宝总理在《仰望星空》的诗中表达了这一真精神:"我仰望星空,它是那样寥廓而深邃;那无穷的真理,让我苦苦地求索、追随。我仰望星空,它是那样庄严而圣洁;那凛然的正义,让我充满热爱、感到敬畏。我仰望星空,它是那样自由而宁静;那博大的胸怀,让我的心灵栖息、依偎。我仰望星空,它是那样壮丽而光辉;那永恒的炽热,让我心中燃起希望的烈焰、响起春雷。"教育家应该是关怀祖国命运的人，充满激情的人，爱满天下的人。

(二) 人文教育走向人文实践要用真情感

方永刚教授思想政治理论课教学，普通群众都欢迎，其奥秘在于以真情打动人。方永刚说，我做报告，第一是主题鲜明，抓住听众最关心最关注的问题，迎着问题走，立足于解决大家的疑惑。第二是紧紧把握主旋律。讲课是代表党的声音和人民的声音，而不仅仅是我个人的观点。第三是因地制宜。针对不同的听众，我用他们习惯的语言，用他们所能接受的方式来讲，效果就好。第四是知识性。我讲课是在充分研究的基础上，运用大量知识性的东西来支撑，这样使得听众能够了解问题的来龙去脉，前因后果，大家就愿意听。第五是趣味性，要能调动大家的情绪，用群众喜闻乐见的语言，不用高深晦涩的语言来讲理论问题。第六是前沿性。我讲的东西是刚发生或者正在发生的事情。每次讲课前，我都要从网上搜集大量资料，从身边搜集新发生的事例，用这些最新的资料、最新的事例来讲课，这样大家就觉得解渴。

有学者用真善美评价方永刚教授思想政治理论课教学："真"是他教学中对事例的搜集与联系实际；"善"是他教学中对党的创新思想的阐释；"美"是他教学中运用喜闻乐见的大众化语言。真善美是文史哲的核心，方永刚思想政治理论课教学的秘诀表明，讲好课，不仅是文史哲之技，而且是真善美之道。

(三) 人文教育走向人文实践要用真行动

安庆师范学院人文教育国家特色专业、国家教学团队和国家精品课程建设，都强调师生走进农村、走进企业、走进社区、走进中小学校，广泛开展人文实践。我们专业团队到芜湖市奇瑞汽车有限公司学习自主创新，到凤阳县小岗村学习农村改革，到安庆市菱湖新村社区学习和谐社区建设。2008年10月19日，笔者邀请美国、日本、摩洛哥和我国台湾地区专家在安庆师范学院召开"人文教育如何走向实践和应用"座谈会。美国 World Future Society 主编 Tim Mack 教授认为，人文教育有利于人们传承民族文化精华和经过长期历史验证了的价值观念，有利于增进世界各种文化的交流与融合。日本东海大学准教授臧俐博士认为，日本社会特别强调教师是教育活动的引导人和教育改革的先锋者。教师必须具有宽厚的知识基础，应该具备传授知识的能力和育人教化的能力。日本人要取得教师资格证书，必须经历至少一周的特殊教育实习，去残疾人中心或养老院料理重症病人，让他们感受和体验人所经历的痛苦，旨在培养学生的爱心和健全的人格力量。摩洛哥学者 Mohammed Elmeski 博士认为，在全球化进程日益加速的今天，将人文教育拓展为一种模式，有利于培养各专业学生的综合能力和人文素质。

中国近代著名教育家陶行知先生特别提倡实践教学，主张"教学做合一"。目前高师教育改革滞后于基础教育，集中表现在教师综合素质的培养与教师实践能力的提高滞后两个方面。安庆师范学院师范生实践能力的提高建构在"双进"平台上。学院和安庆市教育局推进"中学名师进大学讲堂、大学教师进中学课堂"为主要内容的"双进"工程，建设教师职前培养与职后培训共同体，双方通过"名师互聘、干部互派、科研互动、资源互通"，追求高师教育与基础教育的双赢。

当下人文教育已成为国际社会共同面对的话题。作为地方师范院校，安庆师范学院承担人文教育国家特色专业和人文教育国家教学团队建设是光荣的使命。台湾慈济大学倡导"教人教心"，我们将其扩充为"教书教人教心教行"。人文教育要有国际化的视野，进一步发扬人文教育关注人、尊重人和理解人的理念，将人文教育孕育的爱心真正内化为大学生实践活动的理念，把大学生培养成社会主义事业合格建设者和可靠接班人。

高校文化素质教育的科学定位*

——读《杨叔子文化素质教育演讲录》有感

科学与人文的相通决定了高校文化素质教育要把科学教育与人文教育结合起来。科学人文与艺术相通相融。科学人文中隐含着巨大艺术魅力，艺术中隐含着深刻的科学人文道理。高校文化素质教育实现科学人文与艺术相融合，就能共同推动大学生真善美综合素质的提高。高校文化素质教育既是一个知识问题，又是一个能力和素质问题，知识只有在实际应用中转化为能力才可以显示出力量。促使大学生知识、能力、素质协调发展，就是要培养知识、能力、素质高度和谐与完美统一的高质量人才。高校文化素质教育要实现科学、人文与艺术的融合，其根本途径是学习、思考与实践互动；而要实现从知识到能力再到素质的提升，其根本方法也是学习思考实践相促进。

高校开展文化素质教育，关系到办什么样的大学、怎么办大学，培养什么样的人，怎样培养人的重大问题。中国科学院院士杨叔子教授既是科学家又是教育家，在担任华中理工大学原校长时就积极倡导开展大学生文化素质教育。从《杨叔子院士文化素质教育演讲录》中，可以看到他从科学人文艺术相融合、知识能力素质相协调、

---

* 此文原刊于《中国科技论坛》2008 年第 9 期。

学习思考实践相推动三个层面上对高校文化素质教育的科学定位。正是在杨叔子院士文化素质教育思想指导下，安庆师范学院提出和实施"通识为基、能力为本、人文为魂、服务为重"的人才培养新方案，全力推进国家大学生文化素质教育工程。

一、科学人文艺术相融合

人的社会素质的形成，不仅靠生物学意义上的遗传获得，还需要依靠社会环境。大学生文化素质的高低，取决于是否对社会文化知识特别是对现代科学文化知识的大量而全面的掌握。近些年来，许多高校在文化素质教育过程中都开设了文化素质系列讲座，反映了社会文化知识对大学生文化素质形成具有的基础性地位。《杨叔子院士文化素质教育演讲录》充分阐述了高校科学人文与艺术相融合的意义，从人文文化层面上为高校文化素质教育进行定位。

(一) 杨叔子院士揭示了科学与人文的相通之处

他认为，科学是研究客观世界的，主要讲天理、天道；人文是研究主观世界的，主要讲人情、人道；天人合一，天道与人道要合一。[1] 他强调，没有科学的人文，是残缺的人文；没有人文的科学，是残缺的科学，科学与人文融合是文化素质教育的基本理念。[2] 科学与人文的相通决定了高校文化素质教育要把科学教育与人文教育结合起来。

(二) 高校文化素质教育要实现科学、人文、艺术的融合

1998年11月杨叔子院士在广州"大学生文化素质教育研讨会"的演讲中，就把文化素质教育内容界定为文史哲、艺术与现代中外文化精品、自然科学基本知识等。他指出，知识是有限的，而艺术

---

[1] 汪青松等:《杨叔子院士文化素质教育演讲录》，合肥工业大学出版社2007年版，第60页。

[2] 汪青松等:《杨叔子院士文化素质教育演讲录》，合肥工业大学出版社2007年版，第59页。

开拓的想象力是无限的。美育在陶冶情操、升华人格方面,在完善思维、活跃思维方面,有着十分重要的作用。情感、感情是同美紧密联系在一起的。① 2000 年 12 月,他在华中科技大学的演讲中又指出,科学主要求真,承认客观,尊重规律;而人文主要求善,勇挑重担,高度负责。在文艺领域中,伟大的文学艺术家无不具有求真的人文精神和科学精神。一切有利于社会进步的科学发现、技术发明、工程创造、文艺创作、社会变革等社会活动,莫不是美,莫不是新。求真,务善,完美,创新,人类精神的永恒目标是真、善、美。② 在这里,杨叔子院士把科学求真、人文求善、艺术求美作为高校文化素质教育三大任务全面地提了出来。

最后,在高校文化素质教育中,杨叔子院士特别强调人文对科学、艺术的统领性。他指出,文化素质主要指包括艺术—审美素质在内的人文素质,文化素质之所以在大学生全面素质中占据基础性地位,是由人文艺术学科的性质所决定的。一个国家,一个民族,没有现代科学,没有先进技术,一打就垮;而一个国家,一个民族,没有优秀传统,没有人文精神,不打自垮。③ 科学人文与艺术相通相融。科学人文中隐含着巨大艺术魅力,艺术中隐含着深刻的科学人文道理。

《杨叔子院士文化素质教育演讲录》关于高校文化素质教育的定位强调通识教育。根据这一通识性定位,安庆师范学院先后开设人文教育、科学教育和艺术教育课程,并把人文教育、科学教育和艺术教育打通,培养具有通识性、综合性优势的人才。经过多年探索,

---

① 汪青松等:《杨叔子院士文化素质教育演讲录》,合肥工业大学出版社 2007 年版,第 14 页。
② 汪青松等:《杨叔子院士文化素质教育演讲录》,合肥工业大学出版社 2007 年版,第 44—45 页。
③ 汪青松等:《杨叔子院士文化素质教育演讲录》,合肥工业大学出版社 2007 年版,第 16 页。

学校形成文化育人的办学特色，人文教育专业被批准为国家特色专业和安徽省教改示范专业，艺术教育突出黄梅戏艺术欣赏与演唱，人才培养方案以"通识为基""人文为魂"为重要特征，科学求真、人文求善和艺术求美相互促进，实现了真、善、美的和谐统一。高校文化素质教育实现科学人文与艺术相融合，就能共同推动大学生真善美综合素质的提高。

二、知识能力素质相协调

高校文化素质教育既是一个知识问题，又是一个能力和素质问题，知识只有在实际应用中转化为能力才可以显示出力量。有些人以为高校只要开设一些通识性讲座或课程就是开展文化素质教育了，这是对高校文化素质教育理解的一个误解。杨叔子院士不仅强调科学人文与艺术的融合，而且从知识、能力、素质协调发展的角度为高校文化素质教育定位。

1998年11月，杨叔子院士在广州"大学生文化素质教育研讨会"的演讲中说，在高等教育中，要解决好知识、能力、素质三者关系问题。知识是素质的基础，能力是素质的表现。没有知识，就没有形成良好素质的基础，当然也不会有强大的能力。[1] 1999年，他在《情感、责任感、价值观——兼论素质教育》一文中又指出，高等教育解决好"知识、能力、素质"的结构关系问题，无疑十分正确。素质除了先天因素以外，是由后天因素决定的，是以知识为基础的，是知识的沉淀、过滤、升华与内化，是长期起作用的内在稳定的因素，是一个人的固有特性。按照控制论的观点，品德、能力是人固有特性！即素质在某种外部条件作用下对外界作用的响应。[2]

---

[1] 汪青松等：《杨叔子院士文化素质教育演讲录》，合肥工业大学出版社2007年版，第10页。

[2] 汪青松等：《杨叔子院士文化素质教育演讲录》，合肥工业大学出版社2007年版，第26页。

杨叔子院士定义知识、能力、素质的逻辑关系，旨在揭示知识向能力转化的规律。他说，知识是极为重要的，知识就是力量，21世纪是知识的时代。但知识还不等于力量，知识只是力量的必要条件，而非充分条件。只有加上能力，知识才能成为力量。有的学生"高分低能"，读死书，死读书，读书死，就是有知识而无能力。因此，高校不仅要重视知识教育，而且还要重视培养能力。① 对大学生实施文化素质教育，要处理好知识传授与能力培养的关系。重视文化知识传授不能搞成知识中心主义，在向大学生传递知识时要教会学生获得知识的方法，教会大学生用知识进行批判性、创造性的思考，以实现全面自由的发展。

杨叔子院士阐释知识、能力、素质的关系，更大的意义在于促使知识、能力向素质内化。没有渊博的知识和很强的能力当然不会有高素质，但有知识和能力还不等于力量能充分而正确地发挥，还不等于高素质。素质是内因，内因是事物起作用的根据。知识是基础，是形而下的东西；素质是知识的升华与内化，是形而上的东西。高素质能使知识与能力正确而更有效地发挥作用，高素质是知识与能力的定向器和放大器。杨叔子院士强调，我们在贯彻与落实党的教育方针时，不仅应重视德、智、体、美知识传授这一层面，更要重视如何将这一层面上的知识升华与内化为素质，这才抓住了贯彻与落实党的教育方针的实质。②

知识、能力、素质不是平行、并列关系，素质包括知识和能力。因此杨叔子院士特别重视素质对知识、能力的主导作用，强调知识转化为能力并内化为素质是高校文化素质教育的使命。目前许多高校都在强化大学生能力培训，安庆师范学院在提出"通识为基"的

---

① 杨叔子：《下学上达，文质相宜——论知识如何转化为能力、素质》，《高等教育研究》1998年第6期。

② 汪青松等：《杨叔子院士文化素质教育演讲录》，合肥工业大学出版社2007年版，第27页。

同时确立"能力为本"的理念，促使大学生知识、能力、素质协调发展，就是要培养知识、能力、素质高度和谐与完美统一的高质量人才。

三、学习思考实践相推动

高校文化素质教育要实现科学、人文与艺术的融合，其根本途径是学习、思考与实践互动；而要实现从知识到能力再到素质的提升，其根本方法也是学习思考实践相促进。杨叔子院士反复强调学习思考实践的相互推动，从实践的角度为高校文化素质教育定位。

科学文化与人文文化、艺术文化如何交融？最根本的一条就是学习、思考、实践三者紧密结合。2004年6月9日，杨叔子院士在山西大学的演讲中，阐明学习、思考、实践紧密结合有利于科学文化与包含艺术文化在内的人文文化的本质交融[①]。学习是基础。要读书，要向实践学习，要向自己学习；思考是关键。要善于分析问题，解决问题，还要善于发现问题，提出问题。要善于从形而上到形而下，即善于联想，举一反三；实践是根本。实践是检验真理的唯一标准，实践是最大的教科书，能力来源于实践，品德来源于实践。创新始于实践又终于实践，始终贯穿于实践之中。

知识怎么升华与内化为能力和素质？还是学习、思考、实践三者结合。杨叔子院士说，岳麓书院的教育传统对此作了明确的回答："博于问学，明于睿思，笃于务实，志于成人。""博于问学"，指的是学习要渊博。无学习，就无知识。要读万卷书，行万里路，做万件事。"明于睿思"，指的是思考要深入。无思考，就不能消化知识、超越知识、开拓知识。思考是知识转化与升华为素质的关键，学习中不思考，知识不能获得。知识具有的精神不能体会，不仅形而下

---

① 汪青松等:《杨叔子院士文化素质教育演讲录》，合肥工业大学出版社2007年版，第60—62页。

的东西不能转化为形而上的东西,甚至形而下的东西也无法了解与掌握。"笃于务实",指的是实践要尽力。无实践,就不能检验、体现、内化思考成果,就不能寻觅人生真谛、探索自然奥秘、打开未知之窗。只有边学习、边思考、边实践,三者紧密结合,相互渗透,不畏艰辛,持之以恒,才可能形成良好的素质,成就有用的人才①。

高校文化素质教育的学习、思考、实践不是彼此孤立的。要在学习中思考,要在实践中思考,要在学中做和做中学,不能理论脱离实际,不能抽象地空谈。学习思考实践结合,与科学人文艺术融合与知识能力素质协调是相呼应的,有利于实现大学生全面健康的发展。

---

① 杨叔子:《下学上达,文质相宜——论知识如何转化为能力、素质》,《高等教育研究》1998年第6期。

育人为本与"四成"教育工程[*]

培养什么样的人，怎样培养人，是新世纪新阶段高校面临的重大课题。高校推进以促使大学生成长、成人、成才、成功为主要内容的"四成"教育工程，对于坚持育人为本具有十分重大的意义。成长教育，就是引导大学生学会学习。成人教育，就是引导大学生学会做人；成才教育，就是引导大学生学会创新；成功教育，就是引导大学生学会做事。育人为本，就是坚持和谐育人，开展教师读书、学生读书的"双读"活动，促使大学生成长；坚持文化育人，开展科学教育、人文教育的"双教"活动，促使大学生成人；坚持爱心育人，开展教师课堂教学比赛、学生教学技能比武的"双比"活动，促使大学生成才；坚持实践育人，开展高校与地方教师互聘、干部互派、资源互通的"双进"活动，促使大学生成功。

培养什么样的人，怎样培养人，是新世纪新阶段高校面临的重大课题。安庆师范学院坚持以教学为中心，以质量为生命，以育人为根本，实施"学科强校""质量立校""特色兴校"三大战略，推进以促使大学生成长、成人、成才、成功为主要内容的"四成"教育工程，努力办人民满意的高等教育。

---

[*] 此文原刊于《光明日报》2008 年 3 月 26 日。

一、坚持和谐育人，开展"双读"活动，促使大学生成长

成长教育，就是引导大学生学会学习。学校深化教学改革，按照"通识为基、能力为本、人文为魂、服务为重"的"四为"原则修订人才培养方案，各院系设置通识课程、能力课程、人文课程和服务课程四大模块；人才培养方案创新不能停留在领导的观念和号召上，而应做到"四进"和"四个转变"。"四进"即新的人才培养方案要进专业、进大纲、进课堂、进考核；"四个转变"即实施新的人才培养方案，在工作理念上从顶层向基层转变，在教育主体上从教师向学生转变，在工作方式上从理论向实践转变，在工作领域上从校内向校外转变。这样才能和谐育人，实现大学生知识、能力、素质的协调发展。

大学生成长的关键是要提高学习能力，特别是要增强善于自主学习的可持续学习能力。为使大学生从"学会"转向"会学"，学校组织教师读书、学生读书的"双读"活动。教职工读书的选读书目包括通识类、管理干部类、思政工作类、教育类各 10 本，教职工读书有利于带动大学生读书提升素质。大学生读书的选读书目 100 本，重点推荐 10 本经典书目，包括老子的《老子》、孔子的《论语》、柏拉图的《理想国》、爱因斯坦的《狭义与广义相对论浅说》、马克思恩格斯的《共产党宣言》、邓小平的《解放思想，实事求是，团结一致向前看》、胡锦涛的《坚持走中国特色自主创新道路，为建设创新型国家而努力奋斗》等；学校把重点推荐书目的文献挂到校园网上，学生可以在网上阅读，从图书馆借阅或上网查询阅读选读书目的文献，各班辅导员负责指导学生制订读书计划，做读书笔记。校团委组织成立全院大学生读书社，各系成立大学生读书分社，大学生读书社组织开展读书方面的社团活动；学校每年为三年级大学生主办重点推荐书目导读讲座 3 次，各院系每学期组织大学生选读书目的导读讲座 2 次。每年举办一次全校大学生读书节。聘请校内外专家学者

给学生举行专题报告。师生"双读"活动，培养了大学生自主学习的习惯和能力；大学生优秀读书笔记评选、读书心得交流会，展示了学习的成果和成长历程。

二、坚持文化育人，开展"双教"活动，促使大学生成人

成人教育，就是引导大学生学会做人。"成人"标志着一个人以自立、自主、自信的姿态进入社会。有专家认为，大学生要把个人成长与祖国前途、民族复兴、集体荣誉联系在一起才能成长为真正的人。安庆师范学院是国家大学生文化素质教育基地，学校设置了人文教育专业、科学教育专业，开办了艺术教育辅修专业，开展"双教"活动即在全校进行科学人文教育、黄梅戏艺术教育。科学教育求真，人文教育求善，艺术教育求美，科学教育、人文教育、艺术教育相结合培养大学生的真善美，人文教育专业成为安徽省高校教改示范专业和全国特色专业。

安庆师范学院在百年办学过程中形成了四个"文化育人"的特色：一是以人文文化引导人。学校坚持马克思主义中国化教育与研究，主持中央马克思主义理论研究和建设工程项目，主讲的《毛泽东思想、邓小平理论和"三个代表"重要思想概论》课程入选全国"精彩一课"。二是以科学文化教育人。主编安徽省规划教材《科学教育与人文教育》，开设《科学史》《从瑞典看科学与人文》《从方以智到邓稼先》等课程，与美国教育发展委员会、全国教师教育学会共同举办"科学人文教育融合与复合型教师能力培养"国际研讨会。三是以皖江文化塑造人。设立黄梅戏艺术学院，成立黄梅戏研究所，建立中央和地方共建的黄梅戏研发中心实验室，开设黄梅戏欣赏与演出课。四是以校园文化感染人。深入开展"百年校魂"教育，培育大学生"爱国、爱民、爱校、爱学"的"四爱"精神，促使大学生健康成人。

三、坚持爱心育人，开展"双比"活动，促使大学生成才

成才教育，就是引导大学生学会创新。大学生都具有成才的潜质，但只有适应社会需要、发挥自身优势、利用现实条件，才有可能成才。安庆师范学院强调"服务为重"，就是要培养面向和立足基层、服务社会和奉献人民的建设者。

大学生成才要经受锻炼和磨炼。为提高师范生执教能力，学校改革教育学、心理学课程，开设教师技能课程，构建自选型、互动型、智慧型、和谐型"四型"课堂，开展"双比"活动即教师课堂教学比赛、学生教学技能比武。

学校坚持爱心育人，实施校领导、管理干部、骨干教师联系学生班级制度；建立大学生"四项预警"机制，包括学业预警机制、就业预警机制、心理问题预警机制与家庭经济困难预警机制。学校有关单位和院系通过与学生、家长之间的交流，对学生在校期间的学业、就业、心理、家庭经济困难进行提示与告知，采取切实有效的措施解决问题；学校还创新教学方式和考核方式，提出因材施教、因材施考，努力使大学生人人成才。

四、坚持实践育人，开展"双进"活动，促使大学生成功

成功教育，就是引导大学生学会做事。成功可分为成效、成果、成就三层，人们对成功有不同理解和追求。当今社会每个人都渴望成功，大学生希望取得事业的成功。

成功靠实践锻炼。安庆师范学院坚持实践育人，加强军事训练课、入学教育课、生产劳动课、就业实习课等四门实践课程建设；学校主办三届校企协作论坛，与安庆市教育局共同开展教师互聘、干部互派、资源互通的"双进"活动，引导学生在实践中取得成功。

成功靠实践检验。学校以社会需求、市场需求、就业需求为导向，调整学科专业结构与招生规模，教学体系坚持学以致用、以用

促学，培养的毕业生符合社会需要、质量高、社会交际能力强，能顺利找到适合自己的工作，近五年的就业率都达95％以上，被评为全省就业先进高校。

成长、成人、成才、成功是一个相互联系和相互促进的过程。最近安庆师范学院启动"看电视剧《士兵突击》，谈'四成'教育"大讨论，大学生以士兵许三多、成才等人物评论为切入点，探索成长路径、成人内涵、成才要素、成功目标，对于坚持育人为本，推进"四成"教育工程将产生深远的影响。

第二篇　马克思主义中国化的思想理论教育

江泽民对"邓小平理论"概念的科学阐释[*]

邓小平理论概念是江泽民1989年以来经过长时期的概括和提炼逐渐提出的。从"邓小平同志关于建设有中国特色社会主义理论"的提法,到"邓小平建设有中国特色社会主义理论"的表述,再到1997年9月党的十五大第一次正式提出和使用"邓小平理论"新概念,我们党对邓小平理论的认识不断提高和升华。江泽民充分阐述了邓小平理论的历史地位和指导意义,从理论与实践的功能层面揭示了邓小平理论概念的深刻内涵。从马克思主义发展史的角度揭示邓小平理论的内涵,提出了"邓小平理论是马克思主义在中国发展的新阶段"的命题;从当代中国现代化建设的实践角度揭示邓小平理论的内涵,作出了"邓小平理论是指导中国人民在改革开放中胜利实现社会主义现代化的正确理论"的结论;从世纪跨越需要理论指导的角度揭示邓小平理论的内涵,提出了"邓小平理论是我们党的伟大旗帜"的论断。

邓小平理论是当代中国的马克思主义。在提出"邓小平理论"的概念并对其科学内涵的阐释上,以江泽民为核心的党的第三代中

---

[*] 此文原刊于《当代世界与社会主义》1999年第4期。

央领导集体作出了重要贡献。

一

伟大的实践产生伟大的理论。邓小平理论是邓小平在党的十一届三中全会前后形成的,而"邓小平理论"这一概念则是江泽民1989年以来经过长时期的概括和提炼逐渐提出的。

中国共产党富于理论创造精神。在改革开放和现代化建设的新时期,邓小平率领全党全国人民开辟建设有中国特色社会主义新道路并进行积极的理论探索。1987年党的十三大把这一理论探索的成果概括为建设有中国特色社会主义理论,其主要内容包括十二个基本观点。但当时尚未把邓小平的名字与"建设有中国特色社会主义理论"直接联系在一起。

1989年6月召开的十三届四中全会确立了江泽民在我们党的领导核心地位。1989年9月底,江泽民在庆祝中华人民共和国成立四十周年大会上讲话时指出:"邓小平同志关于建设有中国特色社会主义的理论,是经过十年实践检验而为亿万人民所认识和接受的科学理论。"[①] 这是我们党首次把建设有中国特色社会主义理论与它的主要创立者邓小平紧紧地联系起来。

1992年党的十四大明确肯定了"邓小平同志建设有中国特色社会主义理论"这一概念。党的十四大报告提出:十一届三中全会以来,在邓小平同志建设有中国特色社会主义理论的指导下,我们党和人民锐意改革,努力奋斗,整个国家焕发了勃勃生机,中华大地发生了历史性的伟大变化。十四大还提出了用邓小平同志建设有中国特色社会主义的理论武装全党的战略任务。

1993年11月2日,江泽民在学习《邓小平文选》第3卷报告会上进一步提出了"邓小平建设有中国特色社会主义的理论"的概念,

---

① 《中共中央文件选编》,中共中央党校出版社1992年版,第467页。

指出:"从十一届三中全会开始,经过十二大、十三大到十四大,我们党又郑重地把邓小平建设有中国特色社会主义的理论写到了自己的旗帜上。这是我们党付出了巨大代价获得的极为珍贵的精神财富,是我们党和人民进行新的历史创造的科学总结。"[①] "邓小平建设有中国特色社会主义理论"概念与"邓小平同志建设有中国特色社会主义理论"概念相比较,不只是简单地删去了"同志"二字,它更有利于人们既从邓小平个人智慧的角度又从党和人民集体智慧的角度认识邓小平理论。

1997年9月,在党的十五大上,江泽民第一次正式提出和使用了"邓小平理论"的新概念,明确指出"在社会主义改革开放和现代化建设的新时期,在跨越世纪的新征途上,一定要高举邓小平理论的伟大旗帜,用邓小平理论来指导我们整个事业和各项工作。这是党从历史和现实中得出的不可动摇的结论"。[②] 党的十五大和1999年召开的九届全国人大二次会议还先后把邓小平理论作为党和国家的指导思想用党章和宪法的形式肯定了下来。

从"邓小平同志关于建设有中国特色社会主义理论"的提法,到"邓小平建设有中国特色社会主义理论"的表述,再到"邓小平理论"的概念,这一范畴的演变不仅使"邓小平理论"的概念越来越鲜明、简洁和规范,而且反映着我们党对邓小平理论的认识不断提高和升华。

二

以江泽民为核心的党的第三代中央领导集体不仅提出了"邓小平理论"的概念,而且揭示了这一科学概念的内涵。党的十四大报告和十五大报告对邓小平理论的阐述表明,"邓小平理论"的含义至

[①]《十四大以来重要文献选编》(上册),人民出版社1996年版,第445—446页。
[②]《十五大报告辅导读本》,人民出版社1997年版,第9页。

少有以下三个方面：

（一）从邓小平理论形成的客观条件看，它是马克思列宁主义同当代中国实际和时代特征相结合的产物

毛泽东思想和邓小平理论都是马列主义与中国实际相结合产生的，两者的区别在于形成的时代背景和国情实际不同。江泽民在党的十四大报告中指出："邓小平理论是马克思列宁主义基本原理与当代中国实际和时代特征相结合的产物。"① 在这一理论与实际相"结合"过程中，马列主义、毛泽东思想是邓小平理论形成的理论基础，我国社会主义建设的历史经验和现实实践是邓小平理论形成的历史根据与现实依据，和平与发展成为时代主题是邓小平理论形成的时代背景。

（二）从邓小平理论形成的主观条件看，邓小平理论主要是由邓小平创立的，又是全党全国人民集体智慧的结晶

邓小平是我国改革开放的总设计师，是邓小平理论的主要创立者，这同毛泽东思想主要是由毛泽东创立是一样的。邓小平多次明确指出：农村搞家庭承包，这个发明权是农民的。农村改革中乡镇企业发展起来了，突然冒出搞多种行业，搞商品经济，搞各种小型企业，异军突起。这不是我们中央的功绩。改革开放中许多东西是由群众在实践中提出来的，绝不是一个人的脑筋就可以钻出什么新东西来，是群众的智慧，集体的智慧。我的功劳是把它们概括和加工，加以提倡，作为全国的指导。② 江泽民深刻研究了邓小平和全党全国人民在邓小平理论形成过程中的作用，他在十四大报告中指出：邓小平理论是全党全国人民集体智慧的结晶，③ 在十五大报告中他又强调，毛泽东思想和邓小平理论这两大理论成果都是党和人民实践经

---

① 《十四大报告辅导读本》，人民出版社1992年版，第14页。
② 《邓小平文选》（第3卷），人民出版社1993年版，第272、238、382页。
③ 《十四大报告辅导读本》，人民出版社1992年版，第14页。

验和集体智慧的结晶①。这就从邓小平个人贡献与党和人民集体智慧关系的角度揭示了邓小平理论的含义。

（三）从邓小平理论的基本内容看，它是贯通哲学、政治经济学、科学社会主义等领域的比较完备、又需要进一步丰富发展的科学体系

邓小平理论内容丰富，博大精深。江泽民在党的十四大报告中把邓小平理论的主要内容概括为九个方面，即：社会主义发展道路、发展阶段、发展动力、发展战略、根本任务、政治保证、外部条件、党的领导和依靠力量、祖国统一等，邓小平理论第一次比较系统地初步回答了上述九个方面的基本问题。②十四大对邓小平理论的概括主要着眼于对邓小平建设有中国特色社会主义理论的阐述，紧紧抓住了"什么是社会主义、怎样建设社会主义"这一邓小平理论的主题；而党的十五大用"邓小平理论"概念替换"邓小平建设有中国特色社会主义理论"概念，使得我们党对邓小平理论内涵的认识突破了仅从科学社会主义思想的角度对邓小平理论内容的揭示和规定。十五大报告指出：邓小平理论"是贯通哲学、政治经济学、科学社会主义等领域，涵盖经济、政治、科技、教育、文化、民族、军事、外交、统一战线、党的建设等方面比较完备的科学体系。"③马列主义、毛泽东思想都是由哲学、政治经济学和科学社会主义三个部分构成的，江泽民从哲学、政治经济学和科学社会主义等方面阐述邓小平理论的主要内容，这就表明了邓小平理论与马列主义、毛泽东思想在内容构成上的继承性和对应性。另外，邓小平理论对中国如何建设、巩固和发展社会主义的问题的回答仅是初步的和比较系统的，其理论体系也只是比较完备的，所以这一理论的内容仍在发展

---

① 《十五大报告辅导读本》，人民出版社1997年版，第9页。
② 《十四大报告辅导读本》，人民出版社1992年版，第11页。
③ 《十五大报告辅导读本》，人民出版社1997年版，第12页。

之中，属于开放型理论体系。

三

邓小平理论是我们党第二次历史性飞跃的成果，具有重要的理论意义和实践价值。江泽民充分阐述了邓小平理论的历史地位和指导意义，从理论与实践的功能层面揭示了邓小平理论概念的深刻内涵。

（一）从马克思主义发展史的角度揭示邓小平理论的内涵，江泽民提出了"邓小平理论是马克思主义在中国发展的新阶段"的命题

我们党是把毛泽东思想称之为中国化的马克思主义的。1992年江泽民在党的十四大报告中第一次使用"当代中国的马克思主义"的论断。他说，邓小平建设有中国特色社会主义的理论，是马克思主义同中国实际相结合的最新成果，是当代中国的马克思主义，是指引我们实现新的历史任务的强大武器。[1] 1997年5月29日，江泽民在中共中央党校作重要讲话时进一步指出，邓小平建设有中国特色社会主义理论是毛泽东思想在新的历史条件下的继承和发展，是当代中国的马克思主义，是马克思主义在中国发展的新阶段。[2] 这是我们党首次作出邓小平理论是马克思主义在中国发展的新阶段的评价。1997年江泽民在党的十五大报告中又从新境界、新水平、新判断、新体系四个方面，全面而精辟地回答了新阶段"新"在哪里的问题。如果说"当代中国的马克思主义"的命题，阐明的是邓小平理论在马克思主义历史发展中的时空特点，那么，"马克思主义在中国发展的新阶段"的论断，揭示的就是邓小平理论的创新性。邓小平理论与马列主义、毛泽东思想是一脉相承的。邓小平理论是对马列主义、毛泽东思想的创新与发展。

---

[1] 《十四大以来重要文献选编》（上册），人民出版社1996年版，第39页。
[2] 《十四大以来重要文献选编》（上册），人民出版社1996年版，第615页。

(二)从当代中国现代化建设的实践角度揭示邓小平理论的内涵，江泽民作出了"邓小平理论是指导中国人民在改革开放中胜利实现社会主义现代化的正确理论"的结论

1993年12月，江泽民在毛泽东诞辰一百周年纪念大会上说：邓小平是我们进行改革开放和社会主义现代化建设丰富经验的理论总结，是引导我们继续胜利前进的精神支柱和科学指南。① 1997年，江泽民在十五大报告中进一步指出：毛泽东思想是被实践证明了的关于中国革命和建设的正确的理论原则和经验总结，"实践证明，作为毛泽东思想的继承和发展的邓小平理论，是指导中国人民在改革开放中胜利实现社会主义现代化的正确理论。在当代中国，只有把马克思主义同当代中国实践和时代特征结合起来的邓小平理论，而没有别的理论能够解决社会主义的前途和命运问题"。②

(三)从世纪跨越需要理论指导的角度揭示邓小平理论的内涵，江泽民提出了"邓小平理论是我们党的伟大旗帜"的论断

1989年9月29日，江泽民在国庆四十周年大会上第一次把邓小平建设有中国特色社会主义理论称之为"指引我们继续前进的旗帜"。1993年11月，江泽民在学习《邓小平文选》第3卷报告会上号召全党在邓小平同志建设有中国特色社会主义的伟大旗帜下，艰苦创业，奋勇前进。③ 1997年2月25日，江泽民在邓小平追悼大会上指出：在跨越世纪的新征途上，更高地举起邓小平建设有中国特色社会主义理论的伟大旗帜，更好地贯彻执行党的基本路线，是我们党中央领导集体坚定不移的决心和信念，也是全党全军全国各族人民的共识和愿望。在1997年9月党的十五大上，江泽民开宗明义地强调了高举邓小平理论伟大旗帜的重要性，明确指出：旗帜问题至关

---

① 《十五大报告辅导读本》，人民出版社1997年版，第10页。
② 《十四大以来重要文献选编》(上册)，人民出版社1996年版，第453页。
③ 《敬爱的邓小平同志永远活在我们心中》，人民出版社1997年版，第26页。

紧要。旗帜就是方向，旗帜就是形象。①

江泽民提出"邓小平理论"概念并且多角度阐释这一概念的科学内涵，有着重要的意义。在这世纪之交，只要我们高举邓小平理论旗帜不动摇，按照"三步走"发展战略和党的十五大展示的发展目标干下去，到了下世纪中叶，一个富强、民主、文明的社会主义现代化中国就一定能巍然屹立于世界的东方。

---

① 《十五大报告辅导读本》，人民出版社1997年版，第1页。

高举邓小平理论伟大旗帜*

从邓小平理论的形成背景看,这面旗帜来之不易。邓小平理论的形成,有着四个方面的重要依据:马列主义、毛泽东思想是邓小平理论形成的理论依据,对我国社会主义建设正反两方面历史经验的科学总结是邓小平理论形成的历史依据,立足我国改革开放和现代化建设的实践是邓小平理论形成的现实依据,对我国社会主义建设的国际环境和时代特征的科学分析是邓小平理论形成的时代依据。邓小平理论的创立过程可以划分为四个时期:1956—1978年是邓小平理论酝酿和萌发期,1978—1982年是邓小平理论命题确立期,1982—1987年是邓小平理论框架形成期,1987—1992年是邓小平理论成熟期。邓小平理论博大精深,贯通哲学、政治经济学、科学社会主义三大领域。基本内容包括解放思想、实事求是的精髓,建设有中国特色社会主义的主题,社会主义初级阶段理论的基石,党在社会主义初级阶段基本路线的核心。

思想建设是党的建设的首要任务。在新的历史时期,加强党的思想建设,根本的是高举邓小平理论旗帜,坚定不移地用邓小平理

---

* 此文系笔者撰写的《十五大党章学习读本》(安徽人民出版社1998年版)第5章,题目是新加的。

论武装全党，充分发挥党的思想政治优势。

一

在我们党把马克思主义与中国实际相结合的过程中，有两次历史性飞跃。第一次飞跃发生在新民主主义革命时期，以毛泽东为代表的中国共产党人把马列主义与中国革命的实际相结合，找到了中国自己的革命道路，创立了毛泽东思想；第二次飞跃是，以邓小平为代表的中国共产党人把马列主义与当代中国实际和时代特征相结合，开始找到了中国特色的社会主义建设道路，创立了邓小平理论。正因为有了这两次历史性飞跃，党的七大和十五大才得以把毛泽东思想和邓小平理论分别写在自己的旗帜上。

（一）邓小平理论是全党集体智慧的结晶

从邓小平理论的形成背景看，这面旗帜来之不易。正如没有新民主主义革命时期1927年大革命的失败和1934年红军反"围剿"的失败，或许就没有毛泽东思想的产生一样；没有社会主义时期"大跃进"和"文化大革命"两次大错误，也许就没有邓小平理论的形成。失败和挫折教育了我们，使我们党在社会主义建设问题上聪明和成熟起来，因而发生了第二次历史性飞跃，邓小平理论旗帜正是在这第二次飞跃中升起来的。

邓小平理论的形成，有着四个方面的重要依据。

1. 马列主义、毛泽东思想是邓小平理论形成的理论依据

邓小平强调，我们坚信马克思主义，老祖宗不能丢。从许多方面来说，现在我们是把毛泽东已提出但没有做的事情做起来，把他反对错了的改正过来，把他没有做好的事情做好，当然还要发展。解放思想、实事求是是马列主义的精髓，是毛泽东思想的精髓，也是邓小平理论的精髓。马克思主义论证了社会主义代替资本主义的历史必然性；毛泽东思想指导中国革命取得历史性胜利，在我国建立了社会主义制度；邓小平在坚持社会主义基本制度的基础上进一

步揭示社会主义本质,继承和发展了科学社会主义理论。

2. 对我国社会主义建设正反两方面历史经验的科学总结,是邓小平理论形成的历史依据

我国建立的社会主义制度是个好制度,必须坚持;但问题是什么是社会主义,怎样建设社会主义。过去我国社会主义建设遭受挫折和失误的一个根本原因,就是对什么是社会主义、怎样建设社会主义这个问题没有完全搞清楚,提出的一些任务和政策超越了社会主义初级阶段。总结这一经验教训,邓小平理论回答了什么是社会主义,怎样建设社会主义,特别是在正确分析国情的基础上,作出我国还处于社会主义初级阶段的科学论断。

3. 立足我国改革开放和现代化建设的实践,是邓小平理论形成的现实依据

1978年年底召开的党的十一届三中全会果断作出把党和国家工作重点转移到现代化建设上来的战略决策,开创了我国社会主义事业发展的新时期。二十年来,我国经历从以阶级斗争为纲到以经济建设为中心,从封闭半封闭到改革开放,从计划经济到社会主义市场经济的历史性转变,这些转变是在邓小平理论指导下实现的,又成为邓小平理论得以丰富和完善的源泉。

邓小平理论植根于当代中国改革开放的实践,及时总结现代化建设的新鲜经验并上升到理论的高度。1979年,邓小平指出,社会主义可以搞市场经济;1987年,邓小平进一步指出,以前我们学苏联搞计划经济,后来又讲计划经济为主,现在不要再提计划经济为主了。1992年,邓小平在"南方谈话"中明确指出,计划经济不等于社会主义,市场经济不等于资本主义。邓小平理论中关于社会主义也可以搞市场经济的思想,正是改革开放实践发展和理论探索的结果。

4. 对我国社会主义建设的国际环境和时代特征的科学分析,是邓小平理论形成的时代依据

和平与发展已成为当今世界的两大主题。时代主题的转换,使

世界范围内各种矛盾围绕着和平与发展问题展开，也给我国社会主义建设带来了新的挑战和发展机遇。邓小平理论立足中国又面向世界，对当今时代特征和总体国际形势进行正确分析，提出了当今世界是开放的世界、中国的发展离不开世界的论断，阐明了维护我国的独立和主权、促进世界和平与发展、争得长时间和平环境进行国内建设和全方位对外开放的思想，邓小平理论也因而体现着鲜明的时代精神。

（二）邓小平为创立建设有中国特色社会主义理论所作的贡献

邓小平理论的主要创立者是邓小平。邓小平理论旗帜是邓小平用他富有传奇色彩的政治生涯建树的。邓小平三落三起，历经坎坷。由于他卓越的功绩、伟大的人格和独创性的思想，他一次一次被打倒，又一次一次复出，而且一次比一次更加引人注目，一次比一次走向更大的成功，他的理论也在实践中逐渐形成和成熟起来。邓小平理论的创立过程可以划分为四个时期。

1. 1956—1978年，是邓小平理论酝酿和萌发期

1956年社会主义改造的基本完成和党的八大的召开，宣告我国进入社会主义社会，我们党的第一代领导集体也开始探索符合我国国情的社会主义建设道路。毛泽东1956年4月撰写的《论十大关系》和1957年6月发表的《关于正确处理人民内部矛盾的问题》就是这一探索的重要标志。虽然由于主客观原因，探索难免会发生失误，但这一开创性的探索为后来邓小平理论的形成作了思想准备。邓小平是我们党的第一代领导集体的重要成员，1956—1978年，他两下两上，建设有中国特色社会主义理论也在磨难中孕育，20年间他先后提出了主要任务是搞建设、全面整顿等重要思想。1957年4月，邓小平就强调，我们前一个阶段做的事情是干革命。从社会主义改造基本完成时起，革命的任务也就基本上完成了。今后的主要任务是搞建设，为把我国建设成为一个伟大的社会主义工业国而奋斗。1962年7月，邓小平在《怎样恢复农业生产》的讲话中又提出了生

产关系具体形式要有利于调动群众积极性的思想,指出,在全国要巩固集体经济,也就是要巩固社会主义制度,这是根本方向。而在农村,要调整基层的生产关系,要承认多种多样的形式,从体制上解决农村现有生产关系形式,有些包产到户的应使他们合法化。"黄猫、黑猫,只要捉住老鼠就是好猫",打仗是这样,恢复农业生产也是这样。1966年"文化大革命"爆发,邓小平被打倒;1973年他再次恢复工作,1975年主持党、国家和军队的日常工作,强调全国要安定团结,把国民经济搞上去;同时,与"四人帮"作针锋相对的斗争,对严重混乱局面进行全面整顿。全面整顿实际上就是后来新时期改革的演习。

2. 1978—1982年,是邓小平理论命题确立期

1978年12月召开的党的十一届三中全会,重新确立解放思想、实事求是的思想路线,确定把党和国家工作的中心转移到经济建设上来,并作出实行改革开放的决策。邓小平在全会召开前夕的中央工作会议上作的《解放思想,实事求是,团结一致向前看》的讲话实际上是这次全会的主题报告。1982年9月,邓小平在党的十二大开幕词中提出:"把马克思主义的普遍真理同我国的具体实际结合起来,走自己的道路,建设有中国特色的社会主义。"这是我们党首次提出"建设有中国特色社会主义"的科学命题。

3. 1982—1987年,是邓小平理论框架形成期

党的十二大之后,我们党先后在1984年的十二届三中全会和1986年十二届六中全会上通过《关于经济体制改革的决定》和《关于社会主义精神文明建设指导方针的决议》;1987年党的十三大召开,会议准备期间报给邓小平的《关于草拟十三大报告大纲的设想》拟把社会主义初级阶段作为十三大报告全篇立论的根据。邓小平1987年3月25日作出批示:"这个设计很好"。遵循邓小平这个重要批示,十三大报告系统阐述了社会主义初级阶段理论,对邓小平关于社会主义初级阶段的基本路线的论述作了完整的概括,确认了邓

小平为我国制定的分三步走实现现代化的发展战略，这些思想构成了邓小平理论的轮廓。

4. 1987—1992年，是邓小平理论成熟期

20世纪80年代末至90年代初，国际国内发生政治风波，邓小平强调必须旗帜鲜明地坚持四项基本原则，维护国家的独立、尊严、安全和稳定，毫不动摇地坚持经济建设这个中心，坚持改革开放。1992年春邓小平视察南方发表重要谈话，科学地总结了十一届三中全会以来党的基本实践和基本经验，从理论上深刻地回答了长期困扰和束缚人们思想的许多重大认识问题，系统阐述了社会主义本质论、社会主义市场经济论、三个有利于原则、两手抓两手硬的方针，对开好党的十四大具有重大指导作用。1992年10月，党的十四大从九个主要方面对邓小平理论作了更为全面的阐发，提出必须用邓小平理论武装全党，作出抓住机遇、加快发展的决策，确定以建立社会主义市场经济体制为经济改革根本目标。邓小平"南方谈话"和十四大报告标志着邓小平理论体系的成熟，也标志着中国改革开放和现代化建设进入了一个新阶段。

总之，邓小平理论是在和平与发展成为时代主题的历史条件下，在我国改革开放和社会主义现代化建设的实践过程中逐步形成和发展起来的。正如十五大党章所指出的，邓小平理论是马克思列宁主义的基本原理同当代中国实践和时代特征相结合的产物。没有邓小平三落三起的政治体悟，没有他对中国社会主义胜利和挫折的历史经验的总结和对当代世界的审视，也就不会有邓小平理论的诞生。邓小平理论凝聚着邓小平和全党全国人民的智慧，高举邓小平理论旗帜，是我们党作出的历史性抉择。

二

邓小平理论博大精深，贯通哲学、政治经济学、科学社会主义三大领域。基本内容包括解放思想、实事求是的精髓，建设有中国

特色社会主义的主题，社会主义初级阶段理论的基石，党在社会主义初级阶段基本路线的核心。

（一）邓小平理论的精髓

解放思想、实事求是，是邓小平理论的精髓

1. 从哲学高度看，解放思想、实事求是是邓小平理论的精髓

解放思想、实事求是，是我们党的思想路线。思想路线又叫认识路线或哲学路线，是人们在认识世界和改造世界中坚持的世界观和方法论。思想路线回答和解决的核心问题是主观与客观、认识与实践、思想与实际的关系，这是思维与存在的关系这一哲学基本问题在实际工作中的表现。

马克思主义按照辩证唯物主义的观点回答思维与存在的关系，认为物质第一性、意识第二性，世界是可知的，思维能反映存在。解放思想、实事求是的思想路线，体现着辩证唯物主义世界观和方法论。邓小平指出，解放思想就是从本本中解放出来，从外国模式中解放出来，从旧习惯旧观念中解放出来；实事求是就是一切从实际出发，理论联系实际，以实践为标准检验真理。解放思想是实事求是的前提，实事求是是解放思想的目的，解放思想和实事求是都要求主观与客观相符合、思想与实际相符合，因为只有这样才能从"实事"中求到"是"，揭示事物的内在本质及其发展规律，得出真理性认识。哲学观是思想体系的根本和灵魂，解放思想、实事求是体现辩证唯物主义哲学观，因而成为邓小平理论的灵魂和精髓。

2. 从思想体系的角度看，解放思想、实事求是是邓小平理论的精髓。

解放思想、实事求是，贯穿在邓小平理论的各个方面。邓小平提出的三步走发展战略体现着解放思想、实事求是精神。分三步走实现中华民族的伟大复兴和现代化，是思想解放、具有雄心壮志的表现；但邓小平又认为，雄心壮志太大了不行，在20世纪80年代只能走第一步，达到人民生活的温饱水平；在90年代只能走第二步，

使人民生活达到小康；到下个世纪中叶才能走完第三步，基本实现现代化和共同富裕。邓小平设计了百年图强的宏伟蓝图，但他未提赶超发达国家的口号，而只是提出接近发达国家，在三步走的第三步达到中等发达国家的水平。三步走发展战略体现了解放思想与实事求是、尽力而为与量力而行的统一。

"一国两制"的构想也内含着解放思想、实事求是的原则。中华人民共和国成立之初，我国曾打算武力解放台湾；50年代中期，我们党和政府提出和平解放台湾的政策；1979年初邓小平宣布，我们不再用"解放台湾"这个提法了，只要台湾回归祖国，我们将尊重那里的现实和现行制度。1984年上半年，邓小平指出，大陆社会主义与台湾"三民主义"谁也不好吞掉谁。如果不能和平解决，只有用武力解决，这对各方都不利，只有实行"一个国家，两种制度"。"一国两制"构想的提出，是解放思想的产物，以大陆社会主义制度为主体，以台港澳资本主义制度为补充，这是对纯粹社会主义观的重大突破。这一构想又是实事求是的结果。因为只有实行"一国两制"，照顾到各方面的利益，才能既实现祖国和平统一，又维护台港澳的繁荣和稳定、促进中华民族振兴。这正如邓小平1984年12月会见英国首相撒切尔夫人时所说的，如果"一国两制"的构想是一个对国际上有意义的想法的话，那要归功于马克思主义的辩证唯物主义和历史唯物主义，用毛泽东主席的话来讲就是实事求是。这个构想是在中国的实际情况下提出来的。

3. 从实践的意义上看，解放思想、实事求是是邓小平理论的精髓

邓小平对恢复党的思想路线作出了重大贡献，是他推倒了"两个凡是"，支持真理标准问题大讨论，才使解放思想、实事求是的思想路线得到重新确立。解放思想、实事求是思想路线的重新确立，具有重大的理论价值和实践意义。解放思想、实事求是不仅有力地推动和保证了拨乱反正的进行，而且有力地推动和保证了全面改革

的进行。由于坚持解放思想、实事求是，邓小平才解决了关系党和国家前途命运的重大问题，科学地评价了毛泽东同志，维护了毛泽东思想的历史地位，成功地找到了在中国建设社会主义的正确道路，创立了邓小平理论，从而作出了两大历史性贡献。正因为如此，我们学习邓小平理论，就要深刻理解和把握解放思想、实事求是这一邓小平理论的精髓，以使我们的党和国家永葆生机和活力。

（二）邓小平理论的主题

邓小平理论的主题是建设有中国特色社会主义。十一届三中全会以后，邓小平围绕什么是社会主义、怎样建设社会主义这个主题，第一次比较系统地初步回答了中国如何建设社会主义、如何巩固和发展社会主义的基本问题，发展了科学社会主义理论。邓小平理论中的社会主义思想分为四个层次：

1. 坚持社会主义制度

邓小平是坚定的共产主义者。他强调，我们马克思主义者过去闹革命，是为共产主义理想而奋斗；现在搞改革，也要坚持社会主义道路，坚持共产主义理想。他指出，资本主义在中国走不通。中国如果不搞社会主义，90%的人连温饱也不能解决，也不可能有国家独立和社会稳定。只有社会主义才能救中国，只有社会主义才能发展中国，四项基本原则是我们的立国之本和社会主义建设的政治保证。邓小平说，有些社会主义国家出现严重曲折，并不是马克思主义的失败。社会主义经历一个长过程发展后必然代替资本主义，这是社会历史发展不可逆转的总趋势。我们要坚持社会主义制度，只要中国的社会主义旗帜不倒，世界上就有1/5的人走社会主义道路。

2. 揭示社会主义本质

邓小平认为，要搞清楚什么是社会主义、怎样建设社会主义，关键是要在坚持社会主义基本制度的基础上进一步认清社会主义的本质。在20世纪80年代，邓小平多次阐述社会主义本质问题；1992

年初，他在"南方谈话"中指出："社会主义的本质，是解放生产力，发展生产力，消灭剥削，消除两极分化，最终达到共同富裕。"这是对社会主义本质的总结性理论概括。从其内容结构看，社会主义本质包括一个目标和两个保证，最终达到共同富裕是社会主义的根本目标，解放和发展生产力是实现共同富裕的物质保证，消灭剥削和消除两极分化是共同富裕的制度保证。社会主义本质论既包括了社会主义的生产力问题，也包括了社会主义的生产关系问题。社会主义本质论的提出，确立了区别真假社会主义、成功与失败的社会主义的根本原则，为坚持、完善和发展公有制指明了方向。

3. 改革社会主义体制

传统的社会主义观把计划经济当作社会主义来固守，把商品经济、市场经济当作资本主义加以反对，使得本来应该充满生机的社会主义经济在很大程度上失去了活力。这里的一个重要理论障碍是未能区分制度与体制，把计划经济与市场经济这一体制性范畴看作姓"社"姓"资"的制度性问题。邓小平对计划经济姓"社"、市场经济姓"资"的传统观念提出了挑战，他在1979年指出，说市场经济只存在于资本主义，只有资本主义的市场经济，这肯定是不正确的；社会主义也可以搞市场经济。这是社会主义利用这种方法来发展社会生产力。1985年，他又说，社会主义和市场经济之间不存在根本矛盾。在1992年初"南方谈话"中，邓小平明确回答，"计划经济不等于社会主义，资本主义也有计划；市场经济不等于资本主义，社会主义也有市场"。这是邓小平把制度与体制划分开来，从根本上解除了把计划经济和市场经济看作属于社会基本制度范畴的思想束缚，为党的十四大明确确定把建立社会主义市场经济体制作为经济体制改革的目标提供了理论依据。邓小平强调，改革是第二次革命。第一次革命是制度革命，第二次革命是对体制的根本性变革。改革是社会主义制度的自我完善和发展，是社会主义社会发展的直接动力。

4. 把握中国社会主义的特色

邓小平理论认为，社会主义建设不能从书本出发，也不能照搬别国模式，而应立足本国实际，走自己的路。从邓小平对中国社会主义的论述可以看出，现阶段中国社会主义的特色包括：（1）不是发达的社会主义，而是初级阶段社会主义；（2）不是阶级斗争为纲的社会主义，而是以发展生产力为中心的社会主义；（3）不是"一大二公三纯"的社会主义，而是公有制为主体、多种所有制经济共同发展的社会主义；（4）不是贫穷的社会主义，而是从部分先富走向共同富裕的社会主义；（5）不是计划经济社会主义，而是市场经济社会主义；（6）不是闭关锁国的社会主义，而是自力更生基础上全方位对外开放的社会主义；（7）不是不讲法制而搞大民主的社会主义，而是健全民主与法制的社会主义；（8）不是只讲思想领先和政治挂帅的社会主义，而是两个文明协调发展的社会主义。准确把握中国社会主义的特色，才能建设好有中国特色的社会主义。

（三）邓小平理论的基石

建设有中国特色的社会主义，要从实际出发。当代中国的最大实际是现在处于并将长时期处于社会主义初级阶段。我们讲要搞清楚什么是社会主义，怎样建设社会主义，必须搞清楚什么是初级阶段的社会主义，在初级阶段怎样建设社会主义。社会主义初级阶段理论，是邓小平理论的基石。

1. 邓小平对我国社会主义所处历史方位的科学回答

从1956年社会主义改造基本完成到1978年党的十一届三中全会召开之前，我们党对我国的基本国情作过有益的探索，但总的来说还是没有完全搞清楚。由于对社会发展阶段的认识不完全清楚，所以长期犯"左"的错误，提出的一些任务和政策超越了社会主义初级阶段。十一届三中全会以后，邓小平提出，现在搞建设要适合中国情况，走出一条中国式的现代化道路。1980年，他指出："不要离开现实和超越阶段采取一些'左'的办法，这样是搞不成社会主义的。"1987年8月,他在谈到十三大的特点时说:"我们党的十三大要阐述中国社会主义是处在一个什么阶段,就是处在初级阶段,是初级阶段的社会主义。社会主义本身是共产主义初级阶段,而我们中国又处在社会主义的初级阶段,就是不发达阶段。"十三大根据邓小平社会主义初级阶段理论,对我国社会所处的社会主义的初级阶段作出了系统阐述。

2. 社会主义初级阶段的论断是邓小平理论的出发点和重要基石

社会主义初级阶段的论断包括两层含义:(1)我国已经进入社会主义;(2)我国的社会主义社会还处在不发达的阶段。由于中国走上社会主义道路是历史的必然,社会主义制度具有资本主义制度不可比拟的优越性,我们就应该坚持四项基本原则,坚决抵制抛弃社会主义基本制度的错误主张;由于我国进入社会主义时生产力发展水平还远远落后于发达国家,社会主义初级阶段不可逾越,我们就应正视而不能超越初级阶段,就应牢牢抓住和解决社会主义初级阶段的主要矛盾,脚踏实地建设社会主义;由于社会主义初级阶段的主要矛盾是人民日益增长的物质文化需要同落后的社会生产之间的矛盾,这就决定了我们必须把经济建设作为全党全国工作的中心,各项工作都要服从和服务于这个中心。中国解决所有问题的关键在于依靠自己的发展。在社会主义初级阶段,由于生产力水平相对落后,社会主义公有制不可能成为覆盖全社会的单一的所有制形式,不仅公有制实现形式必须多样化,而且应允许多种所有制经济共同发展;应在坚持按劳分配为主体的同时,实行按生产要素分配,坚持效率优先,兼顾公平,通过部分先富最终走向共同富裕。可见,邓小平理论的重要观点都是从社会主义初级阶段的实际出发提出的,邓小平理论体系就是建立在社会主义初级阶段的理论基石上。科学把握邓小平社会主义初级阶段理论,我们才能澄清种种疑惑,认识为什么必须实行现在这样的路线和政策而不能实行别的路线和政策。

（四）邓小平理论的核心

邓小平理论第一次比较系统地初步回答了中国这样的经济文化比较落后的国家如何建设、巩固和发展社会主义的一系列基本问题，其中最重要的理论成果是形成了党在社会主义初级阶段的基本路线。

1. 党的基本路线反映了中国社会主义发展的根本规律

党的基本路线是党在一定历史时期指导全局工作的总路线、总方针和总政策，集中概括了党的基本政治主张和根本任务。在由新民主主义向社会主义的过渡时期，我们党提出了"一化三改造"的过渡时期总路线。进入社会主义建设时期之后，我们党制定了"鼓足干劲，力争上游，多快好省地建设社会主义"的总路线，这条总路线反映了广大人民群众要求使国家迅速富强的愿望，但在实践中犯了急于求成的错误。1962年党的八届十中全会错误估计形势，提出以阶级斗争为纲的基本路线，导致严重失误。党的十一届三中全会以后，以邓小平为核心的党中央总结过去的历史经验，形成了以"一个中心、两个基本点"为主要内容的党在社会主义初级阶段的基本路线。

党在社会主义初级阶段的基本路线是依据我国正处在社会主义初级阶段的国情实际提出的。因为我国是社会主义社会，社会主义的根本任务是发展生产力，社会主义的优越性应体现在生产力的发展比资本主义更快，人民生活不断得到改善，这就必须把发展生产力作为中心任务。由于我国的社会主义还不发达，社会主义初级阶段的主要矛盾决定了必须一心一意、专心致志、始终如一地以经济建设为中心。"一个中心"的明确性、唯一性和坚定性，反映的正是社会主义本质的要求和我国社会主义建设的规律性要求。坚持四项基本原则和坚持改革开放作为立国之本和强国之路，也是由社会主义初级阶段的国情决定的，两个基本点都必须服从和服务于经济建设这个中心，两个基本点相互依存和贯通，统一于建设有中国特色社会主义的实践。

2. 党的基本路线指明了有中国特色社会主义的发展道路

邓小平理论首要的基本的理论的问题是要搞清楚什么是社会主义、怎样建设社会主义。如果说邓小平所阐述的社会主义本质论回答了"什么是社会主义"的问题，那么，党的"一个中心、两个基本点"的基本路线所解决的就是"怎样建设社会主义"的问题。

邓小平理论具有鲜明的时代感和实践性，党的基本路线正是邓小平理论实践性的集中体现。要实现社会主义本质，解决社会主义初级阶段的主要矛盾，就必须集中精力发展生产力，就不能把"一个中心"搞成两个中心；要坚持四项基本原则，必须坚持改革开放，改革开放可以赋予四项基本原则新的时代含义，为四项基本原则注入新的内容和活力；要坚持改革开放必须坚持四项基本原则，只有坚持四项基本原则，才能为改革开放指明方向和提供政治保证。绝不能把"两个基本点"搞成一个基本点。

党的基本路线是我们党和社会主义现代化建设事业的生命线。从实践的意义上说，学习和掌握邓小平理论，要归结到对党的基本路线的把握上。坚持党的基本路线关系到党和国家的兴衰成败。十五大党章把坚持党的基本路线作为党的建设的四项基本要求之一。坚持党的基本路线不动摇，我们党才能把建设有中国特色社会主义事业全面推向21世纪。

三

江泽民在党的十五大报告中强调，加强党的思想建设，根本的是坚定不移地用邓小平理论武装全党，充分发挥党的思想政治优势。全党要重视学习，善于学习，兴起一个学习马列主义、毛泽东思想特别是邓小平理论的新高潮。

（一）用邓小平理论武装全党，是保持党的先进性和思想政治优势的客观要求

中国共产党是以马克思主义为理论基础的党，指导思想的先进

性是保持我们党先锋队性质的重要保证和重要标志。加强邓小平理论的学习和教育，坚定不移地用邓小平理论武装全党，是保持党的先进性的战略举措。因为，作为中国共产党先进指导思想的马克思主义是不断发展的，马克思主义在当代中国发展的新阶段就是邓小平理论。在当代中国，坚持邓小平理论，就是真正坚持马列主义、毛泽东思想；高举邓小平理论伟大旗帜，就是真正高举马列主义、毛泽东思想的旗帜。十五大已在党章中把邓小平理论确立为党的指导思想，明确规定：中国共产党以马克思列宁主义、毛泽东思想、邓小平理论作为自己的行动指南。只有以邓小平理论为主要内容来加强党的思想建设，才能把我们党建设成为用邓小平理论武装起来、全心全意为人民服务、思想上政治上组织上完全巩固、能够经受住各种风险、始终走在时代前列、领导全国人民建设有中国特色社会主义的马克思主义政党。

（二）加强邓小平理论的学习，也是提高党员和领导干部思想政治素质、提高党的领导水平和执政水平的战略需要

党的十四大以来，在党中央和各级党委的领导下，用邓小平理论武装全党的工作，已有了良好开端，正在向广度和深度发展。但对学习取得的成绩，不能估计过高。江泽民在建党75周年座谈会上讲到"努力建设高素质的干部队伍"时说，在一些地方、部门和一部分干部中，仍然存在着轻视理论，钻研理论的自觉性不高，学习空气不浓的情况。有的虽然学了，但理论与实际结合得不好，在运用理论解决实际问题上下功夫不够。有的甚至采取实用主义的态度对待理论学习，断章取义。这些问题的存在，影响理论学习的深入，也影响干部队伍首先是领导干部基本素质的提高。针对这一实际，党中央一再强调领导干部要"三讲"即讲学习、讲政治和讲正气。十五大提出要继续在县级以上领导干部中深入进行以讲学习、讲政治、讲正气为主要内容的党性党风教育，并且要求各级领导干部首先带头学好邓小平理论。理论清醒和成熟是政治清醒和成熟的基础，

只有理论上坚定才有政治上的坚定。只有我们5800万党员和40多万名县处级以上领导干部自觉用邓小平理论武装头脑，整个党员干部队伍理论政治素质提高了，我们党的领导水平和执政水平才能进一步提高。

（三）掀起学习邓小平理论的新高潮，还是实现跨世纪发展战略的根本保证

实践证明，在当代中国，只有邓小平理论而没有别的理论能够解决社会主义的前途和命运问题。因为有了邓小平理论指导，我们党才开辟了具有中国特色的社会主义建设新道路，取得现代化建设的伟大成就；因为有了邓小平理论指导，我们社会主义事业才经受住国际国内风波的考验，在世界社会主义运动严重曲折中站稳了脚跟，国际地位不断提高；因为有了邓小平理论指导，我国才取得经济发展、政治稳定、民族团结和社会进步。伟大的事业必须有伟大的理论来指导，领导伟大事业的党，必须有伟大理论的武装。在社会主义改革开放和现代化建设的新时期，在跨越世纪的新征途上，我们全党要更加自觉和坚定地高举邓小平理论旗帜，用邓小平理论指导各项工作。这是我们排除各种困难和干扰，继续推进改革和建设事业，实现跨世纪现代化发展战略的根本保证。

（四）对待马克思主义有个学风问题。深入学习和领会邓小平理论，也需要良好的学风

毛泽东指出，学风问题是领导机关、全体干部、全体党员的思想方法问题，是我们对待马克思列宁主义的态度问题，是全党同志的工作态度问题。学风与党风、文风三位一体。20世纪40年代初，我们党开展的延安整风运动就是反对教条主义以整顿学风，反对宗派主义以整顿党风，反对党八股以整顿文风。党的十五大再次提出学风问题，号召全党在学习邓小平理论时发扬理论联系实际、用马克思主义立场观点方法来研究和解决中国的现实问题的优良学风，具有重要的现实意义。

1. 坚持"一个中心""三个着眼于"

十五大党章指出，邓小平理论是毛泽东思想在新的历史条件下的继承和发展，是马克思主义在中国发展的新阶段，引导着我国社会主义现代化事业不断前进。理论与实践相结合，理论既指导实践又随着实践的发展而发展，是邓小平理论的重要特色。我们在学习邓小平理论的过程中，如果离开了当代实际和现实实践，就无法理解这一理论的产生背景、形成过程，也无法把握这一理论的历史地位、指导意义和发展走向。正如十五大报告所指出的，离开本国实际和时代发展来谈马克思主义，没有意义。静止地孤立地研究马克思主义，把马克思主义同它在现实生活中的生动发展割裂开来、对立起来，没有出路。

总结我们党在学风问题上的经验教训，十五大提出，学习马列主义、毛泽东思想特别是邓小平理论，一定要以我们正在做的事情为中心，着眼于理论运用，着眼于对实际问题的理论思考，着眼于新的实践和新的发展。我们可以将这一马克思主义学风表述为"一个中心"和"三个着眼于"。理论学习以我们正在做的事情为中心，就是要从实际出发学习理论，紧扣我国改革开放和现代化建设的实际问题来理解邓小平理论；理论学习"三个着眼于"，就是在理论指导实践的过程中把握邓小平理论。精通理论的目的在于应用，学习邓小平理论要精要管用。理论指导实践的过程，也就是创造性地思考和研究实际问题、用实践检验和发展理论的过程。

2. 努力创造"四种风气"

马克思主义学风的根本问题是如何认识理论与实践的关系。理论来源于实践，所以要以实践为基础来把握理论；同时，学习和钻研理论也要下苦功夫。所以，学风问题实际上存在一个理论学习与实践运用的双向运作问题。十五大报告在阐述党的思想建设时提出，要在全党造成认真学习的风气，民主讨论的风气，积极探索的风气，求真务实的风气。

邓小平理论内容丰富，涵盖经济、政治、科技、教育、文化、民族、军事、外交、统一战线、党的建设等方面，比较系统地初步回答了中国社会主义的发展道路、发展阶段、根本任务、发展战略、发展动力、政治保证、外部条件、党的领导和依靠力量以及祖国统一等一系列基本问题。对于这一科学体系，不下功夫或流于形式，是肯定学不好的，必须创造认真学习、民主讨论的风气，挤时间学、老老实实地学，特别是要刻苦认真地研读邓小平著作；同时还要开展民主讨论，互相启发，从而完整、准确地把握邓小平理论的科学体系，从总体上领会这一理论的基本观点和基本精神。

邓小平理论是比较完备的科学体系，又是需要从各方面进一步丰富发展的科学体系。它在改革开放的探索和试验中形成，其真理性又在现代化建设实践中接受检验。这一理论本身就充满积极探索、求真务实的精神。学习邓小平理论要创造积极探索、求真务实的风气。只有积极探索，求真务实，才能把握邓小平理论中解放思想、实事求是的精髓；只有积极探索、求真务实，才能领会邓小平理论坚持真理、勇于创新的基本品格。认真学习、民主讨论、积极探索，最终都要落实到求真务实上来，求真务实才是理论学习和理论武装的本质意义所在。

学风问题关系到党的思想建设的成败。党的思想建设应高度重视端正学风。学风端正了，思想路线正确了，才能正确对待马克思主义，才能更高地举起邓小平理论伟大旗帜。

胡锦涛对"三个代表"重要思想的科学阐释[*]

用理论创立者的姓名为理论体系命名或者用主要理论成果来为理论体系命名,其风格各有千秋。胡锦涛对科学阐述"三个代表"重要思想所作的重要贡献是第一次明确提出"'三个代表'重要思想"的科学范畴。"三个代表"重要思想的科学内涵有着狭义与广义的划分。狭义的"三个代表"思想即三句话或三大命题,广义的"三个代表"重要思想则是我们党第三代领导集体理论创新的成果。胡锦涛对科学阐述"三个代表"重要思想所作的又一理论贡献是在明确提出"'三个代表'重要思想"概念的基础上,最早从广义上阐明了"'三个代表'重要思想"的科学理论体系。江泽民曾深刻阐明"三个代表"重要思想作为当代中国马克思主义的历史地位,并在党的十六大上把"三个代表"重要思想确立为党必须长期坚持的指导思想。胡锦涛对"三个代表"重要思想的新阐述则是从马克思主义中国化的大背景中考察中国化马克思主义的发展进程,阐述"三个代表"重要思想同马列主义、毛泽东思想、邓小平理论的一脉相承和与时俱进的关系,为建构"三个代表"重要思想系统的科学理论作出了重要贡献。

---

[*] 此文原刊于《当代中国史研究》2004年第6期。

"三个代表"重要思想是江泽民为主要代表的中国共产党人创立的，是全党集体智慧的结晶。作为党的第三代领导集体重要成员和新一届党中央总书记，胡锦涛为建构"三个代表"重要思想系统的科学理论作出了重要的贡献。研究胡锦涛对"三个代表"重要思想的科学阐释，对于深刻领会"三个代表"重要思想的科学内涵与精神实质，具有重要的现实意义。

一

首次作出"三个代表"概括、提出"三个代表"概念的，是党的第三代领导核心江泽民。胡锦涛对科学阐述"三个代表"重要思想所作的重要贡献是第一次明确提出"'三个代表'重要思想"的科学范畴。

江泽民最初阐述"三个代表"重要思想时，使用的是"三个代表"的概念。2000年2月25日，他在广东考察时指出，在新的历史条件下，我们党如何更好地做到"三个代表"，是一个需要全党同志特别是党的高级干部深刻思考的重大课题。2000年5月14日，他在江苏、浙江、上海党建工作座谈会上提出"'三个代表'的要求"的概念，强调，必须按照"'三个代表'的要求"切实加强党的建设，要把"'三个代表'的要求"贯彻落实到党的全部工作中去。后来，在2001年的"七一"讲话和2002年的"五·三一"讲话中，江泽民都是使用"三个代表""'三个代表'的要求"这两个概念阐发"三个代表"重要思想的。

胡锦涛在阐述"三个代表"重要思想时，最早使用"'三个代表'重要思想"范畴。2000年4月13—18日，胡锦涛在内蒙古考察工作时强调，江泽民同志关于"三个代表"重要思想，是新形势下对各级党组织和党员干部提出的新要求，也是指导我们搞好"三讲"教育的强大思想武器。他要求各级党委把认真学习江泽民同志关于

"三个代表"重要思想作为"三讲"教育的重要内容,坚持用"三个代表"的要求,对照检查自己的工作。① 同年5月31日,胡锦涛出席中央党校第28期省部级干部进修班毕业典礼发表讲话,强调,要把江泽民同志关于"三个代表"的重要思想学习好、把握好、落实好,不仅关系到推进党的建设新的伟大工程的全局,而且关系到改革开放和现代化建设的全局。每个共产党员特别是领导干部都要认真学习、深刻理解、身体力行"三个代表"的思想,党的各项工作都要坚持、体现和贯彻"三个代表"的要求。② 在这里,胡锦涛是把"江泽民同志'三个代表'重要思想"与"'三个代表'的思想"并用的。

从2000年6月下旬到9月初,胡锦涛明确使用"'三个代表'重要思想"的概念。6月26日,胡锦涛在中央国家机关先进基层党组织、优秀共产党员、优秀党务工作者表彰大会上发表讲话说,江泽民同志提出"三个代表"重要思想,深刻总结了我们党建党以来的历史经验,为我们面向新世纪推进党的建设新的伟大工程、推进建设有中国特色社会主义伟大事业,进一步指明了方向。③ 9月1日,在中共中央党校秋季开学典礼上,胡锦涛指出,江泽民同志关于"三个代表"重要思想集中体现了党的根本性质、根本宗旨和根本任务,是我们在新形势下全面加强党的建设、做好各项工作的行动指南。要把"三个代表"重要思想切实贯彻、体现和落实到正确执行党的路线、方针、政策的实践中去,落实到加强党的建设的各项工作中去,落实到自己的行动中去,真正把"三个代表"的要求落到实处④。这样,胡锦涛就确认了"'三个代表'重要思想"的概念。

从2000年2月到2002年11月,理论界、学术界先后使用"江

---

① 《"三个代表"学习研究宣传纪事》,学习出版社2003年版,第5—6页。
② 《"三个代表"学习研究宣传纪事》,学习出版社2003年版,第26页。
③ 《"三个代表"学习研究宣传纪事》,学习出版社2003年版,第33页。
④ 《"三个代表"学习研究宣传纪事》,学习出版社2003年版,第41—42页。

泽民同志重要论述""重要论断""精辟论述""科学论断""第三代领导集体思想"等概念表述江泽民"三个代表"重要思想。这表明，在党的十六大召开之前，全国尚未规范使用"'三个代表'重要思想"概念。而胡锦涛2000年12月3日和16日在全国农村"三个代表"重要思想学习教育工作会议上的讲话和在全国"三讲"教育工作总结会议上的讲话，2001年4月2日在《人民日报》上发表的文章和同年5月31日中央党校第30期省部级干部进修班毕业典礼上的讲话，使用的都是"'三个代表'重要思想"范畴。

2001年9月26日，中共十五届六中全会通过《中共中央关于加强和改进党的作风建设的决定》，要求全党充分认识加强和改进党的作风建设，是全面贯彻党的基本理论、基本路线、基本纲领和实践"三个代表"重要思想的迫切需要，是开创改革开放和现代化建设新局面的必然要求，是党永远立于不败之地的重要保证[①]。这是我们党第一次在中央文件中使用"'三个代表'重要思想"概念。同年11月30日，中共中央办公厅发出《关于在农村开展"三个代表"重要思想学习教育活动的意见》，在中央文件中再次使用"'三个代表'重要思想"概念。

2002年11月，江泽民代表党中央所作的十六大报告正式使用"'三个代表'重要思想"概念，"'三个代表'重要思想"的指导地位载入了党章；2003年十届全国人大二次会议又把"三个代表"重要思想的指导地位载入宪法，以国家根本大法的形式肯定下来。2004年9月19日，中共十六届四中全会通过的《关于同意江泽民同志辞去中共中央军事委员会主席职务的决定》指出，江泽民同志坚持马克思主义的思想路线，尊重实践，尊重群众，准确把握时代特征，科学判断我们党所处的历史方位，围绕建设中国特色社会主义

---

① 《中共十三届四中全会以来历次全国代表大会中央全会重要文献选编》，中央文献出版社2002年版，第620页。

这个主题，在改革发展稳定、内政外交国防、治党治国治军等各方面都提出了一系列新思想、新观点、新论断，为坚持和发展党的基本理论、基本路线、基本纲领、基本经验作出了杰出贡献。特别是他集中全党智慧创立的"三个代表"重要思想，进一步回答了什么是社会主义、怎样建设社会主义的问题，创造性地回答了建设什么样的党、怎样建设党的问题，是对马克思列宁主义、毛泽东思想、邓小平理论的继承和发展，实现了我们党在指导思想上的又一次与时俱进，体现了一位真正马克思主义者的巨大政治勇气和理论勇气。①

有的学者认为，"马列主义""毛泽东思想"和"邓小平理论"概念都指出了理论创造主体，可以包容、概括相应理论的全部内容；""三个代表'重要思想"没有指出其创造主体，有必要进行新的抽象和新的表述。②而有的学者则提出，理论的名称与理论的内容并不等同，有些理论名称涵盖的内容大于理论本身包括的内容，马列主义、毛泽东思想和邓小平理论，是分别用为这些理论的形成作出卓越贡献的马克思、列宁、毛泽东和邓小平名字命名的；有些理论名称涵盖的内容小于理论本身包括的内容，"三个代表"重要思想是根据江泽民思想理论最关键、最核心、最本质的内容来确定的。用""三个代表'重要思想"来命名以江泽民为核心的党的第三代中央领导集体的理论成果，是当之无愧，恰到好处的。③

笔者认为，用理论创立者的姓名为理论体系命名或者用主要理论成果来为理论体系命名，其风格各有千秋。胡锦涛提出""三个代

---

① 《关于同意江泽民同志辞去中共中央军事委员会主席职务的决定》，《人民日报》2004年9月20日。
② 吉彦波：《建构两个新范畴："马列毛邓理论"和"江泽民思想"》，《常德师范学院学院》2003年第2期。
③ 张国祚：《关于"三个代表"重要思想亟待回答的几个问题》，《理论前沿》2003年第12期。

表'重要思想"概念，用以概括"江泽民为核心的党的第三代领导集体的理论成果"，是科学而准确的表述。正确理解"'三个代表'重要思想"的含义，重要的在于对这一概念的诠释。

胡锦涛指出，江泽民同志高举邓小平理论伟大旗帜，以审时度势的领导才能、与时俱进的政治勇气和励精图治的工作精神，为中国特色社会主义事业的发展建立了卓著的功勋，赢得了全国各族人民的衷心爱戴和国际社会的普遍赞誉。尤其是他集中全党智慧创立的'三个代表'重要思想，对于我国各项事业的发展具有重大而深远的指导意义。胡锦涛的这一论述至少从三个方面阐明了"'三个代表'重要思想"的含义：(1)"'三个代表'重要思想"是江泽民为主创立的；(2)"'三个代表'重要思想"体现了全党的集体智慧；(3)"'三个代表'重要思想"是党和国家事业的指导思想。研究胡锦涛提出和阐释"'三个代表'重要思想"概念的过程，有助于我们准确把握"'三个代表'重要思想"的科学含义。

二

"三个代表"重要思想的科学内涵，有着狭义与广义的划分。狭义的"三个代表"思想即三句话或三大命题，广义的"三个代表"重要思想则是我们党第三代领导集体理论创新的成果。胡锦涛对科学阐述"三个代表"重要思想所作的又一理论贡献是在明确提出"'三个代表'重要思想"概念的基础上，最早从广义上阐明了"'三个代表'重要思想"的科学理论体系。

(一)从对党的历史经验作出新的总结层面上阐述"三个代表"重要思想的理论体系

"三个代表"重要思想是对中国共产党成立以来全部历史经验的科学总结。江泽民2000年2月25日第一次提出"三个代表"重要思想时，就是在回顾党的历史的基础上阐述的。他说，总结我们党70多年的历史，可以得出一个重要的结论，这就是：我们党之所以赢得人民的拥护，是因为我们党在革命、建设、改革的各个历史时期，总是做到"三个代表"，并通过制定正确的路线方针政策，为实现国家和人民的根本利益而不懈奋斗。

2000年5月31日，胡锦涛出席中央党校第28期省部级干部进修班毕业典礼发表讲话，用"三个代表"解读党的历史，指出，实践证明，一个马克思主义政党，如果偏离了"三个代表"的方向，就会发生失误和挫折；如果背弃了"三个代表"的要求，就会变质，最终走向自己的反面。全党同志对此一定要保持清醒的头脑。只要我们敏锐地把握中国先进社会生产力的发展要求、中国先进文化的前进方向、中国最广大人民的根本利益，按照"三个代表"的要求全面加强党的建设，切实做好各项工作，就一定能够把党建设得更加坚强，一定能够开创我国改革开放和现代化建设的新局面。他说，"三个代表"是相互联系、相互促进、有机统一的整体。先进社会生产力，既是发展先进文化的物质条件，又是实现人民利益的物质基础。同时，生产力的发展离不开教育、科技、文化的发展，离不开思想道德建设和人们崇高精神的培育。建设先进文化，既满足人们日益增长的文化生活的需要，又为生产力的发展提供精神动力和智力支持。我们党致力于发展先进社会生产力和先进文化，就是为了不断满足人民群众日益增长的物质文化需要，实现和维护最广大人民的根本利益；离开了这个根本目的，没有人民群众的支持和积极性、创造性的充分发挥，先进社会生产力和先进文化的发展就是一句空话。他强调，学习、理解"三个代表"的重要思想，应该从三者的内在联系上准确把握，自觉将三者统一到建设有中国特色社会主义的伟大实践之中[①]。

党的十六大报告总结了党的十三届四中全会以来我们党领导人民推进中国特色社会主义伟大事业的十条基本经验，十条基本经验

---

① 《"三个代表"学习研究宣传纪事》，学习出版社2003年版，第26页。

渗透着"三个代表"重要思想，"三个代表"重要思想是十条基本经验的核心和灵魂。2002年11月，胡锦涛发表《一篇马克思主义的纲领性文献》，指出，十六大报告的一个亮点和特色，就是联系改革开放以来的实践，系统总结了13年来党领导人民推进中国特色社会主义伟大事业的基本经验。这十条经验，覆盖了改革发展稳定、内政外交国防、治党治国治军等各个方面，是我们党理论创新的重要成果，是全党和全国各族人民实践创造的智慧结晶，标志着我们党对共产党执政规律、社会主义建设规律和人类社会发展规律的认识水平进一步提高。十条基本经验，同我们党在新时期的基本理论、基本路线、基本纲领一道，对于党和国家事业的发展具有长远的指导作用①。联系十条基本经验来学习"三个代表"重要思想，我们就能深刻领会和具体把握"三个代表"重要思想的理论体系。

（二）从新世纪党的建设理论的层面上阐述"三个代表"重要思想的理论体系

"三个代表"重要思想不仅是对我们党历史经验的新总结，而且是对党的性质、任务和宗旨的新概括。胡锦涛高度重视改进和加强党的建设，从新世纪党的建设理论的高度对"'三个代表'重要思想"理论体系作出阐述。

2000年5月31日，胡锦涛出席中央党校第28期省部级干部进修班毕业典礼并发表讲话，指出，江泽民同志关于"三个代表"的重要思想，是世纪之交、千年更替的重要历史时刻，基于对国内外形势、党肩负的历史任务和党的自身建设实际的清醒认识和准确把握，从事关党和国家前途命运的高度作出的战略性思考，为我们党面向新世纪进一步巩固自己、加强自己、提高自己提供了强大的思想武器。

2001年9月3日，胡锦涛在中央党校秋季开学典礼上进一步强

---

① 《党员干部学习十六大报告讲座》，人民出版社、学习出版社2002年版，第58页。

调,"三个代表"重要思想作为一个新的理论体系,全面体现了党的基本理论、基本路线、基本纲领,涵盖了经济、政治、文化各个领域,是运用马克思主义解决我国改革开放和现代化建设实际问题的新创造。在新的时代条件下坚持"三个代表"重要思想,与坚持马克思列宁主义、毛泽东思想、邓小平理论是完全统一的。我们一定要充分认识"三个代表"重要思想的重大理论意义和实践意义,正确把握"三个代表"重要思想与马克思列宁主义、毛泽东思想、邓小平理论一脉相承的关系。自觉地以"三个代表"重要思想来指导我们的各项工作。"三个代表"是一个相互联系、相互促进、辩证统一的整体,它坚持了物质文明与精神文明、经济政治文化的统一,历史发展规律与历史创造主体的统一,集中体现了我们党的先进性。①

(三)从21世纪中国特色社会主义建设理论的层面上阐述"三个代表"重要思想系统的科学理论

"三个代表"重要思想准确把握时代特征,科学判断我们党所处的历史方位,围绕发展这个主题,以马克思主义的巨大理论勇气进行理论创新,系统地回答了新世纪中国特色社会主义建设的重大问题。

在2003年"七一"重要讲话中,胡锦涛明确指出,"三个代表"重要思想这一科学理论在建设有中国特色社会主义的思想路线、发展道路、发展阶段和发展战略、根本任务、发展动力、依靠力量、国际战略、领导力量和根本目的等重大问题上取得了丰硕成果,用一系列紧密联系、相互贯通的新思想、新观点、新论断,进一步回答了什么是社会主义、怎样建设社会主义的问题,创造性地回答了建设什么样的党、怎样建设党的问题,从改革发展稳定、内政外交

---

① 胡锦涛:《深入学习、正确领会、全面贯彻江泽民同志"七一"重要讲话精神》,《学习·研究·参考》2001年第10期。

国防、治党治国治军各个方面深化了对建设中国特色社会主义规律的认识。①

在实现中国现代化宏伟目标的征程中，我们将面对三大课题：一是要科学判断和全面把握国际形势的发展变化；二是要科学判断和全面把握我国将长期处于社会主义初级阶段的基本国情；三是要科学判断和全面把握我们党所处的历史方位和肩负的历史使命。"三个代表"重要思想为我们正确认识和处理这些重大课题提供了科学理论和科学方法。正是科学判断和全面把握世情、国情和党情，"三个代表"重要思想制定了我国外交政策与国际战略，提出全面建设小康社会的目标和三大文明协调发展的战略思路，提出以加强党的执政能力建设为关键、提高党的领导水平和执政水平、增强拒腐防变能力和抵御风险能力的党建总要求。坚持以"三个代表"重要思想为指导，我们就能科学判断和全面把握国际形势的发展变化，在日益激烈的综合国力竞争中牢牢掌握加快我国发展的主动权；就能科学判断和全面把握我国正处于并将长期处于社会主义初级阶段的基本国情，正确处理好改革发展稳定的关系，推动社会主义物质文明、政治文明和精神文明协调发展；就能科学判断和全面把握我们党所处的历史方位和肩负的历史使命，不断提高党的领导水平和执政水平，增强拒腐防变和抵御风险的能力，在中国特色社会主义道路上胜利实现全面建设小康社会的宏伟目标。所以，从新世纪中国特色社会主义建设理论的角度看，"三个代表"重要思想是以执政党建设理论为主体、以推进中国特色社会主义经济、政治、文化建设为基本内容、以实现中华民族伟大复兴为目标的中国化马克思主义的完整理论形态。

随着 21 世纪新阶段改革开放和现代化建设实践的发展，我们党对"三个代表"重要思想科学体系的认识也在不断深化。2003 年 9

---

① 《人民日报》2003 年 7 月 2 日。

月3日,胡锦涛在省部级主要领导干部学习贯彻"三个代表"重要思想专题研讨班上又从四个方面对"三个代表"重要思想科学体系作了新的解读。他指出,全面把握"三个代表"重要思想的科学体系,一是要深刻领会"三个代表"重要思想的时代背景、实践基础、科学内涵、精神实质和历史地位,着重领会其科学内涵和精神实质,着力掌握其科学态度和创新精神;二是要深刻领会"三个代表"重要思想在建设中国特色社会主义的思想路线、发展道路、发展阶段、发展战略、根本任务、发展动力、依靠力量、国际战略、领导力量和根本目的等一系列重大问题上进行理论思考取得的重大成果;三是要深刻领会"三个代表"重要思想用一系列紧密联系、相互贯通的新思想、新观点、新论断,进一步回答了什么是社会主义、怎样建设社会主义的问题,创造性地回答了建设什么样的党、怎样建设党的问题;四是要深刻领会"三个代表"重要思想从改革发展稳定、内政外交国防、治党治国治军各个方面,深化了对建设中国特色社会主义规律的认识[①]。胡锦涛这一全面概括和阐述,标志着我们对"三个代表"重要思想理论体系的认识达到了新的境界。

三

江泽民曾深刻阐明"三个代表"重要思想作为当代中国马克思主义的历史地位,并在党的十六大上把"三个代表"重要思想确立为党必须长期坚持的指导思想。胡锦涛对"三个代表"重要思想的新阐述则是从马克思主义中国化的大背景中考察中国化马克思主义的发展进程,阐述"三个代表"重要思想同马列主义、毛泽东思想、邓小平理论的一脉相承和与时俱进的关系。

[①] 胡锦涛:《用"三个代表"重要思想武装头脑指导实践推动工作》,《求是》2004年第1期。

（一）揭示了"三个代表"重要思想的重大意义

回顾我们党的奋斗历程，党的发展史就是坚持把马克思主义基本原理同中国具体实际相结合、不断坚持和发展马克思主义的历史，就是不断实现马克思主义的中国化、在发展着的马克思主义指导下带领人民开创事业新局面的历史。胡锦涛从我们党的三代领导核心推进马克思主义中国化的伟大实践中，考察中国革命、建设和改革的每一步伟大胜利，考察毛泽东思想、邓小平理论、"三个代表"重要思想形成和发展的历史背景。

在中国这样一个东方大国进行革命、建设和改革，是惊天动地的伟业，书本上没有现成的理论可搬，实践上没有任何先例可循，必须从国情出发，把马克思主义基本原理同中国实际结合起来，在实践中开辟前进道路。胡锦涛在省部级领导干部学习贯彻"三个代表"重要思想专题研讨班上说，我们要从马克思主义基本原理同中国具体实际相结合的历史发展中，深刻认识学习贯彻"三个代表"重要思想的重大意义。我们党在坚持把马克思主义基本原理同中国具体实际相结合的不懈努力中，形成了毛泽东思想、邓小平理论和"三个代表"重要思想这三大理论成果。"三个代表"重要思想反映了当代世界和中国的发展变化对党和国家工作的新要求，是加强和改进党的建设、推进我国社会主义自我完善和发展的强大理论武器，是面向21世纪的中国化的马克思主义，对我们适应新的时代条件、推进事业新发展具有重大指导意义。全面贯彻落实"三个代表"重要思想，关系到党和国家工作的全局，关系到全面建设小康社会的宏伟目标，关系到中华民族的伟大复兴，关系到中国特色社会主义事业的长远发展。

（二）揭示了"三个代表"重要思想的理论创新性

"三个代表"重要思想树立了理论继承与理论创新相结合的典范。"三个代表"重要思想所具有的基本点，马克思主义经典作家都有论述。胡锦涛在2003年"七一"讲话中明确指出，"三个代表"重要思想中始终代表中国先进生产力的发展要求，是对马克思主义关于生产力和生产关系、经济基础和上层建筑的辩证关系这一基础上的运用和阐发；始终代表中国先进文化的前进方向，是对马克思主义关于物质生活和精神生活、社会存在和社会意识的辩证关系这一基本原理的运用和阐发；始终代表中国最广大人民的根本利益，是对马克思主义关于人民群众是推动历史前进的动力的这一基本原理的运用和阐发。

"三个代表"重要思想又是巨大的理论创新，具体表现为整合式创新、提升式创新、定位式创新。正如胡锦涛"七一"讲话所指出的，把发展生产力和先进文化、实现最广大人民根本利益同坚持党的先进性联系在一起，上升到党的性质和宗旨的高度，上升到党的指导思想的高度，构成一个完整的体系，这是当代中国共产党人对辩证唯物主义和历史唯物主义的创造性运用和发展[1]。"三个代表"重要思想的理论创新包括坚持与发展两个方面：（1）坚持辩证唯物主义与历史唯物主义世界观和方法论，创造性运用它们分析当今世界和中国的实际，为我们在新的时代条件下运用马克思主义世界观和方法论认识和把握社会发展规律、更好地推进我国社会主义事业做出了新的理论概括；（2）坚持党的最高纲领与最低纲领的统一，为我们坚持马克思主义的最终奋斗目标、根据实际制定和实施推动我国社会主义发展的科学战略，提供了新的理论基础；（3）坚持马克思主义关于无产阶级政党必须植根于人民的政治立场，注重从人民群众的实践中吸取养分，为我们坚持马克思主义群众观点、不断实现最广大人民根本利益提供了新的理论要求；（4）坚持马克思主义与时俱进的理论品质，为坚持马克思主义基本原理、不断在实践中推进理论创新打开了新的理论视野。"新的理论根据""新的理论基础""新的理论要求""新的理论视野"，这就是"三个代表"重要思

---

[1]《人民日报》，2003年7月2日。

想科学体系所体现的继承与创新相统一的理论特征。

（三）揭示了"三个代表"重要思想的主题和本质。

"三个代表"重要思想既是指导党和人民改造客观世界的思想武器，也是指导共产党人改造主观世界的思想武器。在新世纪新阶段，我们党要在我国这样一个13亿人口的发展中大国执好政，必须用"三个代表"重要思想指导实践。

发展是"三个代表"重要思想的主题。实践"三个代表"，必须切实抓好发展这个党执政兴国的第一要务，切实推进社会主义物质文明、政治文明和精神文明的协调发展，切实维护好、实现好、发展好广大人民的根本利益，确保全面建设小康社会宏伟目标的实现。

全面建设小康社会，是学习贯彻"三个代表"重要思想的最好实践，也是对学习贯彻"三个代表"重要思想成效的最好检验。胡锦涛强调，检验学习贯彻"三个代表"重要思想的成效，关键要看我们在抓发展这个党执政兴国的第一要务上有没有取得新的成效，在深化改革和扩大开放上有没有取得新的进展，在推进理论创新、制度创新、科技创新、文化创新以及其他各方面创新上有没有取得新的突破，在维护好、实现好、发展好人民群众的根本利益上有没有取得新的实绩，在加强和改进党的建设上有没有取得新成果[①]。

立党为公、执政为民，是"三个代表"重要思想的本质。2003年2月18日，胡锦涛指出，只有一心为公，立党才能立得牢；只有一心为民，执政才能执得好。关键是要做到权为民所用、情为民所系、利为民所谋。做到权为民所用，就必须正确看待和运用手中的权力，始终以党和人民的事业为重，为人民掌好权，用好权，用人民赋予的权力服务于人民、造福于人民，绝不以权谋私。做到情为民所系，就必须坚持与人民群众心连心，始终把人民群众的冷暖放在心上，倾听群众呼声，关心群众疾苦，切实帮助群众解决实际困

[①] 《人民日报》2003年7月23日。

难，绝不脱离群众。利为民所谋，就必须时刻把群众利益放在首位，始终把维护好、实现好、发展好最广大人民群众的根本利益作为全部工作的出发点和落脚点，坚持一切为了群众、一切依靠群众，立志为人民做实事、做好事，绝不与民争利。

能不能落实立党为公、执政为民这个本质，是衡量有没有真正学懂、是不是真心实践"三个代表"重要思想最重要的标志。各级党委和政府都要坚持把广大群众是否赞成、是否受益作为决策和工作的重要依据，紧紧抓住人民群众最现实、最关心、最直接的问题，使我们的各项决策和工作真正体现群众的愿望、符合群众的利益，不断使群众从经济社会发展中得到更多的实惠。

2004年8月22日，胡锦涛在邓小平诞辰百年纪念大会上的讲话中指出，"三个代表"重要思想同马克思列宁主义、毛泽东思想、邓小平理论是一脉相承而又与时俱进的科学体系，是马克思主义在中国发展的最新成果，是新世纪新阶段全党全国人民实现全面建设小康社会宏伟目标的根本指针。邓小平理论和"三个代表"重要思想是指引我们胜利前进的伟大旗帜。① 无论在什么时候和什么情况下，我们都必须坚持用邓小平理论和"三个代表"重要思想武装全党、教育人民，坚定不移地贯彻党的基本路线、基本纲领、基本经验，在全面建设小康社会的伟大征程上继续开创中国特色社会主义事业发展的新局面。

---

① 胡锦涛：《在邓小平诞辰百年纪念大会上的讲话》，《人民日报》2004年8月23日。

从双重角度把握邓小平理论的科学体系[*]

从邓小平个人思想与全党全国人民集体智慧的双重角度研究邓小平理论，对于全面把握邓小平理论的科学体系具有重要意义。邓小平的著作言简意赅，文风朴实，微言大义，是邓小平理论的重要特点和优点；作为集体智慧结晶的邓小平理论所具备的理论性、思辨性和逻辑性，从另一个侧面证明了邓小平理论作为科学理论的存在。从邓小平著作和集体智慧双重角度把握邓小平理论科学体系，可以看到邓小平理论的表达形式是实践型理论和学理型理论的统一，通俗朴实与博大精深是其重要的风格特色。有的人虽然也承认邓小平理论是理论，但却不承认邓小平理论是一个体系，认为邓小平没有哲学著作和经济学专论，仅提出了一些重要理论观点，构不成完整的科学体系。这种说法也是似是而非的。邓小平理论科学体系有两种存在形态，一是潜在型，一是概括型。必须把对两种存在形态的邓小平理论科学体系的研究结合起来。潜在型的邓小平理论体系是随着当代中国改革开放和社会主义现代化建设的发展形成和成熟起来的，将其加工、提炼为概括型邓小平理论科学体系也是一个不断提升的过程。由于实践的发展和认识的升华，对邓小平理论的概括也表现出双重角度。

---

[*] 此文原刊于《西藏发展研究》2000年第1期。

邓小平理论主要是邓小平创立的，以邓小平名字命名这一理论当之无愧；邓小平理论又是全党全国人民集体智慧的结晶，不能把邓小平理论等同于邓小平个人的思想。从邓小平个人思想与全党全国人民集体智慧的双重角度研究邓小平理论，对于全面把握邓小平理论的科学体系具有重要意义。

一

邓小平理论是科学理论，这是毋庸置疑的。但在现实生活中有人对邓小平理论算不算理论却存有疑问。这里就涉及一个如何理解邓小平理论以及表达风格的视角问题。

有人对邓小平理论的理论性提出质疑的所谓依据是：邓小平著作大多是讲话和谈话，没有很多专门作理论分析的长篇大论，有些观点的论证未作逻辑展开，表达形式多是老百姓的语言，缺少理论思辨的色彩。这种质疑实际上并不成立。正如许多学者所指出，判断一个理论是否为理论，应看其内容是否从客观实际抽出来又在客观实际中得到了证明，是否具有创新性、系统性和科学性，而不在于其篇幅长短、字数的多少和语言表达的雅俗。有的同志还指出，理论的形态多种多样，主要的形式至少有两种：一种从概念、判断到推理和论证，有一个内在的逻辑体系，这是一种侧重于理论分析和逻辑建构的"学理型的理论"；另一种是以谈话、对话、通信、报告等形式表达理论见解，这是一种侧重于现实考察和实践设计的"实践型的理论"。[①] 邓小平的著作言简意赅，文风朴实，微言大义，不仅不影响邓小平理论的理论特质，相反，是邓小平理论的重要特点和优点。

上述对邓小平理论何谓为理论的阐释是有力量的，但把邓小平

[①] 陈先奎：《为邓小平辩护》，西苑出版社1999年版，第110页。

著作的风格完全等同于邓小平理论的风格却值得商榷。邓小平理论既是邓小平的理论，又是全党全国人民集体智慧的结晶，我们要把邓小平著作与我们党第二代中央领导集体重要成员的著作以及十一届三中全会以来党的重要会议通过的重要文献联系起来研究邓小平理论的表达风格。

党的第二代中央领导集体重要成员的著作和十一届三中全会以来党的重要会议通过的重要文献都包含和体现着邓小平理论的重要内容。这些重要著作和重要文献有的具有很强的理论性和思辨性，并具有严密的逻辑建构和充分的理论论证。作为集体智慧结晶的邓小平理论所具备的理论性、思辨性和逻辑性，从另一个侧面证明了邓小平理论作为科学理论的存在。

从邓小平著作和集体智慧双重角度把握邓小平理论科学体系，可以看到邓小平理论的表达形式是实践型理论和学理型理论的统一，通俗朴实与博大精深是其重要的风格特色。

二

有的人虽然也承认邓小平理论是理论，但却不承认邓小平理论是一个体系，认为邓小平没有哲学著作和经济学专论，仅提出了一些重要理论观点，构不成完整的科学体系。这种说法也是似是而非的。邓小平理论科学体系有两种存在形态，一是潜在型，一是概括型。必须把对两种存在形态的邓小平理论科学体系的研究结合起来。

从字面上看，《邓小平文选》中的报告、讲话和谈话，阐述的似乎是既有联系又不相同的具体问题，似乎没有多少范畴间的贯通、观点上的联结和原理上的推进。但从深层次上看，邓小平理论有一个内在的逻辑体系。纵观《邓小平文选》第一至第三卷，其间体现着立场观点方法的前后一贯性，理论主题的始终如一性和重要观点的相互一致性。形式朴实但内容深刻，外表上发散，但本质上严密，这就是潜在型的邓小平理论科学体系的本体形态。作为当代中国实际和时代特征的理论反映，邓小平理论必然涉及社会主义建设的各个领域和各个方面，从而具有全面性和完整性。尽管邓小平没有刻意构造一个理论体系，但他对全方位改革开放和全面建设社会主义的理论思考，事实上已形成一个严密的科学体系。

邓小平理论和马列主义、毛泽东思想一样，都不存在一个外在的可以直接把握的理论体系。其系统化的体系形态需要进行理论抽象和理论概括。潜在型邓小平理论体系是概括型邓小平理论体系形成的基础和依据，概括型邓小平理论体系是对潜在型邓小平理论体系的再加工、再创造和理论升华。

有的学者指出，判断一种理论是否已构成体系，主要应从以下几个方面考察：一是看其是否有一个科学的世界观和方法论作为其哲学基础；二是看其是否有一个特定的研究对象作为研究主题；三是看其是否有围绕主题层层展开的基本范畴和一系列相互联系的基本观点。按照理论体系的构成要素，把邓小平理论的潜在型和概括型结合起来判断，就可以看出，邓小平理论将解放思想、实事求是的世界观和方法论贯彻始终，围绕如何建设、如何巩固和发展社会主义的主题充分开展、提出了"社会主义本质""社会主义初级阶段""社会主义市场经济""三个有利于标准""两手抓、两手硬""一国两制"等新范畴，第一次比较系统地初步地回答了当代中国社会主义建设的一系列基本问题。不论从其潜在型还是从其概括型看，邓小平理论科学体系的客观存在都是一个不争的事实。

三

潜在型的邓小平理论体系是随着当代中国改革开放和社会主义现代化建设的发展形成和成熟起来的，将其加工、提炼为概括型邓小平理论科学体系也是一个不断提升的过程。由于实践的发展和认识的升华，对邓小平理论的概括也表现出双重角度。

对邓小平理论体系第一次作出系统概括的是1987年党的十三大

报告，把建设有中国特色社会主义理论表述为十二个基本观点；第二次系统概括是1990年党的十三届七中全会通过的《关于制定国民经济和社会发展十年规划和"八五"计划的建议》，提出了建设有中国特色社会主义基本理论和基本实践的十二条原则；第三次系统概括是1991年江泽民在庆祝建党70周年大会上的讲话，从经济、政治、文化三个方面对建设有中国特色社会主义理论重要内容进行了阐发；第四次系统概括是1992年江泽民所作的党的十四大报告，从九个方面对邓小平建设有中国特色社会主义理论作了科学阐述。虽然这四次概括的方式和表述的要点不同，但其视角是一致的，都是从科学社会主义的角度阐述邓小平在回答"什么是社会主义、怎样建设社会主义"这一首要的基本的理论问题时所创立的建设有中国特色社会主义理论。

1997年江泽民在党的十五大报告中，从哲学、政治经济学、科学社会主义三大领域和经济、政治、文化、科技、教育、外交、军事、民族、统战、党建十个方面对邓小平理论的科学体系作出了新阐述。这里对邓小平理论所作的第五次概括已转换了一个新视角，即已不是仅仅从科学社会主义的角度，而是从哲学、政治经济学、科学社会主义三大领域的角度，阐述邓小平理论的科学体系。

党的十五大用"邓小平理论"概念替代了"邓小平建设有中国特色社会主义理论"概念。人们往往从"邓小平理论"的提法更为简洁，能与马列主义、毛泽东思想形成对应和并列关系的角度来理解这一概念替代的意义。但仅这样认识还是不够的。十五大与十四大在邓小平理论概念提法上的变化，反映的是我们党对邓小平理论科学体系认识的新飞跃。既然邓小平理论不仅仅是科学社会主义理论，那就不能仅用"邓小平建设有中国特色社会主义理论"的概念来表达；既然邓小平理论与马列主义、毛泽东思想都是由哲学、政治经济学、科学社会主义三大部分构成的，那就需要用内涵更丰富，外延更宽广的"邓小平理论"概念来概括、包容和覆盖其博大精深的体系内容。

党的十五大在从三大领域角度概括邓小平理论体系时，仍重申了十四大对邓小平建设有中国特色社会主义理论的九条概括。这表明，全面把握邓小平理论三大组成部分与重点把握邓小平理论主题是统一的。我们既要全面掌握邓小平哲学思想、政治经济学思想和科学社会主义思想，又要突出建设有中国特色社会主义这一邓小平理论的主题，这样才能准确理解邓小平理论的体系内容及其历史地位，自觉地以邓小平理论为指导，推进建设有中国特色社会主义的伟大事业。

论《邓小平理论概论》框架体系的建构[*]

《邓小平理论概论》作为专门从事邓小平理论教育的课程书籍，其教学内容应该围绕邓小平理论的科学体系来展开。对邓小平理论科学体系的不同理解和把握，关系到不同特色和风格的《邓小平理论概论》框架体系的建构。邓小平没有刻意构造一个外在的理论体系，对邓小平理论内在逻辑体系的把握需要进行理论抽象和理论概括。编写《邓小平理论概论》教材，应不仅从科学社会主义的角度，而且应从哲学、政治经济学、科学社会主义三大领域的角度阐述邓小平理论科学体系，这样才能与"邓小平理论"概念的科学内涵和外延相一致。《邓小平理论概论》对邓小平理论的阐述应具有综合性、注重其整体性，表达要有立体性。对邓小平理论的多学科研究和阐述，可以从邓小平理论的体系内容和实践基础两个方面展开。

在高校邓小平理论"三进"工作中，邓小平理论"进课堂"是关键，"进学生头脑"是目标，"进教材"则是一个重要的基础性环节。为提高邓小平理论"三进"的质量和效益，必须重视对《邓小平理论概论》框架体系建构的研究。

---

[*] 此文原刊于《中国高教研究》1999年第6期。

一

《邓小平理论概论》作为专门从事邓小平理论教育的课程书籍，其教学内容应该围绕邓小平理论的科学体系来展开。对邓小平理论科学体系的不同理解和把握，关系到不同特色和风格的《邓小平理论概论》框架体系的建构。

邓小平没有刻意构造一个外在的理论体系，对邓小平理论内在逻辑体系的把握需要进行理论抽象和理论概括。1987年党的十三大把邓小平理论概括为建设有中国特色社会主义理论十二个基本观点；1990年党的十三届七中全会提出了建设有中国特色社会主义基本理论和基本实践的十二条原则；1992年党的十四大把邓小平建设有中国特色社会主义理论概括为九条。这里概括的要点虽然不同，但阐述的都是邓小平科学社会主义理论。

新近出版的一些《邓小平理论概论》教材大都是以党的十四大对邓小平理论体系的九条概括为依据编写的，所阐述的都是邓小平科学社会主义理论的主要观点。起草《"邓小平理论概论"课教学基本要求》的同志在对这一"教学基本要求"的确定原则作说明时也指出："邓小平理论就是建设有中国特色社会主义的理论"；"我们正是鉴于上述认识安排'教学基本要求'的14个方面的内容的。"以十四大精神为指导，编写《邓小平理论概论》，突出"建设有中国特色社会主义"这一邓小平理论的主题，当然是有特色和意义的，但这样的体系建构实际上主要还是"邓小平建设有中国特色社会主义理论概论"。

1997年在党的十五大上，江泽民所作的报告第一次用"邓小平理论"概念替代了"邓小平建设有中国特色社会主义理论"概念，并且从哲学、政治经济学、科学社会主义三大领域对邓小平理论的科学体系作出了新阐述。以十五大精神为指导，我们可以建构《邓小平理论概论》新的框架体系。

十五大与十四大在邓小平理论概念提法上的变化，反映的是我们党对邓小平理论科学体系认识的新飞跃。既然邓小平理论不仅仅是科学社会主义理论，那就不能仅用"邓小平建设有中国特色社会主义理论"的概念来表达；既然邓小平理论与马列主义、毛泽东思想都是由哲学、政治经济学、科学社会主义三大部分构成的，那就要用内涵更深、外延更宽的"邓小平理论"来概括，才能包含和覆盖其博大精深的体系内容。既然是编写《邓小平理论概论》教材，就应不仅从科学社会主义的角度，而且应从哲学、政治经济学、科学社会主义三大领域的角度阐述邓小平理论科学体系，这样才能与"邓小平理论"概念的科学内涵和外延相一致。

二

顾名思义，"概论"即概括性论述。《邓小平理论概论》要着眼于概括地阐述邓小平理论科学体系，使大学生对邓小平理论的主要内容、发展脉络和历史地位有一个全面的把握。

（一）《邓小平理论概论》对邓小平理论的阐述应具有综合性

《"邓小平理论概论"课教学基本要求》和一些《邓小平理论概论》教材设了一章"当代中国的马克思主义"来阐述邓小平理论的形成和发展、邓小平理论是马克思主义在中国发展的新阶段，然后就分别阐述邓小平理论的主要观点，其理论阐述的综合性显得比较单薄。为强化《邓小平理论概论》的综合性，可以设立"邓小平理论的科学含义""邓小平理论的历史形成""邓小平理论的科学体系""邓小平理论的指导作用与实践意义"等章，这样有助于突出邓小平理论的历史性与时代性，使大学生对邓小平理论的理论性和实践性有一个宏观的掌握。

（二）《邓小平理论概论》阐发邓小平理论应注重其整体性

《"邓小平理论概论"课教学基本要求》和一些《邓小平理论概论》教材是按照"社会主义本质和根本任务""社会主义初级阶段和

党的基本路线、基本纲领""社会主义建设的发展战略""社会主义市场经济""社会主义民主政治和法制"等设章分别阐述邓小平理论基本观点的,整体性不够强;为引导大学生从总体上把握邓小平理论体系,可以把邓小平"实现现代化的'三步走'发展战略""社会主义初级阶段的所有制结构和个人收入分配制度""发展社会主义市场经济""社会主义国家的对外开放"等合并为一章,对大学生进行邓小平经济思想的教育;把"发展社会主义民主政治""建设社会主义法治国家""社会主义的依靠力量和领导核心""一国两制构想与推进祖国和平统一"等纳入邓小平政治思想的框架之中。这样,《邓小平理论概论》的内容就不是零碎的。而是由邓小平经济思想、政治思想和文化思想等构成的有机整体。

(三)《邓小平理论概论》对邓小平理论的表达要有立体性

《"邓小平理论概论"课教学基本要求》和一些《邓小平理论概论》教材以党的十四大精神为指导,从建设有中国特色社会主义理论的角度阐述邓小平理论,其主线是回答"什么是社会主义、怎样建设社会主义"。党的十五大报告既重申十四大对邓小平理论九条内容的概括,又进一步从哲学、政治经济学、科学社会主义三大领域阐述邓小平理论;以十五大精神为指导,建构《邓小平理论概论》框架体系,就能使大学生将重点把握邓小平理论的主题与全面把握邓小平理论三个组成部分有机地结合起来,从而立体地把握邓小平理论的科学体系。

三

《邓小平理论概论》框架体系的建构是邓小平理论多学科研究的重要内容,又是高校"两课"建设的重要任务,必须正确处理《邓小平理论概论》框架的建构与邓小平理论多学科研究以及"两课"课程建设的关系。

对邓小平理论的多学科研究和阐述,可以从邓小平理论的体系内容和实践基础两个方面展开。在邓小平理论体系内容研究方面，理论界已分别进行邓小平哲学思想研究、邓小平经济思想研究、邓小平政治思想研究、邓小平教育思想研究等。《邓小平理论概论》作为概括性、基础性研究，区别于上述多学科和系列性研究，但可以吸纳、综合这些研究的最新成果。在邓小平理论的实践基础研究方面，中共党史和当代中国史研究可以提供许多重要材料。对1956—1978年我国社会主义建设经验的总结是邓小平理论形成的历史依据，1978年以来，我国改革开放和现代化建设的实践是邓小平理论形成和发展的现实基础。《邓小平理论概论》框架体系的建构应结合这些历史发展，阐述邓小平理论重要观点得以提出的深刻背景。

《邓小平理论概论》是在原《中国社会主义建设》课基础上开设的，《邓小平理论概论》框架体系的建构必须处理好与原《中国社会主义建设》课的关系。有的同志认为，《中国社会主义建设》与《邓小平理论概论》两门课内容相近，区别只在于前者主要是从社会主义建设理论出发阐述中国社会主义建设规律，后者主要从中国社会主义建设实际出发阐述邓小平理论，所以《"邓小平理论概论"课教学基本要求》"在不影响邓小平理论科学体系的前提下，尽量照顾了《中国社会主义建设》课程原有的框架体系"。这种说法值得商榷。如果把邓小平理论理解为建设有中国特色社会主义理论，那么，《邓小平理论概论》与《中国社会主义建设》在内容上的确很相近；但只要我们从哲学、政治经济学、科学社会主义三大领域研究邓小平理论，就可以看出，这两门课的研究视角和切入点是不同的，其内容也有很大的区别。《邓小平理论概论》应包括邓小平哲学思想、政治经济学思想和科学社会主义思想等内容，其框架体系的建构应以邓小平理论科学体系的内容为依据。编写《邓小平理论概论》教材不能也不必要照顾《中国社会主义建设》课程的原有框架体系，而只能在邓小平社会主义思想和其他有关思想的教学中，吸纳过去《中国社会主义建设》课的教学内容和研究成果。

高校"两课"的课程体系是一个有机的系统，在对其教学内容进行总体设计时，既要避免不必要的简单重复，又不能遗漏重要的教学内容。有的同志主张，毛泽东和邓小平的哲学思想主要放在《马克思主义哲学原理》课中集中讲授，《邓小平理论概论》应当多讲一些社会主义经济建设方面的内容。这种安排未必合适。正如教育部社政司司长顾海良教授所指出的，在现有的"教学要求"中，解放思想、实事求是作为"导论"中的一个问题来谈的。原来以为，《马克思主义哲学原理》中讲了实事求是的哲学基础，《毛泽东思想概论》中也从毛泽东思想"灵魂"角度讲了实事求是，讲授《邓小平理论概论》似乎只需讲一下这一思想路线的恢复问题。这样处理有不妥之处。讲授邓小平理论，不专门讲解放思想、实事求是这一思想，是难以完整、准确地把握邓小平理论的科学体系和精神实质的。不能因为开设了《马克思主义哲学原理》和《马克思主义政治经济学原理》，在《邓小平理论概论》中就不讲邓小平哲学思想和邓小平经济学思想；相反，《马克思主义哲学原理》和《马克思主义政治经济学原理》应重点讲授马列主义哲学思想和经济学思想，对邓小平哲学思想和经济学思想只需简要地阐述。要以邓小平理论教育为中心内容构建高校"两课"教学体系，确保《邓小平理论概论》课能集中、充分地讲授邓小平理论科学体系，这样，才能实现《邓小平理论概论》体系框架的建构在高校"两课"课程体系和教学内容体系中的正确定位，才能有效地达到用邓小平理论培养新世纪高素质建设者和接班人的目标。

创设教学情境与高校邓小平理论"三进"[*]

高校邓小平理论教育不断改进教学方法，创设教学情境，变单向知识性传授为情境式教学，能增强邓小平理论教学的说服力和教学效果。教师充满激情的课堂生动讲授法和师情感染法是创设邓小平理论课堂教学情境的基本方法，还应充分运用现代化教学手段创设具有时代感的视听教学情境；针对大学生的个性特征和思想实际，重视创设问题情境，邓小平理论的情境式教学要变呈现—接受式教学为引导—发现式教学，激发青年大学生的探究心理和创造激情；情境式教学应引导大学生形成邓小平和邓小平理论可亲、可敬、可信的情感，激发青年大学生对邓小平理论的热情，推动邓小平理论进教材、进课堂、进学生头脑的工作，在邓小平理论教学情境中实现师生心灵沟通、情感交流和认识上的升华。

高校邓小平理论教育要不断改进教学方法，变单向知识性传授为情境式教学，激发青年大学生对邓小平理论的热情，推动邓小平理论进教材、进课堂、进学生头脑的工作，在邓小平理论教学情境中实现师生心灵沟通、情感交流和认识上的升华。

---

[*] 此文原刊于《思想教育研究》2002年第4期。

一、生动讲述法和师情感染法是创设邓小平理论课堂教学情境的基本方法

课堂教学是高校邓小平理论教学的主阵地。教师的课堂讲授要以生动的语言、丰富的情感阐述邓小平理论。邓小平"三下三上"、历经磨难的政治生涯，信念坚定、胸襟开阔、不屈不挠、无私无畏的革命风格，邓小平理论中解放思想实事求是的思想路线、"一个中心，两个基本点"的基本路线、社会主义市场经济理论对马克思主义政治经济学的创新，都是非常生动的讲授内容。教师抓住这些内容，以充满激情的精彩讲演打动学生，用真情实感去感染学生，可以引导大学生尽快进入教学情境。生动讲述法和师情感染法的运用对从事邓小平理论教学的教师提出了很高的要求。如果教师对邓小平理论内容不够熟悉，缺乏教书育人责任感、教学语言平淡，其教学过程必定是无精打彩、枯燥无味的，无法营造生动的邓小平理论的教学情境。我国的教育学专家指出，只有具备情感素质的教师才能驾驭情境性教学。情境式情感教学要求从事邓小平理论教育的教师首先要学懂、真信、会用邓小平理论，熟知邓小平理论中情感教学的素材；还要求教师具有强烈的既教书又育人的责任感，充分认识到用邓小平理论武装当代大学生对于培养新世纪社会主义建设者和接班人的战略意义。教师既对邓小平理论倾注情感又关心大学生成才，才能运用娴熟的教学艺术，有声有色地讲好邓小平理论课，唤起大学生学习邓小平理论的热情。

二、充分运用现代化教学手段设置视听教学情境

高校邓小平理论教育仅靠教师充满激情的课堂讲授来创设情境是不够的，还须调动现代化的教学手段，创设具有时代感的教学情境。

教师可在邓小平理论教学中，组织学生观看《邓小平》《新中

国》等电视纪实片；可根据邓小平理论教学需要制作多媒体课件。教育部社政司与高等教育出版社共同筹划、制作和出版的邓小平理论教学片《新时期的旗帜》，比较好地解决了传统教学存在的问题，具有较强的使用价值。多媒体和电视片把文字、图片、声音、动画和影像集于一体，具有直观性和生动性，可给大学生营造出一种立体的、全面的、动态的学习情境，激发学生对邓小平和邓小平理论的情感。

邓小平理论作为马列主义与当代中国实际和时代特征相结合的产物，来源于我国改革开放和现代化建设的实践，具有鲜明的时代性和实践性。要真正掌握邓小平理论必须到社会实践中去学习。高校邓小平理论教育应走出学校课堂，设置社会实践情境，结合邓小平理论教学内容不失时机地让大学生到社会实践中去调研和体验，让他们以所见所闻加深对邓小平理论的理解。大学生只有亲眼目睹在邓小平理论指导下我国改革开放和现代化建设取得的辉煌成就，才能体验被实践所证明的邓小平理论的科学性。

三、邓小平理论的情境式教学要变呈现——接受式教学为引导——发现式教学

当代大学生思维活跃，主体意识强，对社会热点问题较为敏感和关注。高校邓小平理论教育要针对大学生的个性特征和思想实际，重视创设问题情境，激发青年大学生的探究心理和创造激情。譬如，社会主义本质是消灭剥削、消除两极分化，最终达到共同富裕，而我国目前还存在剥削现象，收入差距也在拉大；中国的改革推动经济和社会快速发展，但国有企业仍存在许多困难，不少职工下岗。这些问题令人困惑，如不能作出令人满意的回答，会影响大学生对邓小平理论的认同。高校邓小平理论教育不应回避这些问题，而应正视难题，释疑解惑。

教师可以采取问卷调查、精讲与提问、学生登台发言、组织座

谈讨论、举办学生抢答赛或辩论赛等方式，围绕邓小平理论教育中的热点、难点问题进行启发式和师生互动式教学。在学生思考、讨论的基础上，教师帮助分析和归结，引导学生认清我国已是社会主义社会，剥削制度已被消灭，公有制、按劳分配为主体和共产党领导可以确保我国不会发生两极分化；但社会主义根本目标的实现是一个长期的过程，目前我国正处于生产力和人民生活水平还不高的社会主义初级阶段，一定的不平等现象和贫富差距的存在是难以避免的，只能通过深化改革、解放和发展生产力、先富帮后富、逐步缩小收入差距来解决。

根据邓小平的总体设计，党的十一届三中全会以来，中国的改革走的是从农村到城市、从沿海到内地、从个体到国有、从体制外到体制内的渐进之路，现在正是城市、内地、国有企业和体制内改革的攻坚阶段，市场化改造、经济结构重组和国有经济抓大放小的布局调整必然产生职工的上岗与下岗等正常现象。只要建立健全社会保障制度，抓好转岗培训工作，一些下岗职工完全可以再就业和再创业。高校邓小平理论教育通过这些发现式、讨论式教学，可以消除大学生思想认识上的疑点，提高分析和解答热点问题的能力，增强邓小平理论教学的说服力和教学效果。

四、情境式教学重在引导大学生形成邓小平和邓小平理论可亲、可敬、可信的情感，坚定不移地走建设有中国特色的社会主义道路

理论与现实生活之间是有一定距离的，大学生会因为对现实问题的认识存在疑惑而提出怎样科学地评价邓小平和邓小平理论历史地位的问题。这就要求邓小平理论的情境式教学必须注意讲清以下几个问题：

（1）要向大学生说明邓小平既是伟人又非圣人。邓小平说过，关于党在探索建设道路时发生的失误，中央领导集体都要负责任，"大

跃进"的错误自己也有一份。邓小平不赞成宣传他个人，强调要把他个人的功绩放在集体领导范围内讲。

（2）要向大学生说明邓小平理论既是邓小平创立的又是全党全国人民集体智慧的结晶。邓小平多次指出，家庭承包、乡镇企业的发展都不是他的发明，而是农民的发明，是群众和集体的智慧，他不过是把这些新事物加以概括和提倡。

（3）要向大学生说明邓小平理论源于实践，并不玄奥。邓小平理论离我们的现实生活并不遥远，学习、掌握和运用邓小平理论这一科学的世界观和方法论会终身受益。邓小平理论就在我们身边，高举邓小平理论旗帜事关中华民族的伟大复兴。我们要走进邓小平理论，坚持和实践邓小平理论。

（4）要向大学生说明邓小平理论并没有穷尽真理，邓小平理论是开放式的充满生命力的理论。在党的十四大报告和十五大报告中，江泽民总书记对邓小平理论作了非常准确的评价，指出，邓小平理论第一次系统回答了中国如何建设社会主义、如何巩固和发展社会主义的一系列基本问题，而这种回答又是"初步"的、"比较"系统的；它是比较完备的科学体系，又是需要从各方面进一步丰富发展的科学体系。当代大学生都有责任在建设有中国特色社会主义实践中积极探索，为发展这一理论做出贡献。

通过这样的情境式情感教学，高校邓小平理论教育就能促使当代大学生形成对邓小平和邓小平理论可亲、可敬、可信的深厚情感，实现对邓小平理论从情感认同到理性接受的飞跃。当代大学生是新世纪实现我国现代化第三步发展战略的生力军，高校邓小平理论教育通过情境式教学真正促进邓小平理论"三进"，特别是进学生头脑的工作，就能帮助大学生牢固树立建设有中国特色社会主义的政治信念，担负起新世纪社会主义现代化建设者的神圣使命。

情感教学与邓小平理论教育[*]

高校邓小平理论教育要发挥情感因素在教学中的作用，激发青年大学生学习邓小平理论的热情。认知是情感产生的前提和基础。高校邓小平理论教育要引导大学生深入学习邓小平理论科学体系，以知育情。邓小平不唯书，不唯上，只唯实，三次被打倒，但信念坚定，不屈不挠，始终坚持真理，同错误倾向作斗争，三次奇迹般地复出。邓小平理论的实践性和人民性决定了邓小平理论深得民心。高校邓小平理论教育讲解世纪伟人邓小平"三落三起"的传奇式政治生涯和邓小平理论的形成过程，可激发大学生对邓小平尊敬之情和对邓小平理论的审美情感。理论必须管用才能打动人和感染人，致富思源，富而思进。高校邓小平理论教育组织大学生深入社会参观考察和实地调查，启发大学生认识到，没有邓小平，就不会有我国改革开放的新生活，没有邓小平理论，就不可能有我国现代化建设的光明前景，从而使大学生产生爱戴邓小平、感谢邓小平和怀着深情学习邓小平理论的道德情感，引导大学生为科教兴国、实现我国现代化第三步发展战略目标建功立业。

教学过程是师生互动、知情意等心理要素共同起作用的过程。

---

[*] 此文原刊于《光明日报》2000 年 8 月 16 日。

列宁说过，没有人的情感，就从来没有也不可能有人对于真理的追求。高校邓小平理论教育要发挥情感因素在教学中的作用，使邓小平理论真正进入大学生的头脑。

学习邓小平理论，首先必须了解邓小平。了解了邓小平伟大光辉的一生，才能激发青年大学生学习邓小平理论的热情。

邓小平理论的产生与邓小平个人经历和革命风格是分不开的。邓小平曾留学法国和俄国，思想开放，目光远大。他政治经验丰富，具有远见卓识和高超的领导艺术，是人民共和国的开国元勋和党的第一代领导集体的重要成员。作为党的第二代领导集体的核心，邓小平开创了我国改革开放和社会主义现代化建设的新时期。

邓小平不唯书，不唯上，只唯实。他三次被打倒，但信念坚定，不屈不挠，始终坚持真理，同错误倾向作斗争，因而又三次奇迹般地复出。作为中国人民的儿子，邓小平深情地爱着祖国和人民。他尊重实践，尊重群众，强调要一心一意搞建设，提出社会主义要通过部分先富走向共同富裕。英国作家哈里森称邓小平是"打不倒的小个子"，正是邓小平理论的实践性和人民性决定了邓小平和邓小平理论深得民心。

邓小平理论是我们党付出了巨大的代价换来的，是邓小平以他波澜壮阔的一生写成的。高校邓小平理论教育通过讲解世纪伟人邓小平"三落三起"的传奇式政治生涯和邓小平理论的形成过程，可激发大学生对邓小平尊敬之情和对邓小平理论的审美情感。

认知是情感产生的前提和基础。高校邓小平理论教育要引导大学生深入学习邓小平理论科学体系，以知育情。

（1）邓小平理论有一个完整的理论体系。江泽民总书记提出，邓小平理论贯通哲学、政治经济学、科学社会主义等领域，涵盖经济、政治、科技、教育、文化、民族、军事、外交、统战、党建等方面。邓小平经济、政治、文化思想也都是由一系列重要理论观点构成的。

（2）邓小平理论体系有一个内在逻辑结构。解放思想、实事求是是邓小平理论的精髓，社会主义初级阶段理论是邓小平理论的基石，建设有中国特色社会主义是邓小平理论的主题，党的基本路线是邓小平理论的核心。把握邓小平理论的精髓、基石、主题与核心，也就把握了邓小平理论体系结构及其最主要和最精彩的内容。

（3）邓小平理论风格如人，既具有唯实性又具有创新性，既具有开放性又具有超前性，既具有简明性又具有朴实性。微言大义，博大精深，是邓小平理论的魅力所在。

高校邓小平理论教育要指导大学生深刻认识邓小平理论的体系内容和精神实质。认识越深刻，情感就越深厚。大学生把握了邓小平理论的内容，就会被其科学思想所吸引，对邓小平的政治智慧、创新精神和理论的逻辑力量深为叹服，产生对邓小平理论的理智情感。

理论必须管用才能打动人和感染人。高校邓小平理论教育要引导大学生认识邓小平理论作为党的理论旗帜、中华民族精神支柱和现代化建设行动指南的历史地位。

改革开放 20 多年来，我国发生了翻天覆地的变化。1952 年我国国内生产总值只有 679 亿元，1998 年已达到 8 万亿元，综合国力提高到世界第 7 位；1979—1998 年国内生产总值年均增长 9.7%，大大快于改革开放前年均 6.1% 的增长速度，12 亿人口已基本解决温饱问题，正在建设小康社会。

"致富思源"，高校邓小平理论教育要组织大学生深入社会参观考察和实地调查，启发大学生认识到，没有邓小平，就不会有我国改革开放的新生活；没有邓小平理论，就不可能有我国现代化建设的光明前景，从而使大学生产生爱戴邓小平、感谢邓小平和怀着深情学习邓小平理论的道德情感。

"富而思进"，高校邓小平理论教育还要引导大学生迎接跨世纪的挑战，刻苦学习，全面提高自身素质，为科教兴国、实现我国现代化第三步发展战略目标建功立业，为坚持和发展邓小平理论贡献力量。高校邓小平理论教育达到这样的境界，就能促使当代大学生实现对邓小平理论从情感认同到理性接受的飞跃。

积极探索三个"三结合"的邓小平理论教学法[*]

邓小平理论"进课堂"是高校邓小平理论课程建设的关键。为此，不仅要狠抓第一课堂（教师授课）教学，而且要把邓小平理论教育的第一课堂与第二课堂（学生社团活动）与第三课堂（社会实践）结合起来。高校"邓小平理论概论"教学必须激发大学生学习邓小平理论的热情，有针对性地回答大学生关注的社会现实问题，从而使邓小平理论真正进入大学生的头脑。必须重视邓小平理论的教学和科研，把邓小平理论教育的情感激发、释疑解惑和理性升华结合起来。学习邓小平理论"要精，要管用"。要在邓小平理论教育中把"知、信、行"结合起来，引导大学生从学懂、真信邓小平理论提升到实践和会用邓小平理论。

用邓小平理论武装当代大学生，是新世纪高校德育工作特别是"两课"教学的根本任务。安庆师范学院党委高度重视"邓小平理论概论"课程建设，1998年10月18日专门召开"邓小平理论概论"课程建设工作会议，明确提出把"邓小平理论概论"作为院级重点课程来建设。1999年我院"邓小平理论概论"被安徽省教育厅确定

---

[*] 此文原刊于《思想理论教育导刊》2001年第3期。

为省级重点建设课程。近3年来，我院"邓小平理论概论"课程组在教学实践中，深化邓小平理论教学内容的研究，积极进行教学方法改革，探索和总结出三个"三结合"的邓小平理论教学法，取得了明显的教学效果。

一

邓小平理论"进课堂"是高校邓小平理论课程建设的关键。为此，我院不仅狠抓第一课堂（教师授课）教学，而且注重把邓小平理论教育的第一课堂与第二课堂（学生社团活动）与第三课堂（社会实践）结合起来。

第一课堂是"邓小平理论概论"课教学的主渠道和主阵地。我们认识到，教师在第一课堂要发挥教学的主导作用，全面、正确地讲授"邓小平理论概论"的基本内容，引导大学生深刻领会邓小平理论的精神实质和科学体系。为提高邓小平理论教育第一课堂的教学质量，我院课程组教师认真备课，在理论讲授中，注重思想性、科学性与创新性的统一；同时，运用研究式、讨论式教学，启发学生思维，充分调动学生学习邓小平理论的积极性和主动性。

鉴于当代大学生具有较强的自主意识和参与精神，我院重视发挥学生学理论的主体作用，把学生社团活动作为邓小平理论教育的"第二课堂"，把社会实践作为邓小平理论教育的"第三课堂"。

我院以大学生邓小平理论研究会为依托，组织大学生自己学习和研究邓小平理论。近几年来，院邓小平理论研究会多次主办学习邓小平理论的报告会、座谈会、研讨会和理论辅导、理论征文、理论演讲比赛。院党校、宣传部也经常举行邓小平理论专题讲座，使得邓小平理论教育第二课堂活动与校园文化建设工程融为一体。

我院还把邓小平理论教育的课堂从校内延伸到校外，利用寒暑假组织大学生参加社会实践，使大学生在联系实际中深化对邓小平理论的认识。1999年政法经济系和院邓小平理论研究会开展了"走进邓小平理论——大学生实施1361行动"的大型社会调查，即运用邓小平理论这一科学思想，对农村、城市和学生三个方面进行抽样问卷调查，形成了六篇调查报告，召开了一场汇报交流会。由于精心组织和指导，这次社会调查取得了良好的效果。我院《教研报》2000年第3期刊载了《安庆师范学院大学生邓小平理论研究论文集》，选编了邓小平理论研究会的优秀征文、学生的社会实践调查报告和有关邓小平理论研究的毕业论文，充分展示了"三个课堂"结合进行邓小平理论教育的成果。

二

高校"邓小平理论概论"教学必须激发大学生学习邓小平理论的热情，有针对性地回答大学生关注的社会现实问题，从而使邓小平理论真正进入大学生的头脑。我院重视邓小平理论的教学和科研，把邓小平理论教育的情感激发、释疑解惑和理性升华结合起来。

教学实践表明，教学有激情，越能打动人和感染人。在"邓小平理论概论"课教学过程中，我们以邓小平伟大的历史功绩和伟大的人格魅力为切入点，导入对邓小平理论的讲解。邓小平的伟大功绩和伟大人格震撼了学生的心灵。通过情感教学，激发了大学生对邓小平理论的学习兴趣和研究。

教育的功能在于传道授业解惑。在教学过程中，我们不回避大学生关注的热点、难点、疑点问题，而是主动释疑解惑。有的大学生认为邓小平著作大多是讲话和谈话，缺乏理论思辨的色彩，对邓小平理论算不算理论存在疑问。针对这一问题，我们就如何看待邓小平理论形式与内容的关系展开研究和阐述，引导大学生从邓小平著作和全党集体智慧的双重角度把握邓小平理论的科学体系及其风格特点。

我们还通过以疑引思、重点剖析的形式，解答教学中的重点问题，比如，怎样理解毛泽东思想与邓小平理论的历史地位，如何认识社会主义本质的范畴，怎样看待部分先富、全民共富与西部大开发战略，等等。在讲解这些理论问题的过程中，教师穿插采用课堂辩论的方式，鼓励学生主动研讨，引导大学生在生动活泼的气氛中自觉接受邓小平理论。

我们认识到，教学情感的激发、释疑解惑，其着力点都是要引导大学生对邓小平理论的认识达到理性升华的境界。比如，在讲解党的基本路线时，我们从社会主义建设历史经验、现实国情、社会主义本质要求和我国现代化发展战略四个层面进行论证，使大学生认识到：过去我们长期以阶级斗争为纲，忽视以经济建设为中心，经济发展和人民生活改善缓慢，教训十分深刻；解放和发展生产力是社会主义的本质要求，社会主义初级阶段的主要矛盾决定了我国要集中力量发展生产力；只有坚持以经济建设为中心，坚持四项基本原则和改革开放，才能胜利实现"三步走"现代化发展战略。有的大学生在教学座谈会上写道："老师全面透彻地讲解党的基本路线，使我们对邓小平理论的接受达到了理性把握的高度。"

三

学习邓小平理论"要精，要管用"。我院在邓小平理论教育中注重把"知、信、行"结合起来，引导大学生从学懂、真信邓小平理论提升到实践和会用邓小平理论。

为提高教学效果，我们在"邓小平理论概论"教学中做到了"三问"，即开展课前问卷、课中提问和课后问答。开课前，我们把设计好的"邓小平理论概论教学问卷表"，发给学生填写，以便了解大学生对邓小平理论初步掌握的情况、关注的问题和对教学方法的建议。从1998年以来几个学期的课前问卷看，多数学生在开课之前对邓小平理论缺乏系统了解，期望能联系实际学习邓小平理论。

我们还改变单向灌输的教学方式，对学生提出的一些问题采取课中提问的方法加以解答。有时教师问学生，有时学生问教师，有时学生问学生，有时学生讨论、教师加以评点。最近我们在讲解江泽民"三个代表"思想时组织学生展开研讨，一位学生发言认为"三个代表"是立党之本、执政之基、力量之源，中国共产党在领导我国革命、改革和建设过程中，始终做到了"三个代表"，因而赢得了人民的拥护和支持；另一位学生发言则认为要坚持"三个代表"并不容易。我们党的历史既有过坚持"三个代表"的时期，也有过不同程度地违背"三个代表"的情况。因此，中国共产党80年的历史是胜利与失败、成功与挫折相伴随的过程。如果说始终做到了"三个代表"，就难以解释我们党在发展过程中为什么会有那么多的磨难。总结学生讨论的意见，教师提出自己的看法："三个代表"是中国共产党性质、任务和宗旨的新概括，从这个意义上说，作为立党之根本，"三个代表"是我们党始终应该做到的；"三个代表"的要求在实践中的表现和实现形式是多样的，从总的方面看，从本质和主流上看，我们党不仅自觉地实践"三个代表"，更是成功地实现了"三个代表"；有时党的某些领导人主观上想做到"三个代表"，但由于种种原因，客观上出现了背离"三个代表"的某些情况，这也是难以避免的现象，并已得到克服和纠正；实现"三个代表"必然取得胜利，违背"三个代表"必然招致挫折。所以，江泽民强调，只要我们党始终成为中国先进生产力、先进文化和人民利益的忠实代表，我们党就能永远立于不败之地，永远得到全国各族人民的衷心拥护并带领人民不断前进。

我们在讲授"邓小平理论概论"各章节后，又开展了课后问答，围绕教学难点请学生解答，或针对学生提出的疑点给予课外辅导。

为使大学生对邓小平理论有一个直接的或直观的把握，我们在"邓小平理论概论"教学中还做到了"三看"。一是指导学生看原著和文献。我们认为，要掌握邓小平理论，必须认真阅读《邓小平文选》和党的重要文献。为此，我们编写了《邓小平理论概论必读文献选编与导读》。该书精选了《邓小平文选》第1—3卷中的53篇文章和江泽民同志的9篇重要论述,并在每篇文献前加注要点提示,指导大学生结合学习"邓小平理论概论"阅读和把握这些文献的主要内容和精神实质。二是我们结合教学内容,有选择地组织学生观看《邓小平》《新中国》《新时期的旗帜》等电教片。这些电教片形象、生动、直观,从历史与现实、理论与实践的结合上,展示邓小平理论的巨大魅力和科学价值,提高了邓小平理论教学的吸引力和感染力。三是指导大学生看改革开放以来我国发生的新变化。我院组织大学生联系社会实际学习邓小平理论,1999年举办国庆50周年报告会,引导大学生认识到没有邓小平理论就没有社会主义现代化建设的今天及其光明前景。我们还邀请被誉为全国纺织工业的"邯钢"的安徽华茂集团负责人到学院为大学生作"邓小平理论与国企改革"的报告。2000年我院组织大学生以邓小平人口理论为指导,结合全国第五次人口普查,开展"人口与社会发展"大型社会调查。大学生通过社会实践,亲眼目睹了在邓小平理论指导下我国改革开放取得的辉煌成就,深刻认识到邓小平理论的科学性。2001年初我院又主办"邓小平理论与21世纪中国的发展""'三个代表'与新世纪党的建设"报告会,还在全院开设"世界社会主义与中国特色社会主义"公共选修课,引导大学生面向新世纪,明确新任务,刻苦学习,努力实践,自觉成才,使自己成为新世纪合格的社会主义建设者和接班人。

  邓小平理论教学的三个"三结合"是相互联系、相互促进的。第一课堂、第二课堂、第三课堂的结合是邓小平理论教学的载体和基础,情感激发、释疑解惑、理性升华的结合是邓小平理论教学的手段和着力点,学懂、真信、会用的结合是邓小平理论教学的目的和归宿。三个"三结合"的统一,既是教与学互动的过程,又是教师主导作用与学生主体作用充分发挥的过程,更是邓小平理论入耳入脑和付诸实践见行动的过程。三个"三结合"的统一,符合邓小平理论的风格,也符合当代大学生的学习实际和成长规律。

由于探索和运用了三个"三结合"的邓小平理论教学法，我院"邓小平理论概论"课的教学质量不断提高。据院教务处统计，1998—2000年，政法经济系"邓小平理论概论"专业课考试成绩优秀率达75.2%，全院公共课"邓小平理论概论"考试成绩优秀率为36.04%。院党委宣传部2000年3月对268位学生进行了一次学习"邓小平理论概论"状况的问卷调查，多数学生认为学习这门课后收获较大或有收获。"邓小平理论概论"教改和教研不断推出新的成果，1999年、2000年分别被评为院优秀教学成果奖和优秀课程建设一等奖，2001年1月又获安徽省高校教学成果一等奖。

中学思想政治课教学中的
邓小平理论教育[*]

中学思想政治课教学加强邓小平理论教育,既是邓小平理论的历史地位和指导意义决定的,又是新编中学思想政治课教材的重要特色和该课程教学的原则要求。中学思想政治课教学要加强邓小平理论教育,其教师必须从两个方面下功夫,一是要"吃透"邓小平理论的主要内容,把握邓小平理论的历史形成、主要观点和基本特征,自觉地从总体上把握邓小平理论的主要内容及其精神实质;二是要"吃透"中学思想政治课教材,研究如何结合中学各年级思想政治课教学内容进行邓小平理论教育。只有做到两个"吃透",才能在中学思想政治课教学中自觉地突出邓小平理论教育,才能把邓小平理论教育渗透和贯穿到中学思想政治课的教学过程之中。发挥思想政治课的育人功能,中学思想政治课教师要树立邓小平理论教育的自觉意识,积极探索中学思想政治课教学中邓小平理论"进头脑"的途径,重点抓住邓小平理论基本观点的教育,在中学思想政治课教学内容上求新;坚持渗透式教学法,在中学思想政治课的邓小平理论教学方式上求活;紧密联系现实实际讲解邓小平理论,在邓小平理论教学效果上求实。

---

[*] 此文原刊于《课程·教材·教法》1999年第8期。

用邓小平理论教育青年学生，是关系改革开放前途和21世纪中国面貌的大事。中学教育特别是中学思想政治课的教学，一定要做好邓小平理论"进教材、进课堂、进学生头脑"的工作。自觉地对中学生进行邓小平理论教育，是中学思想政治课教师在使用新编思想政治课教材过程中应该引起高度重视的。

一

中学思想政治课教学加强邓小平理论教育，既是邓小平理论的历史地位和指导意义决定的，又是1998—1999学年开始使用的新编中学思想政治课教材的重要特色和该课程教学的原则要求。

邓小平理论是中国共产党人把马列主义与当代中国实际和时代特征相结合的产物，是马克思主义在中国发展的新阶段。邓小平理论第一次比较系统地初步回答了中国这样经济文化比较落后的国家如何建设社会主义，如何巩固和发展社会主义的一系列基本问题。在当代中国，只有邓小平理论而没有别的理论能够解决社会主义的前途和命运问题。1992年党的十四大把邓小平理论确立为全党的指导思想，1997年党的十五大把邓小平理论写进党章，1999年九届人大二次会议又把邓小平理论的指导地位以宪法的形式肯定下来。

全党全国人民都要用邓小平理论武装头脑。中学教育高举邓小平理论伟大旗帜，就要在政治课教学中加强邓小平理论教育。改革开放20多年来，我国中学思想政治课几经调整，教材也多次做过变动和修改。1998—1999学年推出的中学思想政治课新教材调整和变动很大，其中一个重要特色就是邓小平理论"进教材"。譬如，高中一年级思想政治课教科书上册的"前言"部分就指出："经济常识是根据马克思主义经济学的基本观点，以邓小平理论为指导，讲述与公民经济生活密切相关的社会主义市场经济的基本知识。"

纵观这次使用的从初一到高三年级的思想政治课新编教材，邓小平理论教育的内容在两个方面得到了体现。一是邓小平理论的重要观点渗透到了思想政治课教科书之中，包括邓小平社会主义初级阶段思想、一切从实际出发的思想、公有制为主体多种所有制经济共同发展的思想、社会主义市场经济思想、共产党领导的多党合作思想、和平与发展是当代世界主题的思想等等；二是新教材"名人名言"部分直接引用邓小平重要语录39条，其中，初中教材有16条，高中教材有23条。中学思想政治课教材作这样的内容处理，不仅使中学生能够学习到邓小平理论的重要思想观点，而且能使他们直接学习到邓小平的重要语录。在中学思想政治课教学中加强邓小平理论教育，才算从根本上把握住了这次教材修改的重要原则和特色，达到中学思想政治课的教学要求。

二

中学思想政治课教学要加强邓小平理论教育，其教师必须从两个方面下功夫，一是要"吃透"邓小平理论的主要内容；二是要"吃透"中学思想政治课教材。只有做到两个"吃透"，才能在中学思想政治课教学中自觉地突出邓小平理论教育，才能把邓小平理论教育渗透和贯穿到中学思想政治课的教学过程之中。

从"吃透"邓小平理论的角度看，邓小平理论教育的重点是要把握邓小平理论的历史形成、主要观点和基本特征。邓小平理论是我们党指导思想的第二次历史性飞跃的成果，邓小平是邓小平理论的主要创立者，邓小平理论又是全党全国人民集体智慧的结晶。继承和发展马列主义、毛泽东思想，是邓小平理论形成的理论依据；对我国社会主义建设正反两方面历史经验给以科学总结，是邓小平理论形成的历史依据；立足于我国改革开放和现代化建设的实践，是邓小平理论形成的现实依据；对我国社会主义建设的国际环境和时代特征的科学分析，是邓小平理论形成的时代依据。

邓小平理论博大精深，贯通哲学、政治经济学、科学社会主义三大领域。解放思想、实事求是，是邓小平理论的精髓；建设有中国特色社会主义，是邓小平理论的主题；社会主义初级阶段的论断，是邓小平理论的基石；党在社会主义初级阶段的基本路线，是邓小平理论的核心。邓小平思想解放，胸襟开阔，注重探索，崇尚实干；唯实性、创新性、简明性和开放性，是邓小平理论的基本特征。

中学思想政治课教师自觉地从总体上把握邓小平理论的主要内容及其精神实质，有利于以邓小平理论为指导"吃透"中学思想政治课教材；有利于发现中学思想政治课教材中哪些地方体现了邓小平理论的精神；有利于在中学思想政治课教学中自觉地进行邓小平理论教育。

从"吃透"中学思想政治课教材的角度看，要研究如何结合中学思想政治课教学内容进行邓小平理论教育。初一年级思想政治课主要是对中学生进行心理素质教育，由"正确看待自己""锻炼心理品质""增强自尊自信""塑造良好性格"等12课组成。这些内容乍一看似乎与邓小平理论的联系不大，但只要我们深入思考就会发现，邓小平"三落三起"的政治生涯本身就是对中学生进行心理素质教育的好教材。邓小平是久经考验的无产阶级革命家，他三次被打倒，又三次奇迹般复出，而且一次比一次更加引人注目，一次比一次走向更大的成功。如果没有深刻的思想、坚强的意志和不屈不挠的品质，要在"三下"之后还能做到"三上"，那是不可想象的。初一的思想政治课进行邓小平理论教育，就要结合心理素质教育的内容，向中学生讲述邓小平历经坎坷、坚持真理、探索中国特色社会主义建设道路、创立邓小平理论的过程，要求中学生向邓小平学习，逐步养成信念坚定、意志坚强、不怕困难、奋发进取的良好的意志品质。

初二年级的思想政治课主要讲解法律常识，其内容包括"法律是一种特殊的行为规定""依法维护社会公共生活""公民的人身权利受法律保护""正确行使公民权利，自觉履行公民义务"等。初二的法律常识教学，可结合进行邓小平依法治国思想的教育。邓小平依法治国思想十分丰富，他提出了有法可依、有法必依、执法必严、违法必究的法制四原则。市场经济是法制经济，现代社会是法制社会，青少年学习邓小平依法治国思想，要自觉地做学法、守法和用法的好公民。

初三年级思想政治课关于社会发展常识的内容与邓小平理论关系密切。该年级思想政治课教材"前言"中提出了一系列值得思考的问题：什么力量推动人类社会的进步？我们何以断言资本主义社会必然走向灭亡，社会主义、共产主义理想最终必然实现？如何看待社会主义事业发展的曲折过程？今天的中国，为什么必然经历社会主义初级阶段？为什么说社会主义初级阶段是当代中国最大的国情？为什么实现中国的现代化必须坚持党的基本路线不动摇？等等。这些问题从邓小平理想、信念理论中都能找到正确、完满的答案。邓小平理想、信念理论很丰富，他明确指出，社会主义经过一个长过程发展后必然代替资本主义，只有社会主义才能救中国和发展中国，只要社会主义中国坚如磐石，世界上就有1/5的人在坚持社会主义。所以，在初三年级社会发展常识的教学中进行邓小平建设有中国特色社会主义理想、信念教育，有助于中学生牢固树立建设有中国特色社会主义的正确理想和坚持党的基本路线不动摇的坚定信念。

新编高中思想政治课教材按年级依次分为高一经济常识、高二哲学常识和高三政治常识。高中思想政治课教学进行邓小平理论教育，在高一年级要重点进行邓小平市场经济理论的教育，在高二年级要重点进行解放思想、实事求是这一邓小平理论"精髓"的教育，在高三年级要重点进行邓小平民主政治建设思想的教育。把高中思想政治课教学与邓小平理论教育结合起来，对于引导高中学生掌握经济常识、哲学常识、政治常识和初步了解邓小平经济思想、哲学思想、政治思想有着重要的意义。

三

中学思想政治课教学重视邓小平理论教育，是贯彻党的教育方针的要求，也是发挥思想政治课育人功能的需要。中学思想政治课教师要树立邓小平理论教育的自觉意识，积极探索中学思想政治课教学中邓小平理论"进头脑"的途径。

（一）要重点抓住邓小平理论基本观点的教育，在中学思想政治课教学内容上求新

中学与大学邓小平理论教育的内容和要求既要有区别又要衔接起来。大学邓小平理论教育强调的是系统性、深刻性，中学邓小平理论教育不求全面把握邓小平理论的完整体系，而应着眼于使中学生掌握邓小平理论的基本观点，如热爱祖国的观点、科教兴国的观点、依法治国的观点、建设现代化强国的观点等。邓小平的重要语录是邓小平理论的重要组成部分，要把中学思想政治课教科书中邓小平理论重要观点与重要语录统一起来进行教育，使中学生熟记邓小平理论中的这些重要观点和重要语录。邓小平理论是当代中国的马克思主义，它开拓了马克思主义的新境界，把对社会主义的认识提高到了新水平，对当今时代作出了新判断，是当代中国思想政治教育最新、最核心的内容。以江泽民为核心的党中央还在不断发展邓小平理论。中学思想政治课教学加强邓小平理论教育，就能实现中学思想政治课教学内容上求新的目标。

（二）要坚持渗透式教学法，在中学思想政治课的邓小平理论教学方式上求活

由于中学生的学习特点和成长规律不同于大学生，所以中学思想政治课不像大学政治课那样开设《邓小平理论概论》。对中学生进行邓小平理论教育，最恰当的教学方式是采取渗透式教学法，即根据中学各年级思想政治课的教学内容进行相应的渗透。新编中学思想政治课教科书将邓小平理论的基本观点和基本精神融入其中了。

中学思想政治课教师在教学中要正确处理邓小平理论与各年级思想政治课知识体系之间的关系，既要用邓小平理论教育统率其他内容的教学，又要把邓小平理论基本观点的教学与其他内容的教学融合在一起，使邓小平理论教育做到点拨、强化与潜移默化双管齐下。为了搞活中学思想政治课教学形式，新编教科书设计了"想一想""说一说""查一查""忆一忆""辩一辩""议一议""试一试""做一做"8种教学方法。中学思想政治课在进行邓小平理论渗透式教学时可灵活地运用这些方法，充分调动学生学习邓小平理论的主动性和积极性，引导学生主动思考、深入理解和准确把握教学内容。

（三）要紧密联系现实实际讲解邓小平理论，在邓小平理论教学效果上求实

中学生的认知特点决定了中学思想政治课切忌空洞、抽象的理论灌输，而应采取理论联系实际的方式进行教学。理论与实际相结合是邓小平理论的重要风格。邓小平理论是在总结社会主义建设经验教训的基础上形成的，随着改革开放实践的发展而发展，充满历史感和时代感。邓小平理论教育只有坚持理论联系实际，才能使中学生真正理解邓小平理论的基本观点。因此，中学思想政治课教学要多联系中学生身边的生活实际，多联系中学生的思想实际，设疑、质疑、引发和点拨；同时，还可运用现代化教学手段，选用一些史料、数字、图片、故事等事例进行教学，并且开展社会调查、材料分析和问题讨论等活动，使中学生在生动活泼的教学过程中接受邓小平理论教育，领悟到邓小平理论基本观点的含义，以达到邓小平理论入耳入脑的目的。

邓小平理论教育与大学生
思想政治素质的提高[*]

把邓小平理论教育与大学生思想政治素质的提高结合起来，既是邓小平理论的历史地位和《邓小平理论概论》的课程功能决定的，也是我国跨世纪发展和大学生成才的内在要求。思想政治素质的主要内容包括理想、信念、道德、纪律等。高校邓小平理论教育为提高大学生思想政治素质，尤其要加强理想教育和纪律教育。把邓小平理论教育与大学生思想政治素质的提高结合起来，要弘扬思想政治教育的主旋律，认真开展爱国主义、集体主义、社会主义教育。高校邓小平理论教育，要紧紧抓住素质教育的灵魂，唱响思想政治教育的主旋律，引导当代大学生在提高思想政治素质的过程中树立正确的世界观、人生观和价值观。要联系近代以来中国的历史，进行邓小平爱国主义思想的教育，提高大学生的思想境界；要联系社会主义现代化建设的实际，进行邓小平集体主义思想教育，提高大学生的道德水平；联系改革开放的成就，进行邓小平社会主义思想的教育，提高大学生的政治觉悟；联系新世纪奋斗目标进行邓小平现代化发展战略的教育，增强大学生的责任感和使命感。

---

[*] 此文原刊于《中国高教研究》2000 年第 9 期。

江泽民《关于教育问题的谈话》从实施科教兴国战略和现代化建设的高度，强调要抓好教育和学生的思想工作。用邓小平理论教育青年学生，是学校思想政治工作的基础性工程。高校"两课"建设的一个重大课题，是加强《邓小平理论概论》课的教学与研究，努力提高大学生的思想政治素质。把邓小平理论教育与大学生思想政治素质的提高结合起来，既是邓小平理论的历史地位和《邓小平理论概论》的课程功能决定的，也是我国跨世纪发展和大学生成才的内在要求。

党的教育方针明确规定我国教育的目标是要培养德智体美等全面发展的社会主义事业建设者和接班人，这就需要推进素质教育，全面提高学生的思想素质、政治素质、道德素质、业务素质和身心素质。在人的素质养成中，思想政治素质起导向、动力和保证作用。邓小平指出，学校要永远把坚定正确的政治方向放在第一位；江泽民在改革开放以来第三次全教会上也强调，思想政治素质是最重要的素质。高校邓小平理论教育，就要把提高大学生思想政治素质作为根本目标。用邓小平理论武装头脑，是当代中国合格的建设者和接班人必备的思想政治素质。每位德育工作者都要把邓小平理论教育，作为培养和造就有理想、有道德、有文化、有纪律的社会主义新人的大事来抓。

思想政治素质的主要内容包括理想、信念、道德、纪律等。高校邓小平理论教育为提高大学生思想政治素质，尤其要加强理想教育和纪律教育。邓小平说，为什么我们过去能在非常困难的情况下奋斗出来，战胜千难万险使革命胜利呢？就是因为我们有理想，有马克思主义信念，有共产主义信念。我们这些人的脑子里是有共产主义理想和信念的，要特别教育我们下一代下两代，一定要树立共产主义的远大理想，一定不让我们的青少年做资本主义腐朽思想的俘虏，那绝对不行。他还强调，有了理想，还要有纪律才能实现。我们这么大一个国家，如果没有理想，没有纪律，就会像旧中国那样一盘散沙，那我们的革命和建设怎么能成功？通过邓小平理论的教育，大学生有了正确的理想和纪律观念，思想政治素质就提高了，德育教育也就有了成效。

把邓小平理论教育与大学生思想政治素质的提高结合起来，要弘扬思想政治教育的主旋律，认真开展爱国主义、集体主义、社会主义教育。江泽民说："不断增强学生和群众的爱国主义、集体主义和社会主义思想，是素质教育的灵魂。"邓小平理论体系中的爱国主义思想、集体主义思想和社会主义思想十分丰富。高校邓小平理论教育，要紧紧抓住素质教育的灵魂，唱响思想政治教育的主旋律，引导当代大学生在提高思想政治素质的过程中树立正确的世界观、人生观和价值观。

（一）要联系近代以来中国的历史，进行邓小平爱国主义思想的教育，提高大学生的思想境界

爱国主义是人们在社会发展中形成和发展起来的对祖国的深厚感情。邓小平说，我是中国人民的儿子，我深情地爱着我的祖国和人民。邓小平是在考察近代以来中国历史的基础上阐述爱国主义思想的，因而其爱国主义思想既具有历史感又具有时代感。邓小平认为，中国历史悠久、地域辽阔、人口众多，是维护世界和平和促进人类进步的重要力量。中国在历史上作出过举世公认的贡献，现在虽然经济还不发达，但并不是样样落后，钢铁年产量已较高，发射卫星的成功率很高。中国人民既然有能力站起来，就一定有能力永远屹立于世界民族之林。邓小平在批驳有些人散布的所谓社会主义不如资本主义的论调时指出，社会主义中国经济、技术、文化现在还不如发达资本主义国家，但这不是社会主义制度造成的，而是解放前的历史造成的，是帝国主义和封建主义造成的。社会主义革命已使我国大大缩短了同发达国家在经济发展方面的差距，我们已取得了旧中国几百年、几千年所没有取得过的进步。邓小平对中国近代以来饱受西方列强的侵略和奴役的历史刻骨铭心，他指出，我是

一个中国人，懂得外国侵略中国的历史。当我听到西方七国首脑会议决定要制裁中国，马上就联想到1900年八国联军侵略中国的历史。我们始终把国家主权和安全放在第一位。外国的侵略、威胁，会激发起中国人民团结、爱国、爱社会主义、爱共产党的热情。邓小平还强调，要懂得些中国历史，这是中国发展的一个精神动力。

高校邓小平理论教育，要通过历史与现实对比分析的方法，进行邓小平爱国主义思想的教育，引导大学生自觉遵循邓小平的教导，"以热爱祖国、贡献全部力量建设社会主义祖国为最大光荣，以损害社会主义祖国利益、尊严和荣誉为最大耻辱"，"对我们的国家要爱，要让我们的国家发达起来"，把爱国之情化为报国之志，变成强国之行动。

（二）要联系社会主义现代化建设的实际，进行邓小平集体主义思想教育，提高大学生的道德水平

党的十一届三中全会开创了我国改革开放和社会主义现代化建设的新时期。我国经济体制改革的目标是要建立社会主义市场经济体制，这是一项全新的事业。有人认为，市场经济是利益经济，讲的是个人主义而不再提倡集体主义，个别人甚至打着"讲学"的幌子到大学散布"集体主义是极权主义，是不适应现代社会的陈腐意识"的论调。这种把集体主义与社会主义市场经济对立起来的说法是完全错误的。我们所提倡的集体主义是建立在公有制基础上的个人正当利益与集体利益辩证统一的集体主义，社会主义市场经济的发展呼唤集体主义精神。邓小平1979年就指出，在社会主义制度之下，个人利益要服从集体利益，局部利益要服从整体利益，暂时利益要服从长远利益；我们提倡和实行这些原则，决不是说可以不注意个人利益，不注意局部利益，不注意暂时利益，而是因为在社会主义制度之下，归根到底，个人利益与集体利益、局部利益与整体利益、暂时利益与长远利益是统一的。

高校邓小平理论教育要引导大学生正确认识集体主义与社会主

义市场经济的关系，即越是发展社会主义市场经济，越要高扬集体主义，反对个人主义、拜金主义、享乐主义。每一位社会主义事业的建设者和接班人，都应自觉地把集体利益放在首位，信守集体利益高于个人利益，以个人利益服从集体利益为自己的神圣职责，把个人的理想和事业融汇于建设社会主义祖国的伟大事业之中。

(三) 联系改革开放的成就，进行邓小平社会主义思想的教育，提高大学生的政治觉悟

邓小平理论的主题即建设有中国特色的社会主义。毛泽东曾提出只有社会主义才能救中国，邓小平进一步强调，只有社会主义才能救中国，只有社会主义才能发展中国。社会主义是中国摆脱贫穷落后、走向富强的唯一正确的选择，必须坚持四项基本原则，四项基本原则是立国之本。邓小平社会主义思想的创新性在于，不仅旗帜鲜明地坚持社会主义制度，而且在坚持社会主义制度的基础上揭示了社会主义本质，指出社会主义的本质是解放生产力、发展生产力、消灭剥削、消除两极分化、最终达到共同富裕；不仅回答了什么是社会主义、怎样建设社会主义的问题，而且对我国的社会主义社会正确定位，提出了社会主义初级阶段理论；不仅强调要巩固我们党领导的第一次革命即制度革命的成果，而且提出改革是中国的第二次革命，体制改革是社会主义制度的自我完善和发展。20世纪80年代末苏联东欧剧变，世界社会主义事业面临前所未有的严峻挑战。邓小平对社会主义的前途充满信心，他指出，社会主义经历一个长过程发展后必然战胜资本主义，这是社会主义历史发展不可逆转的总趋势。一些国家出现严重曲折，社会主义好像被削弱了，但人民经受锻炼，从中吸取教训，将促使社会主义向着更加健康的方向发展。只要中国的社会主义不倒，世界上就有1/5的人在坚持社会主义。

实践证明邓小平关于社会主义制度优越性的论断是正确的。1952年我国国内生产总值只有679亿元，1998年已达8万亿元，综

合国力提高到世界第7位。改革开放为我国的经济发展注入了生机活力。1979—1998年国内生产总值年均增长9.7%,12亿人口已基本解决温饱问题,正在建设小康社会。中华人民共和国翻天覆地的变化是社会主义的胜利,改革开放的成就源于邓小平理论的指导、党的基本路线的指引和党中央的正确领导。邓小平说过,教育一定要联系实际,群众从事实上感觉到党和社会主义好,这样,理想纪律教育,共产主义思想教育和爱国主义教育,才会有效。江泽民总书记在广东考察时提出要开展"致富思源、富而思进"的教育活动。"致富思源",要教育引导大学生认识到,没有邓小平,就不会有我国改革开放的新生活;没有邓小平理论,就不可能有我国社会主义现代化建设的光明前景。"富而思进",要教育大学生自觉坚持党的基本路线、基本方针和基本纲领,在科教兴国的进程中建功立业。

(四)联系新世纪奋斗目标进行邓小平现代化发展战略的教育,增强大学生的责任感和使命感

江泽民总书记在第三次全教会上要求各级各类教育都要把全面推进素质、提高受教育者的全面素质,作为教育工作的战略重点,通过思想道德教育,增强受教育者的思想政治素质和社会责任感。当代中国的最大政治是建设有中国特色社会主义,实现邓小平提出的"三步走"发展战略。如今,第一步、第二步目标已基本实现,我们的任务是要从2001年起再花50年时间,使国民生产总值再翻两番,人均国民生产总值达4000美元,把我国建成富强、民主、文明的社会主义现代化国家。要对大学生进行邓小平"三步走"发展战略的教育,引导大学生明确目标,认清责任,积极投身于现代化建设的实践,为中华民族21世纪的辉煌作出贡献。

邓小平理论教育与大学生
创新能力的培养*

高校邓小平理论教育要引导大学生学习邓小平的创新人格和邓小平理论的创新品格，树立崇高理想，为中华振兴而勤奋学习，把自己培养成具有创新品格的"四有"新人。高校邓小平理论教育，应从邓小平理论的丰富内容中把握其不同类型的创新性思想观点，教育大学生领会邓小平理论的整合性创新、开拓性创新和突破性创新的特点，自觉地培养创新精神，提高创新素质。邓小平思想解放，实事求是，辩证地运用求异思维与求同思维、发散思维与集合思维、再现思维与直达思维，创造性地提出中国特色社会主义建设的理论体系，第一次比较系统地初步回答了在中国如何建设、巩固和发展社会主义的一系列基本问题。高校邓小平理论教学要进行邓小平创新式思维方法的教育，培养大学生的创新能力。

创新是一个民族的灵魂，是一个国家兴旺发达的不竭动力。素质教育以培养学生的创新精神和实践能力为重点，"邓小平理论概论"是高校开展创新教育的重要课程。高校邓小平理论教学要着力进行邓小平理论创新品格教育，培养大学生的创新人格、创新精神

---

* 此文原刊于《韶关学院学报》2002年第10期。

和创新能力。

一

邓小平是邓小平理论的主要创立者。邓小平理论是以邓小平为代表的中国共产党人在把马列主义与当代中国实际和时代特征相结合中形成的，其发展过程生动地体现着邓小平理论的创新品格。高校邓小平理论教学，要进行邓小平理论创新品格的教育，培养大学生的创新人格。

创新要以视野广阔为前提，创新能力的形成有赖于知识底蕴的深厚。只有知识广博、经验丰富才能思维敏捷、联想丰富和观念创新。许多有过创造性贡献的科学家，都是些学问渊博、兴趣广泛、知识灵通、视野广阔的人。[1] 马克思学识渊博，不断求索，因而才有唯物史观和剩余价值学说的两大发现，并创立了科学社会主义。毛泽东仅读过中师，但他自学成才，在实践中成为革命家、政治家和思想家。邓小平的理论创新也是以知识广博为基础的。他曾留学法国和俄国，既了解法国的资本主义，又了解俄国的社会主义，所以他的思想开放，具有世界眼光，反对闭关锁国和夜郎自大。1927年"八七"会议后，邓小平就被任命为中共中央秘书长。长期的革命实践使他具有领导军事斗争和政治斗争的丰富经验。1956—1966年十年党中央总书记的工作更是展现了他卓越的领导才能。他重视理论学习，着眼于对马列主义精髓的把握和实际运用。他说："我的入门老师是《共产党宣言》和《共产主义ABC》。我读的书并不多，就是一条，相信毛主席讲的实事求是。过去我们打仗靠这个，现在搞建设、搞改革也靠这个。"[2] 深厚的理论功底和实践功力是邓小平思想创新的认识论根源。1978年我们党召开十一届三中全会，邓小平领

---

[1] 罗庆生，韩宝玲：《大学生创造学》，中国建材工业出版社2001年版，第319页。
[2] 《邓小平文选》（第3卷），人民出版社1993年版，第382页。

导开创了中国社会主义现代化建设的新时期；1992年已88岁高龄的邓小平思维仍充满活力，在南方谈话中发出进一步解放思想、加快发展的号召，把我国改革开放推进到了一个新阶段。

创新需要崇高的理想和创新激情。远大的理想、坚定的信念和强烈的责任感会激发不断探索和创新的智慧。我国学者指出："创造涵容着为推进人类文明进化而选择的崇高性、独特性兼备的创新目标，涵容着为提高人类美学价值而投入创新过程的高尚情操，涵容着为增进利他精神而尽情发挥的开拓风貌，涵容着为优化个体的创新性社会功能而认真掌握创新技巧的热情，涵容着为追求永恒的价值目标而把自我短暂的人生化为人类文明系列的磊落胸怀。"[1] 具有热爱祖国、献身科学、服务社会、造福人民的执着追求，才能成为创新性人才。邓小平在法国勤工俭学时就接受了马克思主义并成为共产党人，在后来的革命生涯中不管遇到什么困难和挫折，都从未动摇过对共产主义的信念。他自己说过，为什么我们过去能在非常困难的情况下奋斗出来，战胜千难万险使革命胜利呢？就是因为我们有理想，有马克思主义信念，有共产主义信念。民族独立、人民解放是毛泽东领导开辟新民主主义革命新道路的目标追求；振兴中华、富民强国、实现社会主义现代化，则是邓小平领导并创建设有中国特色社会主义新篇章的巨大动力。邓小平以自己的创新性革命实践证明："作为一个为共产主义事业和国家的独立、统一、建设、改革事业奋斗了几十年的老党员和老公民，我的生命是属于党、属于国家的。"[2]

创新还需要跨越障碍的巨大勇气和不怕失败的顽强毅力。由于创新从事的是探索未知的活动，在不了解新事物的奥秘或潜伏的危险时，挫折或失败在所难免；即便是正确或成功的探索，在开始时

---

[1] 金马：《创新智慧论》，中国青年出版社1991年版，第4页。
[2] 《邓小平文选》（第3卷），人民出版社1993年版，第323页。

也有可能不被人们所接受甚至会遭到打击。因此，创新要有不畏险阻、敢于迎接挑战的胆略和意志。意志越坚强，越能充分调动和发挥智力因素，使观察力敏锐，记忆力持久，想像力丰富，并把注意力锁定在创新目标上。1927年中国大革命遭到失败，面对严峻的生死考验，邓小平无所畏惧，于1928年告别结婚刚一年的妻子到广西组织百色起义；1929年回上海向党中央汇报工作的邓小平遭受妻子去世和孩子夭折的打击，他来不及掩埋亲人的遗体就返回广西领导开辟革命根据地。后来在土地革命战争、抗日战争和解放战争中，邓小平先后参加万里长征，转战太行山脉，千里跃进大别山，决战淮海和解放大西南，表现出不怕牺牲、无坚不摧的英雄气概。他三次被打倒，又三次奇迹般地复出，"三落三起"的政治生涯磨炼了他坚强的意志和性格。正因为邓小平信念坚定，胸襟开阔，不屈不挠，无私无畏，所以才能始终充满激情地创造性地为党为人民工作。他常说，要敢闯敢试，没有点勇气是不行的。正是这种巨大的理论勇气，造就了邓小平一个又一个理论创新，使他在"三下"之后又能"三上"，而且一次比一次更加引人注目，一次比一次走向更大的成功。

高校邓小平理论教育要引导大学生学习邓小平的创新人格和邓小平理论的创新品格，树立崇高理想，磨炼革命意志，为中华振兴而勤奋学习，努力探索，把自己培养成具有创新品格的"四有"新人。

二

创新是事物的前进性质变。从认识角度看，创新是探索人类未知世界的本质和规律并能获取创造性认识成果的思维活动，即研究新情况新问题，提出新认识和新办法，有所发现，有所发明，有所创造，有所前进。根据创新思维的独创性、新颖性的特点，可以将其划分为整合性创新、开拓性创新和突破性创新等类型。邓小平理论作为创新性思想体系，处处体现着创新精神；高校邓小平理论教育，应从邓小平理论的丰富内容中把握其不同类型的创新性思想观点，培养大学生的创新精神。

（一）要准确把握邓小平理论整合性创新的思想观点

思维之所以能揭示事物的本质和事物之间的规律性联系，主要是抽象和概括的结果。"基于某种目的和价值，运用结合的机制和方法，将原来没有直接关系的事物或要素整合成为一个新的有机统一体，称为整合性创新。"[1] 马克思说，许多力量融合成为一个总的力量而会产生新的力量。整合性的理论创新是整合已有认识或在现有认识基础上综合性地提出新的认识。邓小平对社会主义本质的五点概括集中地体现了邓小平理论的整合性创新。他所概括的社会主义本质论是一个不可分割的有机整体，包含着生产力与生产关系、效率与公平、过程与目标的统一，这种整合就是理论创新。邓小平社会主义本质论的最大创新是在坚持社会主义制度的基础上揭示了社会主义本质，换句话说，是从坚持社会主义制度的层面深入到对社会主义本质的揭示[2]。邓小平社会主义本质论的这一整合性创新把社会主义认识提高到了新的科学水平。

（二）要全面把握邓小平理论开拓性创新的思想观点

认识的发展有一个不断扩大认识时空范围、拓展对未知领域探索的过程。开拓性创新即是扩充或开辟新的领域，提出新的发现式认识。邓小平社会主义初级阶段论的提出正是这种开拓性创新。马克思主义历来重视对社会主义社会发展阶段问题的研究。马克思把共产主义社会划分为"第一阶段"和"高级阶段"，列宁提出"初级形式的社会主义"和"完备形式的社会主义"，毛泽东也曾在1959年

---

[1] 董京泉：《结合是创新的重要机制》，《毛泽东邓小平理论研究》2001年第2期。
[2] 汪青松：《邓小平社会主义本质论的创新性品格》，《内蒙古社会科学》1999年第6期。

年底到 1960 年年初提出社会主义可分为"不发达"和"比较发达"两个阶段。但在实践中，社会主义国家执政党对社会主义社会发展阶段问题的认识长时间未能得到根本解决，以至于犯了过急过快、超越发展阶段的错误。总结这一教训，邓小平在回答"什么是社会主义、怎样建设社会主义"这一中国特色社会主义建设的首要的基本问题时，把对社会主义的认识拓展到对建设有中国特色社会主义发展阶段的考察，将现阶段明确界定为不是泛指任何国家进入社会主义都会经历的起始阶段，而是特指我国在生产力落后、商品经济不发达条件下建设社会主义必经的特定阶段；提出社会主义初级阶段的基本特征包括两个方面，一是我国已经进入社会主义社会，二是生产力水平还比较低，社会主义还不发达不成熟。邓小平社会主义初级阶段论大大拓展和深化了对社会主义社会发展阶段的认识。以邓小平社会主义初级阶段理论为指导，我们党就有了建设有中国特色社会主义的立足点和制定正确的路线方针政策的出发点，在基本国情的把握上就能避免超越阶段的"左"的错误和抵制、抛弃社会主义基本制度的右的错误主张，自觉地为在社会主义基础上实现工业化、信息化、市场化、城市化、富裕化、文明化等现代化目标而奋斗①。

（三）要深刻把握邓小平理论突破性创新的思想观点

理论创新贵在打破陈规旧说，取得前所未有的原创性理论成果。突破性创新即突破已有陈规、理论权威、思维定势等框框的束缚而实现的认识飞跃。② 邓小平社会主义市场经济理论就是这种突破性创新。

西方传统经济学把市场经济等同于资本主义，传统的社会主

---

① 陈贤忠、汪青松：《邓小平理论概论》，高等教育出版社 2000 年版，第 119—121 页。

② 柴国才、吴亚卿等：《市场经济与创造思维概论》，中国经济出版社 2000 年版，第 234 页。

观关于未来社会的设想也没有市场经济的位置。各社会主义国家经济建设实践中都形成了市场经济姓"资"、计划经济姓"社"的思维定势。是邓小平对这种计划经济与市场经济姓"社"姓"资"的传统观念提出了挑战。他不仅提出了社会主义可以搞市场经济的新观点,而且以当代世界一些国家的资本主义也有计划、社会主义也有市场的客观事实为论据,论证了计划经济不等于社会主义、市场经济不等于资本主义。他的重大理论创新是对制度与体制的划分,把计划经济与市场经济都定义为非制度性范畴,这样就把市场经济体制与资本主义制度脱钩,把计划经济体制与社会主义制度脱钩,然后根据中国基本国情和生产力发展的现实要求,提出社会主义市场经济的全新概念。[①]邓小平社会主义市场经济理论突破了长期束缚人们的思想观念,结束了社会主义学说史上有关计划经济与市场经济属性的争论;这一突破性创新是马克思主义政治经济学的重大革命,对科学社会主义的发展具有划时代的意义,为党的十四大把社会主义市场经济确立为经济体制改革目标指明了方向。

邓小平关于中国特色社会主义建设的整个思想体系都是创新性成果。高校邓小平理论教学在指导大学生学习邓小平社会主义本质论、社会主义初级阶段论和社会主义市场经济论等重要思想观点时,要教育大学生领会邓小平理论的整合性创新、开拓性创新和突破性创新的特点,自觉地培养创新精神,提高创新素质。

三

创新不仅要有敏锐的观察力、丰富的联想和活跃的灵感,而且是多种思维方法的综合运用。邓小平思想解放,实事求是,辩证地运用求异思维与求同思维、发散思维与集合思维、再现思维与直达

[①] 汪青松:《邓小平关于制度与体制划分思想的形成及其重大意义》,《中共党史研究》1998年第6期。

思维，创造性地提出中国特色社会主义建设的理论体系，第一次比较系统地初步回答了在中国如何建设、巩固和发展社会主义的一系列基本问题。高校邓小平理论教学要进行邓小平创新式思维方法的教育，培养大学生的创新能力。

（一）邓小平"三步走"现代化发展战略是综合运用求同思维与求异思维的成果

求同思维与求异思维是比较思维中确定认识对象之间共性和个性的逻辑认知方法。在不同的事物中找出共同点属于求同思维，在不同的事物中找出差异点属于求异思维。创新知识可以"从理智的发明同观察到事实两者的比较中"[①] 产生。中国是在经济文化相对落后的条件下开展社会主义建设的，加快发展、努力实现现代化，是毛泽东、邓小平为代表的中国共产党人的一贯思想。由于毛泽东与邓小平领导的现代化建设都是在社会主义初级阶段进行的，共同的国情决定共同的历史使命。邓小平"三步走"现代化发展战略提出，到21世纪中叶基本实现现代化，这与毛泽东20世纪50年代后期提出的鼓足干劲，力争上游，多快好省地建设社会主义的总路线和以工业化为目标的"大跃进"战略的基本精神是一致的，都是要大力发展生产力，都是要追赶发达国家，自立于世界民族之林。

邓小平"三步走"发展战略的提出是求同思维与求异思维的统一。思想解放、重视生产、强调速度，是"三步走"战略与"大跃进"战略的相同点；实事求是、重视生活、强调质量和效益，则是"三步走"战略与"大跃进"战略的相异点。这种求同思维与求异思维的统一，体现着邓小平理论与毛泽东思想之间继承与创新的统一。

（二）邓小平"一国两制"构想是发散思维与集合思维的成果

"一国两制"是邓小平运用发散思维提出的解决港澳台问题、实

[①] 彭健伯：《开发创新能力的思维方法学》，中国建材工业出版社2001年版，第120页。

现祖国和平统一的伟大构想。在一个国家实行两种制度，即大陆实行社会主义制度，香港、澳门、台湾保持资本主义制度不变，这一构想既以祖国统一大业为重，又照顾到了港澳台地区的利益；既强调维护大陆与港澳台的稳定和共同繁荣，又考虑到了英国、葡萄牙、美国在港澳台的现实利益。正因为兼顾到了以上方方面面的情况，"一国两制"构想才提出依法在港澳台设立特别行政区，保持其现行的社会、经济制度不变，同外国的经济、文化关系不变，因而这一构想是各方面都可以接受的。

发散思维与集合思维构成辩证统一的关系。集合思维又称辐合思维、集中思维，是集中思考、小心求证、探索问题唯一正确答案的思维，即把发散思维所产生的诸多方案和结果，集中于某一主攻方向，从中找到一种相对的最佳方案和结果①。邓小平"一国两制"构想既体现了发散思维，又体现了集合思维。"一国两制"的前提和基础是"一个中国"。坚持"一个中国"即坚持国家主权的不可分割性和中华民族根本利益的统一性；"两种制度"并存也是为了确保国家结构的单一制。"一国两制"构想正是邓小平发散思维与集合思维相统一的创新思维的体现。

（三）邓小平关于党的基本路线的思想体现着再现思维与直达思维的统一

创造性活动都要以一定的知识和经验为基础，再现思维即通过原有知识、经验的再现并进行新的组合来解决问题的思维活动。邓小平关于党的"一个中心两个基本点"的基本路线思想的提出过程就包含着再现思维活动。再现思维对原有的知识经验进行新的组合，触类旁通地形成新认识体系②。过去我国社会主义建设长时间存在抓

---

① 吴进国：《创造性学习与创造性思维》，中国青年出版社2000年版，第174页。
② 柴国才、吴亚卿等：《市场经济与创造思维概论》，中国经济出版社2000年版，第249—251页。

革命与促生产两个"中心",经济建设经常受到政治运动的干扰,严重影响我国经济的发展和社会主义制度优越性的发挥。邓小平作为我们党第一代领导集体的重要成员,对这一历史经验有着清醒的认识,1975年他在主持中央工作时明确提出把国民经济搞上去是全党工作的大局;1978年底他成为我们党第二代领导集体的核心,领导我们党和国家实现工作重点的战略性转移。他反复强调,不搞争论,不搞运动,要一心一意、集中精力、始终如一地搞建设。除非打仗,打过仗还搞建设。邓小平这一重要论断具有深刻的实践底蕴。坚持党的基本路线不动摇,关键是要坚持以经济建设为中心不动摇。

党的基本路线的提出还是邓小平运用直达思维的结果。直达思维是通过观察,对问题作出直接的判断,甚至要发挥思维的批判性,抛开旧有知识经验,不经过心理转位式的求证,一下子就把握住事物的本质[1]。我们党对四项基本原则的坚持是始终一贯的,但仅靠这一个基本点还不够。邓小平打破传统社会主义观的思维定势,运用直达思维,对中国特色的社会主义建设规律作出直接的判断,一下子就抓住如何建设社会主义这个问题的本质,在强调坚持四项基本原则的同时,提出要实行改革开放,这就给坚持四项基本原则赋予了新的活力和时代内涵。坚持四项基本原则和坚持改革开放是不可分割的,必须服从和服务于经济建设这个中心。

邓小平关于党的基本路线的思想是以社会主义初级阶段理论为基石的。因为我国社会主义初级阶段具有已是社会主义社会与生产力还不够发达两大特征,所以党的基本路线要坚持四项基本原则与改革开放这两个基本点;因为我国社会主义初级阶段主要矛盾是人民日益增长的物质文化需要与落后社会生产力之间的矛盾,所以党的基本路线要坚持以经济建设为中心。邓小平对我国基本国情和党

---

[1] 柴国才、吴亚卿等:《市场经济与创造思维概论》,中国经济出版社2000年版,第249—251页。

的基本路线的认识是再现思维与直达思维的成果,我们要从历史的和时代的高度,把握邓小平理论的这一思维创新。

邓小平理论的创新根源于我国改革开放和现代化建设实践的创新。江泽民在庆祝建党80周年大会上的讲话指出:"社会实践是不断发展的,我们的思想认识也应不断前进,应勇于和善于根据实践的要求进行创新。"① 高校邓小平理论教育要引导大学生学习邓小平理论的创新品格、创新精神和创新方法,努力塑造创新人格,培养创新精神,提高创新能力,解放思想,与时俱进,忠实地实践"三个代表",为我国新世纪的理论创新、制度创新和科技创新作出贡献。

---

① 江泽民:《论党的建设》,中央文献出版社2001年版,第511页。

论高校"邓小平理论和'三个代表'重要思想概论"课程建设*

高校《邓小平理论和"三个代表"重要思想概论》课程建设必须从马克思主义中国化和中国化马克思主义发展的高度，把握邓小平理论和"三个代表"重要思想的形成过程。把"三个代表"重要思想与邓小平理论作为一门课程来讲授，必须弄清"三个代表"重要思想的内涵及内容，明确"三个代表"重要思想与邓小平理论的共同主题，从而实现邓小平理论与"三个代表"重要思想的课程整合。"三个代表"重要思想与邓小平理论有着共同的精髓，那就是解放思想、实事求是、与时俱进；有着共同的基石，那就是社会主义初级阶段理论和党的历史方位思想；有着共同的核心，那就是党的基本路线、基本纲领和基本经验。高校《邓小平理论和"三个代表"重要思想概论》教学的一个重要任务，是要引导大学生准确理解"三个代表"重要思想与邓小平理论之间的继承性与创新性、一脉相承性和与时俱进性。

用邓小平理论和"三个代表"重要思想武装大学生的头脑，是高校"两课"教学的神圣使命。贯彻教育部下发的《关于进一步深

---

* 此文原刊于《中国高教研究》2003年第6期。

化"三个代表"重要思想"三进"工作的通知》精神，高度重视"邓小平理论和'三个代表'重要思想概论"课程建设，对于推进邓小平理论和"三个代表"重要思想"三进"工作，培养中国特色社会主义事业的建设者和接班人，具有重要现实意义。

一

高校"邓小平理论和'三个代表'重要思想概论"课程建设，必须从马克思主义中国化和中国化马克思主义发展的高度，把握邓小平理论和"三个代表"重要思想的形成过程。

马克思主义中国化和中国化的马克思主义的发展历经了三个阶段。第一阶段是以毛泽东为主要代表的党的第一代领导集体，以马克思主义为指导，探索中国特色的革命道路，创立了毛泽东思想；第二阶段是以邓小平为主要代表的党的第二代领导集体把马克思主义与当代中国实际和时代特征相结合，找到了中国特色的社会主义建设道路，创立了邓小平理论；第三阶段是十三届四中全会以来，以江泽民为主要代表的党的第三代领导集体把中国特色社会主义建设全面推向21世纪，创立了"三个代表"重要思想。毛泽东思想、邓小平理论和"三个代表"重要思想都是马克思主义中国化的历史性飞跃成果。

根据教育部的要求，高校深化"三个代表"重要思想"三进"工作，可以采取三种方式。一是单列式，单独开设"'三个代表'重要思想概论"；二是合并式，把"三个代表"重要思想并入"邓小平理论概论"课，开设"邓小平理论和'三个代表'重要思想概论"；三是渗透式，在目前开设的"两课"课程中全面渗透"三个代表"重要思想。不论采用哪种"三进"方式，都要向大学生阐明"三个代表"重要思想是在新的历史条件下运用马克思主义的立场、观点和方法的典范，是我们学习马克思主义的立场、观点和方法最现实、最生动的教材；引导大学生认识到学习贯彻邓小平理论和"三个代表"重要思想,关系到党和国家工作的全局、关系到中国特色社会主义事业的长远发展、关系到中华民族的伟大复兴,从而增强高举邓小平理论伟大旗帜、贯彻"三个代表"重要思想的自觉性和坚定性。

二

把"三个代表"重要思想与邓小平理论作为一门课程来讲授,必须弄清"三个代表"重要思想的内涵及内容,明确"三个代表"重要思想与邓小平理论的共同主题,从而实现邓小平理论与"三个代表"重要思想的课程整合。

(一)弄清"三个代表"概念与"三个代表"重要思想概念的区别与联系,是明确"三个代表"重要思想与邓小平理论共同主题的前提

"三个代表"概念的含义是代表先进生产力发展要求、代表先进文化前进方向和代表最广大人民的根本利益。而它只是"三个代表"重要思想的核心内容,"三个代表"重要思想的含义要从多角度来把握。(1)从理论的形成看,"三个代表"重要思想是我们党艰辛探索和伟大实践的必然结果,是全党集体智慧的结晶;(2)从理论的内容看,"三个代表"重要思想反映了当代世界和中国的发展变化对党和国家工作的新要求,是坚持和发展社会主义的必然要求;(3)从理论的作用看,"三个代表"重要思想是加强和改进党的建设、推进我国社会主义自我完善和发展的强大理论武器。这样才能认清"三个代表"重要思想与邓小平理论的共同主题。

(二)拓展"三个代表"重要思想内涵的认识,才能认识到中国特色社会主义建设和执政党建设是"三个代表"重要思想与邓小平理论的共同主题

"三个代表"重要思想内容丰富、博大精深,不仅包括执政党建设的理论,而且涵盖了中国特色社会主义建设的内容,是一个完整

的科学的理论体系。正如有的学者所指出的,"三个代表"重要思想不仅以高度精炼的表述概括了党的性质、宗旨和任务,而且以高度浓缩的形式蕴含着唯物史观和科学社会主义的基本原理,把唯物史观和科学社会主义同党的建设学说融合为一个理论整体,是立党、执政和兴国三者统一的新的理论形态。

(三)明确"三个代表"重要思想与邓小平理论的共同主题,才能准确建构《邓小平理论和"三个代表"重要思想概论》的内容体系

江泽民在十六大报告中明确指出,1989以来13年的实践加深了我们对什么是社会主义、怎样建设社会主义,建设什么样的党、怎样建设党的认识。要把"三个代表"重要思想贯彻到社会主义现代化建设的各个领域,体现在党的建设的各个方面。按照这一论述的精神,从整体上看,"三个代表"重要思想是党的第三代领导集体治党治国、执政兴国的思想理论,是以执政党建设理论为主体、以推进中国特色社会主义经济政治文化建设为基本内容、以实现中华民族伟大复兴为目标的当代中国马克思主义理论形态,是指导我们各项事业胜利前进的新的理论基础。

在《邓小平理论和"三个代表"重要思想概论》课的教学中,从中国特色社会主义建设与执政党建设的双重角度理解邓小平理论和"三个代表"重要思想的主题,我们就能设立"解放思想、实事求是、与时俱进""社会主义初级阶段与党的基本路线和基本纲领""当代中国现代化建设的发展战略""中国特色社会主义物质文明建设""中国特色社会主义政治文明建设""中国特色社会主义精神文明建设""按照'三个代表'要求加强和改进党的建设"等章节,把邓小平理论和"三个代表"重要思想的主题内容结合起来讲授。

三

"三个代表"重要思想是对马列主义、毛泽东思想和邓小平理论

的继承与创新。作为马克思主义中国化的当代成果,"三个代表"重要思想与邓小平理论具有直接的统一性。高校《邓小平理论和"三个代表"重要思想概论》教学的一个重要任务,是要引导大学生准确理解"三个代表"重要思想与邓小平理论之间的一脉相承性和与时俱进性。

(一)"三个代表"重要思想与邓小平理论有着共同的精髓,那就是解放思想、实事求是、与时俱进

毛泽东把马克思主义与中国革命实际相结合形成了实事求是的思想路线,领导中国革命取得胜利。邓小平拨乱反正,重新确立了实事求是的思想路线,并作了"解放思想、实事求是"的新阐述,解放思想、实事求是是邓小平理论的精髓。江泽民"三个代表"重要思想既是在坚持解放思想、实事求是思想路线的基础上提出的;又是与时俱进、开拓创新的成果。解放思想、实事求是、与时俱进,是"三个代表"重要思想的精髓。

(二)"三个代表"重要思想与邓小平理论有着共同的基石,那就是社会主义初级阶段理论和党的历史方位思想

邓小平理论对中国特色社会主义的阐述建立在对基本国情的分析之上。社会主义初级阶段正是我国最大的国情,中国特色社会主义建设要从社会主义初级阶段的实际出发。目前我国所有制结构以公有制为主体、多种所有制经济共同发展,分配结构以按劳分配为主体、多种分配方式并存,经济体制改革以发展社会主义市场经济为方向,经济发展以全面建设小康社会进而基本实现现代化为目标,都是社会主义初级阶段的国情决定的。"三个代表"重要思想则是在科学判断我国社会历史方位和党的历史方位基础上提出的。正因为我国社会历史方位处在社会主义初级阶段,"三个代表"重要思想就要把发展作为党执政兴国的第一要务,要发展先进生产力和发展先进文化;正因为当前我们党的历史方位是长期执政和领导改革开放,"三个代表"重要思想就要求坚持党的先进性,坚持执政为民,最广

泛最充分地调动一切积极因素、不断为民族复兴增添新力量。

（三）"三个代表"重要思想与邓小平理论有着共同的核心，那就是党的基本路线、基本纲领和基本经验

邓小平理论依据社会主义本质要求和社会主义初级阶段的主要矛盾，提出了以经济建设为中心、坚持四项基本原则和坚持改革开放的基本路线。坚持党的"一个中心、两个基本点"的基本路线，是邓小平理论的核心，也是中国特色社会主义在世界社会主义总体上处于低潮的形势下能取得辉煌成就的奥秘。江泽民不仅是坚持党的基本路线的典范，而且提出了党的基本纲领，特别是在十六大报告中系统总结了十三届四中全会以来党领导人民推进中国特色社会主义事业的十条基本经验。这些基本经验覆盖改革发展稳定、内政外交国防、治党治国治军等各个方面，归结起来就是"三个代表"。坚持党的基本路线、基本纲领和基本经验不动摇，中国特色社会主义事业就会无往而不胜。

从精髓、基石和核心三个层面讲授邓小平理论和"三个代表"重要思想，不仅要阐明其继承性，更要突出"三个代表"重要思想对邓小平理论的创新性。坚持解放思想、实事求是，是继承；提出与时俱进，是创新。坚持社会主义初级阶段理论，是继承；提出党的历史方位思想，是创新。坚持党的基本路线，是继承；提出党的基本纲领和基本经验，是创新。坚持物质文明、精神文明建设，是继承；提出政治文明建设、依法治国与以德治国，是创新。坚持科教兴国战略，是继承；提出新型工业化道路、可持续发展战略和人才强国战略，是创新。坚持和改善党的领导，是继承；提出"两个先锋队""两个基础""两大历史性课题"，是创新。把继承性与创新性、一脉相承性和与时俱进性统一起来讲授《邓小平理论和"三个代表"重要思想概论》，有助于教育大学生自觉地用邓小平理论和"三个代表"重要思想武装头脑、指导实践、建功立业。

把握"五大发展理念"的战略高度*

五大发展理念是中国特色社会主义理论体系的最新成果，是实现"两个一百年"目标的思想指引。高校思想政治理论课教学必须认真讲授好五大发展理念。"毛泽东思想和中国特色社会主义理论体系概论"课可运用理论讲授法、课堂讨论法、问题导入法、案例教学法、联系实际法、逻辑分析法和理论归纳法，从科学理解我国发展阶段性特征的历史高度把握五大发展理念的提出根据，从实现中华民族伟大复兴中国梦的时代高度把握五大发展理念的实施目标，从全面建成小康社会的实践高度把握五大发展理念的贯彻路径，从中国特色社会主义理论体系最新成果的理论高度把握五大发展理念的历史地位。

2015年10月党的十八届五中全会提出了创新、协调、绿色、开放、共享的五大发展理念，2016年3月全国人大批准通过的《"十三五"规划纲要》把五大发展理念确定为全面建成小康社会的行动指南。五大发展理念是实现"两个一百年"奋斗目标的思想指引，是习近平治国理政新理念新思想新战略的重要内容。深入学习

---

* 此文系国家社科基金重点项目"中国梦与中国道路、中国精神、中国力量研究"（14AKS005）；教育部重大课题攻关项目"社会主义核心价值观与法治文化建设研究"（15JZD005）；上海市重点课程建设项目的阶段性成果。原刊于《淮阴师范学院学报》2016年第6期。

《习近平总书记系列重要讲话读本》，高校思想政治理论课教学加强中国特色社会主义理论体系最新成果"进教材，进课堂，进头脑"，必须认真思考如何讲授好五大发展理念。具体说来，可运用多种教学方法，从中国特色社会主义历史与时代、实践与理论的高度，重点把握五大发展理念的提出根据、实施目标、贯彻路径和历史地位。

一、从科学理解我国发展阶段性特征的历史高度把握五大发展理念的提出根据

《毛泽东思想和中国特色社会主义理论体系概论》的第五章是"建设中国特色社会主义总依据"，其中，第一节"社会主义初级阶段理论"是从社会主义初级阶段理论的"形成和发展""科学含义和主要特征""主要矛盾"及"阶段性特征"来论证和阐述的；[1] 第二节"社会主义初级阶段的基本路线和基本纲领"要讲社会主义初级阶段的主要矛盾、社会主义初级阶段的基本路线、社会主义初级阶段的基本纲领。第五章的教学可运用理论讲授法，在科学把握我国所处的社会主义初级阶段及其发展阶段性特征的基础上分析阐述贯彻五大发展理念的总依据。

（一）教师的理论讲授要阐明五大发展理念根本上源自中国特色社会主义建设的最大国情

我国现在处于并将长期处于社会主义初级阶段，是我们党对当代中国基本国情所作出的科学判断。坚持两点论，牢牢把握社会主义初级阶段的两层含义，一是社会主义，二是初级阶段即不发达阶段。两者均是中国基本国情，不可偏废一个。这是建设中国特色社会主义的总依据。社会主义初级阶段的主要矛盾是人民日益增长的

---

[1] 陈锡喜、胡涵锦：《〈毛泽东思想和中国特色社会主义理论体系概论〉教师成长学养读本》，上海教育出版社2015年版，第33页。

物质文化需要同落后的社会生产之间的矛盾。在社会主义初级阶段必须坚持"一个中心、两个基本点"的基本路线。党的十八大以来，习近平多次指出，我国仍处于并将长期处于社会主义初级阶段的基本国情没有变、人民日益增长的物质文化需要同落后的社会生产之间的矛盾这一社会主要矛盾没有变、我国是世界最大发展中国家的国际地位没有变。① 基于这样"三个没有变"，我们就要从中国特色社会主义总依据出发，不仅在经济建设中要始终立足初级阶段，而且在政治建设、文化建设、社会建设、生态文明建设中也要始终牢记初级阶段；不仅在经济总量低时要立足初级阶段，而且在经济总量提高后仍然要牢记初级阶段；不仅在谋划长远发展时要立足初级阶段，而且在日常工作中也要牢记初级阶段。② 在讲授这些理论问题之后，教师要强调指出，五大发展理念归根到底是发展理念，始终立足初级阶段和牢记初级阶段，就是要始终以经济建设为中心、以发展为党执政兴国的第一要务，坚持全面协调可持续的科学发展。

（二）教师的理论讲授要阐明五大发展理念直接源自中国特色社会主义国情发展的阶段性特征

从社会主义初级阶段是长期性和阶段性的统一，我国经济发展进入新常态是党的十八大以来党中央综合分析世界经济长周期和我国发展阶段性特征及其相互作用作出的重大战略判断。经济新常态的基本特征是速度变化、结构优化、动力转化。全面认识新常态，必须看到，经济新常态下我国经济增长速度要从高速增长转向中高速、发展方式要从规模速度型转向质量效率型、经济结构调整要从增量扩能为主转向调整存量做优增量并举、发展动力要从主要依靠资源和低成本劳动力等要素投入转向创新驱动，这是我国经济向形

---

① 《习近平总书记系列重要讲话读本（2016年版）》，学习出版社、人民出版社2016年版，第14页。

② 习近平：《紧紧围绕坚持和发展中国特色社会主义学习宣传贯彻党的十八大精神》，《十八大以来重要文献选编》（上），中央文献出版社2014年版，第76页。

态更高级、分工更优化、结构更合理阶段的演进①；同时要看到，经济发展新常态下我国经济发展长期向好的基本面没有变，经济韧性好、潜力足、回旋余地大的基本特质没有变，经济持续增长的良好支撑基础和条件没有变，经济结构调整优化的前进态势没有变②。这四个"转向"和四个"没有变"的大势表明，经济新常态既面临严峻风险挑战，又还处于发展的重要战略机遇期。习近平对经济新常态的科学内涵与基本特点作了精辟阐释，提出要主动适应、把握、引领新常态的明确要求。在分析了经济新常态之后，教师要特别强调，从我国经济发展进入新常态的实际出发，既要看到经济发展前景是光明的，又要看到面临着很多困难和挑战，特别是结构性产能过剩比较严重，需要树立创新、协调、绿色、开放、共享的五大发展理念，以便破除新障碍、催生新状态。要引导大学生认识到经济新常态与五大发展理念的逻辑关系，正是经济新常态的阶段性特征决定了必须贯彻五大发展理念，只有加强供给侧结构性改革，才能实现由低水平供需平衡向高水平供需平衡的跃升，为如期全面建成小康社会，进而实现第二个百年奋斗目标、实现中华民族伟大复兴奠定坚实物质基础。

二、从实现中华民族伟大复兴的中国梦的时代高度把握五大发展理念的实施目标

《毛泽东思想和中国特色社会主义理论体系概论》的第六章是"社会主义本质和建设中国特色社会主义总任务"，其中，第一节为"社会主义的本质"，第二节为"社会主义的根本任务"，第三节为"中国特色社会主义的发展战略"。讲解第六章可运用课堂讨论法，

---

① 《习近平总书记系列重要讲话读本（2016年版）》，学习出版社、人民出版社2016年版，第142—143页。

② 《习近平总书记系列重要讲话读本（2016年版）》，学习出版社、人民出版社2016年版，第143页。

组织大学生在课堂研讨中科学把握社会主义的本质与建设中国特色社会主义总任务的同时，深刻理解我们党是以人民为中心提出五大发展理念的，五大发展理念的实施目标是要实现中华民族伟大复兴的中国梦。

该章课堂研讨可从什么是邓小平社会主义本质论的研讨开始，讨论的第一个问题是，社会主义本质论中第一位的根本任务与五大发展理念的发展内容有什么关系？邓小平指出，社会主义的本质，是解放生产力，发展生产力，消灭剥削，消除两极分化，最终达到共同富裕。这一论断阐明了"一个目标两个保证"的社会主义本质内涵，即以共同富裕为目的，以解放和发展生产力与生产关系上消灭剥削和消除两极分化两个条件为保证。教师在这里必须指出，解放生产力和发展生产力不是目的而仅是实现共同富裕的手段，但社会主义初级阶段中国的国情决定了解放和发展生产力这一手段是目前和今后相当长时期的重中之重的任务，因而是位列第一位的社会主义根本任务。[①] 因为不解放和发展生产力只能导致社会停滞和共同贫穷，而贫穷不是社会主义，发展太慢也不是社会主义，所以社会主义根本任务只能是解放和发展生产力，中国特色社会主义的总任务理所当然地规定为分"三步走"实现社会主义的现代化。中国特色社会主义的总任务、实现"两个一百年"目标、实现中华民族伟大复兴的中国梦，都是社会主义根本任务的要求。而要实现"两个一百年"目标、实现中华民族伟大复兴的中国梦，完成社会主义根本任务和中国特色社会主义的总任务，必须提出和贯彻五大发展理念。因为创新发展、协调发展、绿色发展、开放发展、共享发展，正是实现"两个一百年"目标、实现中华民族伟大复兴的中国梦所必须实现的发展要求，五大发展理念正是完成社会主义根本任务和

[①] 陈锡喜、胡涵锦：《〈毛泽东思想和中国特色社会主义理论体系概论〉教师成长学养读本》，上海教育出版社2015年版，第37页。

中国特色社会主义的总任务所必须完成的发展内容。

在讨论社会主义本质论,揭示出社会主义根本任务、中国特色社会主义的总任务、中国梦与五大发展理念的内在联系之后,要进一步讨论的第二个问题是,社会主义本质论中第二位的重要保证与五大发展理念的发展实质关系怎样?社会主义本质论以共同富裕为目标,必须在解放和发展生产力的基础上,从制度、生产关系上消灭剥削和消除两极分化,实现以人民共富为目的的发展。这即深入到发展的实质问题。社会主义根本任务、中国特色社会主义总任务与中华民族伟大复兴中国梦,都是以人民为核心立场、以人民为根本目的的;中国梦是人民的梦,以国家富强、民族振兴、人民幸福为内涵。树立新发展理念,首先要解决为什么人、由谁享有这个根本问题。党的十八届五中全会提出以人民为中心的发展思想,反映了人民主体地位和人民至上的价值取向,确立了新发展理念的基本原则。① 五大发展理念坚持以人民为中心的发展思想,最后归结为共享发展,包括全民共享、全面共享、共建共享、渐进共享。共享发展是实现共同富裕的必由之路。社会主义根本任务、中国特色社会主义总任务、中华民族伟大复兴中国梦与五大发展理念在以人民为中心的发展实质上汇聚在一起。

从五大发展理念的教学来看,"社会主义本质和建设中国特色社会主义总任务"这一章课堂讨论的第三个问题是,五大发展理念与社会主义根本任务、中国特色社会主义总任务、中华民族伟大复兴中国梦在总体上是什么关系。五大发展理念不是互不相干的五个发展要求,而是以发展为第一要务、以人民为中心贯穿其中的。习近平用"让老百姓过上好日子""进一步把'蛋糕'做大""还要把'蛋糕'分好"来阐发社会主义本质论,其中,实现"两个一百年"

---

① 《习近平总书记系列重要讲话读本(2016年版)》,学习出版社、人民出版社2016年版,第127—128页。

目标、实现中华民族伟大复兴的中国梦,就是要"进一步把'蛋糕'做大",从而"让老百姓过上好日子"。"让老百姓过上好日子",就是最终达到共同富裕,这是发展目标与发展目的;"进一步把'蛋糕'做大",就是解放和发展生产力,就是创新发展、绿色发展、开放发展,完成社会主义根本任务、中国特色社会主义总任务;"还要把'蛋糕'分好",就是协调发展、共享发展,发展以人民为中心和目的,实现"两个一百年"目标、实现中华民族伟大复兴的中国梦。五大发展理念坚持以人民为中心的发展思想,这就与社会主义本质、中国特色社会主义总任务、中华民族伟大复兴中国梦在以人民为中心这一核心立场、价值取向上高度一致。换言之,社会主义本质论要求,五大发展理念与中国特色社会主义总任务、中华民族伟大复兴中国梦都必须把实现人民幸福作为发展的目的和归宿,都必须做到发展为了人民、发展依靠人民、发展成果由人民共享。[①]

课堂讨论总结时要从总体上把握五大发展理念与中国特色社会主义总任务、中华民族伟大复兴中国梦在发展目标、发展内容、发展实质上内在联系。创新、协调、绿色、开放、共享的五大发展理念是一个整体,是全面建成小康社会、实现中国梦进程中我国发展思路、发展方向、发展着力点的集中体现。五大发展理念具有战略性、纲领性、引领性,是管全局、管根本、管长远的。为完成建设中国特色社会主义的总任务,实现"两个一百年"目标、实现中华民族伟大复兴的中国梦,必须坚定不移地贯彻以发展为第一要务、以人民为中心的五大发展理念,从实现中华民族伟大复兴的中国梦的时代高度不断提升发展的新境界。

[①] 《习近平总书记系列重要讲话读本(2016年版)》,学习出版社、人民出版社2016年版,第128页。

三、从"十三五"时期推进全面建成小康社会的实践高度把握五大发展理念的贯彻路径

五大发展理念是在战略机遇期内涵转变之时,为全面建成小康社会决胜阶段为引领新的发展实践而确立的新发展理念,这属于中国特色社会主义五位一体建设与改革开放的内容。"毛泽东思想和中国特色社会主义理论体系概论"课的第七章是社会主义改革开放理论,第八章是建设中国特色社会主义总布局,这两章教学可运用问题导入法、案例教学法,围绕中国特色社会主义五位一体建设与改革开放的实际,针对大学生关注的热点问题,从"十三五"时期全面建成小康社会的实践高度讲授如何贯彻五大发展理念。党的十八届五中全会在"十三五"规划建议中是针对我国经济社会发展存在"五个不"的问题提出五大发展理念的。高校思想政治理论课教学不能仅从发展理念的角度讲解五大发展理念,而应紧扣我国发展中的突出矛盾,运用问题导入法与案例教学法讲授"十三五"时期怎样贯彻五大发展理念。

"十三五"时期推进全面建成小康社会之所以要贯彻创新发展理念,是因为我国发展存在创新能力不强的问题。现实案例表明,经过多年努力,我国科技整体水平有了明显提高,一些重要领域跻身世界先进行列,科技创新进入跟跑、并跑和领跑并存的阶段。但总体上关键核心技术受制于人的局面尚未根本改变,创造新产业、引领未来发展的科技储备远远不够,产业还处于全球价值链中低端,军事、安全领域高技术方面同发达国家仍有较大差距。虽然我国经济总量跃居世界第二,但"臃肿虚胖体弱"问题相当突出;科技发展水平总体不高,科技对经济社会发展的支撑能力不足,科技对经济增长的贡献率远低于发达国家水平。[①] 只有抓住创新,才能抓住牵

[①] 《习近平总书记系列重要讲话读本(2016年版)》,学习出版社、人民出版社2016年版,第152页。

动经济社会发展全局的"牛鼻子"。树立创新发展理念，必须把创新摆在国家发展全局的核心位置，把创新作为引领发展的第一动力。要通过创新发展，不断推进理论创新、制度创新、科技创新、文化创新等各方面创新，让创新贯穿党和国家一切工作，让创新在全社会蔚然成风，[①] 以创新发展着力提高发展质量和效益，解决大而不强的问题。

"十三五"时期推进全面建成小康社会之所以要贯彻协调发展理念，是因为我国发展存在不够协调的问题。现实案例表明，我国目前区域发展还不够协调。从 GDP 总量上看，改革开放之初东、中、西和东北分别占全国 GDP 总量的 43.56%、21.57%、20.88% 和 13.98%，2006 年东部所占比重达到峰值 55.50%，同期中、西和东北则下降到 18.67%、17.33% 和 8.5%；2014 年东、中、西和东北所占比重则分别为 51.16%、20.27%、20.18% 和 8.40%。我国目前城乡发展还不够协调。2003—2014 年，农村居民人均可支配收入由 2622.2 元增加到 10489 元，年均增长率 13.43%，比城镇居民高 1.65 个百分点。但农村整体生活水平远低于城镇，1978 年城乡居民可支配收入比为 2.57，1985 年为最低 1.86，2009 年达到 3.33，2014 年降到 2.75。我国目前两个文明发展还不够协调。世界知识产权组织的数据显示，2013 年，全球文化产业增加值占 GDP 的比重平均为 5.26%，约 75% 的经济体在 4.0%—6.5%，美国达到 11.3%；我国文化产业占 GDP 比重仅为 3.63%，文化产业仍然处于较低水平。[②] 要通过协调发展找出短板，通过补齐短板，挖掘发展潜力、增强发展后劲，巩固和厚植原有优势，形成平衡发展结构，实现整体性高水平发展。

[①] 《习近平总书记系列重要讲话读本（2016 年版）》，学习出版社、人民出版社 2016 年版，第 133 页。

[②] 张辉：《贯彻协调发展新理念，构筑均衡融合新格局》，《北京大学学报（哲学社会科学版）》2016 年第 2 期。

"十三五"时期推进全面建成小康社会之所以要贯彻绿色发展理念，是因为我国发展存在不可持续的问题。现实案例表明，改革开放以来，我国经济发展取得历史性成就，也积累了大量生态环境问题，各类环境污染呈高发态势，生态系统退化严峻，人民群众对干净的水、清新的空气、安全的食品、优美的环境等的要求越来越高[1]。贯彻绿色发展理念，必须坚定走生产发展、生活富裕、生态良好的文明发展道路，推进美丽中国建设，改善生态环境，解决好人与自然和谐共生问题。

"十三五"时期推进全面建成小康社会之所以要贯彻开放发展理念，是因为我国发展存在开放水平不高的问题。现实案例表明，我国对外开放已进入引进来和走出去更加均衡的阶段，是世界最大货物出口国、第二大货物进口国、第二大对外直接投资国、最大外汇储备国、最大旅游市场；但对外开放水平总体上还不够高，用好国际国内两个市场、两种资源的能力还不够强，应对国际经贸摩擦、争取国际经济话语权的能力还比较弱。我国对外开放从早期引进来为主转为大进大出新格局，但与之相应的法律、咨询、金融、人才、风险管控、安全保障等都难以满足现实需要，支撑高水平开放和大规模走出去的体制和力量仍显薄弱[2]。贯彻开放发展理念，必须顺应我国经济深度融入世界经济的趋势，提高我国在全球经济治理中的制度性话语权，发展更高层次的双向开放、公平开放和共赢开放。

"十三五"时期推进全面建成小康社会之所以要贯彻共享发展理念，是因为我国发展存在成果分享不够公平的问题。现实案例表明，经过改革开放30多年努力，我们解决了6亿多人口的贫困问题，按照联合国千年计划，每人每天1美元，我们基本上都解决了，千年计

---

[1] 《习近平总书记系列重要讲话读本（2016年版）》，学习出版社、人民出版社2016年版，第232页。

[2] 《习近平总书记系列重要讲话读本（2016年版）》，学习出版社、人民出版社2016年版，第135页。

划的目标我们达到了。我国现行贫困标准是 2011 年起实施的，为年人均纯收入 2300 元，是 2010 年不变价，2014 年现价为 2800 元，如按照购买力平价计算，相当于每天 2.19 美元，高于世界银行 2015 年调整的 1.9 美元/天标准[①]。我国还有 7000 万贫困人口到 2020 年要脱贫。在义务教育方面，我国农村中小学生人数占全国中小学生人数 80% 左右，而农村义务教育经费占 GDP 比重不到 1%，低于发达国家 2%—5% 的水平。贯彻开放发展理念，就是要增进人民福祉，使全体人民在共建与共享发展中有更多获得感。

"毛泽东思想和中国特色社会主义理论体系概论"课基于现实案例与问题导向讲授五大发展理念，重要的是引导大学生增强当下中国发展的问题意识，树立贯彻五大发展理念的责任意识，在"十三五"时期推进全面建成小康社会的实践中自觉贯彻五大发展理念。要使大学生认识到，贯彻创新发展理念，是要解决发展动力问题，形成促进创新的体制架构，塑造依靠创新驱动的引领型发展；贯彻协调发展理念，是要解决发展不平衡问题，以协调发展拓宽发展空间，补齐短板增强发展后劲；贯彻绿色发展理念，是要解决人与自然和谐问题，推动形成绿色发展方式和生活方式；贯彻开放发展理念，是要解决发展内外联动问题，提高对外开放水平，形成深度融合的互利合作格局；贯彻共享发展理念，是要解决社会公平公正问题，让广大人民群众共享改革发展成果，更好体现社会主义制度优越性。这些就是我们在全面建成小康社会和实现中国梦进程中必须承担起的责任和使命。

---

① 顾仲阳：《政策解读：5 年脱贫 7000 万，有难度能实现》，《人民日报》2015 年 10 月 18 日。

四、从中国特色社会主义理论体系最新成果的思想高度把握五大发展理念的历史地位

五大发展理念不是无缘无故提出的,而是在深刻总结国内外发展经验教训、分析国内外发展大势的基础上形成的,是以习近平为总书记的党中央对我国社会主义建设发展规律新认识的集中反映。"毛泽东思想和中国特色社会主义理论体系概论"课的第一章为"马克思主义中国化两大理论成果",其中第三节"中国特色社会主义理论体系"的第三目是"中国特色社会主义理论体系的最新成果",讲解第一章时可运用逻辑分析法和理论归纳法,把五大发展理念与中华民族伟大复兴的中国梦、"四个全面"战略布局一起作为中国特色社会主义理论体系最新成果来讲授。

党的十八大以来,习近平总书记在科学把握历史方位把中国特色社会主义事业推向前进的过程中,把马克思主义与当代中国全面建成小康社会的实际相结合,从坚持和发展中国特色社会主义与实现中华民族伟大复兴中国梦的主题上阐述了关于改革开放稳定、内政外交国防、治党治国治军的一系列新理念新思想新战略,包括:(1)创造性阐发中华民族伟大复兴中国梦的历史依据,提出了中国梦是近代以来中华民族最伟大梦想的思想;(2)创造性阐发中华民族伟大复兴中国梦的深刻内涵,提出了中国梦是国家富强、民族振兴、人民幸福的思想;(3)创造性阐发实现中华民族伟大复兴中国梦的根本路径,提出了实现中华民族伟大复兴中国梦必须坚持中国道路、弘扬中国精神、凝聚中国力量的思想;(4)创造性阐发实现中华民族伟大复兴中国梦的战略布局,提出了全面建成小康社会、全面深化改革、全面依法治国、全面从严治党的思想;(5)创造性阐发实现中华民族伟大复兴中国梦的发展理念,提出了创新、协调、

绿色、开放、共享的思想①。正如《习近平总书记系列重要讲话读本》（2016年版）所概括的，习近平总书记系列重要讲话是一个系统完整的科学理论体系。在这个科学理论体系中，实现中华民族伟大复兴是居于引领地位的宏伟奋斗目标，党的十八大以来我们党的所有理论和实践，都紧紧围绕着实现这个崇高奋斗目标精进展开。以坚持走中国特色社会主义道路为民族复兴必由之路，以协调推进"四个全面"战略布局为民族伟大复兴重要保障，以牢固树立五大发展理念、统筹推进五位一体建设为民族复兴物质基础和精神力量，以加强国防和军队建设、构建合作共赢新型国际关系为民族复兴良好环境，以科学思想方法和工作方法为民族复兴的世界观方法论指引。②

高校"毛泽东思想和中国特色社会主义理论体系概论"课组织大学生深入学习《习近平总书记系列重要讲话读本》，就要逻辑地把握习近平治国理政思想提出的脉络进程，认识习近平治国理政新理念新思想新战略对实现什么样的民族复兴、怎样实现民族伟大复兴的创造性回答，对什么是社会主义、怎样建设社会主义的进一步回答，深刻把握五大发展理念作为中国特色社会主义理论体系最新成果在21世纪中国马克思主义的新发展中的历史地位。

从理论与实践的结合上讲授五大发展理念，"毛泽东思想和中国特色社会主义理论体系概论"课教学特别要重视联系大学生思想实际，引导大学生积极投身于贯彻五大发展理念的实践之中。检验"毛泽东思想和中国特色社会主义理论体系概论"课关于五大发展理念教学的成效，既要看大学生对五大发展理念内涵、依据和历史地位的准确把握，更要看大学生树立和落实五大发展理念的自觉性与

---

① 汪青松：《习近平治国理政思想的双重主题及体系架构》，《观察与思考》2016年第8期。

② 《习近平总书记系列重要讲话读本》，学习出版社、人民出版社2016年版，第2页。

坚定性。在"十三五"时期，在实现"两个一百年"目标的伟大时代，当代大学生都要做五大发展理念的贯彻者和践行者，在大众创业、万众创新的创新发展中发挥生力军作用，为推进全面建成小康社会、实现中国梦作出重大贡献。

后　　记

《思想理论教育与马克思主义中国化》是笔者"马克思主义中国化研究丛书"（八卷）的第八卷，是国家社科基金重点项目"中国梦与中国道路、中国精神、中国力量研究"（14AKS005）和教育部哲学社会科学研究重大课题攻关项目"习近平总书记系列重要讲话精神和治国理政新理念新思想新战略研究"（17JZD001）的成果。

1977年邓小平恢复高校招生考试制度，笔者有幸成为"文革"后恢复高考时首届大学生。77级、78级、79级大学生被称为"新三届"，那时我们如饥似渴地学习，喊的口号是"把'四人帮'造成的损失夺回来！"1982年1月，安徽师范大学毕业留校任教，曾担任十年"国际共产主义运动史"教学，其间从事世界社会主义与中国社会主义研究。1986年至1987年，在辽宁大学马列部国际共运史助教班学习，辽大马列部老师引导我们研读马列经典。1991年苏联解体后"国际共产主义运动史"课停开，1992年开始中国共产党历史与中国特色社会主义教学，从此走上马克思主义中国化研究之路。1993年至1996年，主持安徽省哲学社会科学研究"八五"项目"邓小平社会主义经济理论研究"；1997年至2000年，主持安徽省哲学社会科学研究"九五"重点项目"邓小平共同富裕思想与安徽扶贫战略"。

1998年至2008年，在安庆师范学院（现安庆师范大学）；2008年至2011年，在安徽行政学院、安徽农业大学从事管理、教学和马克思主义中国化研究。2001 至 2004 年，主持安徽省"十五"社科规划项目《"三个代表"与社会主义的历史命运》；1999 年至 2003 年，主编并在高等教育出版社出版安徽省高校通用教材《邓小平理论概论》《邓小平理论和"三个代表"重要思想概论》。2004 年，在中国社会科学出版社出版《马克思主义中国化与中国化的马克思主义》，2005 年 4 月 14 日，中宣部《马克思主义理论研究与建设工程简报》第 72 期以"马克思主义经典著作基本观点课题组推出研究成果《马克思主义中国化与中国化的马克思主义》"为题对该书作专报。2006 年，在合肥工业大学出版社出版《马克思主义中国化的与时俱进》。2006 年 12 月，受邀参加中央宣传部理论局组织的理论调研和调研报告起草。2008 年 7 月，受邀参加中央宣传部理论局组织的《中国特色社会主义理论体系学习读本》的编写（学习出版社 2009 年版）。2007 年，在中国社会科学出版社合著出版《马克思主义中国化机制论》。2008 年，在合肥工业大学出版社合著出版《马克思主义中国化的理论丰碑——中国化马克思主义十二观》。

当代社会是终身学习与不断转型的社会。2004 年至 2009 年，笔者在合肥工业大学管理学院学习，撰写的博士论文是《邓小平企业管理思想研究》。2011 年从安徽高校管理岗位转到上海高校从事马克思主义理论教学与研究。2004 年至 2014 年，主持国家重大社科基金项目"经典作家关于经济文化落后国家发展道路的基本观点研究"；2005 年至 2012 年，主持国家社科基金项目"科学发展观理论体系研究"。2012 年至 2017 年，上海师范大学马克思主义学院工作期间，先后主持中宣部马克思主义理论研究与建设工程项目"中国梦：筑就中国人的信仰"、教育部人文社会科学研究专项任务项目"科学发展观理论意义和实践意义研究"、国家社科基金重点项目"中国梦与中国道路、中国精神、中国力量研究"。2012 年，在合肥工业大学出版社、人民出版社出版《马克思主义中国化与中国特色社会主义》，入选中宣部、新闻出版总署社会主义核心价值体系建设"双百"出版工程。2012 年，在人民出版社出版《科学发展观科学体系三维建构》。2014 年，在合肥工业大学出版社出版《中国改革与中国梦》，入选国家新闻出版广电总局"培育和践行社会主义核心价值观主题出版重点选题"和教育部"高校主题出版工程"。

2018 年，调至上海财经大学马克思主义学院工作。2018 年，开始主持教育部哲学社会科学研究重大课题攻关项目"习近平总书记系列重要讲话精神和治国理政新理念新思想新战略研究"。

1985 年至 2018 年，在《马克思主义研究》《政治学研究》《中共党史研究》《毛泽东邓小平理论研究》《毛泽东思想研究》《求是》《当代世界与社会主义》《当代中国史研究》《党的文献》《科学社会主义》《高校理论战线》《中国科技论坛》《党史研究与教学》《学术界》《安徽师范大学学报》《安徽大学学报》《江淮论坛》《安徽史学》《晋阳学刊》《理论学刊》《学海》《内蒙古社会科学》《探索》《理论探讨》《中国高教研究》《课程·教材·教法》《中国大学教学》《思想理论教育导刊》《思想理论教育》《人民日报》《光明日报》《安徽日报》《解放日报》等报刊上发表论文 200 多篇；在人民出版社、中国社会科学出版社、高等教育出版社、安徽人民出版社、安徽教育出版社、南京大学出版社、合肥工业大学出版社、安徽大学出版社、上海社会科学院出版社出版 40 多本专著和教材。

现将 20 世纪 80 年代以来笔者关于马克思主义中国化研究的文章和文稿，按照马克思主义中国化两次历史性飞跃的历程与中国化马克思主义两大理论成果的主要内容设专题（每个研究专题 20 篇左右文章），出版"马克思主义中国化研究丛书"八卷：（1）《两次历史性飞跃与马克思主义中国化》；（2）《毛泽东思想与马克思主义中国化》；（3）《邓小平理论与马克思主义中国化》；（4）《"三个代表"重要思想与马克思主义中国化》；（5）《科学发展观与马克思主义中国化》；（6）《新时代治国理政思想与马克思主义中国化》；（7）《世界社会主义与马克思主义中国化》；（8）《思想理论教育与马克思主义中国化》。

《思想理论教育与马克思主义中国化》选编了笔者发表的关于"思想理论教育的马克思主义中国化""马克思主义中国化的思想理论教育"的文章。有些看法与观点曾引起学界的关注。

2007年发表于《党的文献》第5期的《"四信"教育与社会主义核心价值体系建设》一文提出，马克思主义和中国化的马克思主义为建设社会主义核心价值体系提供了科学世界观；建设中国特色社会主义，实现社会主义现代化，反映了我国最广大人民的利益要求，是我国现阶段的历史任务和共同理想，也是中国共产党人的坚定信念；以爱国主义为核心的民族精神和以改革创新为核心的时代精神，是社会主义核心价值体系的精神支撑；以"八荣八耻"为主要内容的社会主义荣辱观，反映了社会主义道德的基本要求。社会主义核心价值体系建设的目的是解决"四观"问题，即树立正确的世界观、人生观、价值观、道德观。信仰、信念、信心、信任等"四信"与社会主义核心价值体系四大内容都属于精神世界范畴。"四信"教育是社会主义核心价值体系建设的重要途径，其任务是提高"四力"即增强社会主义核心价值体系的说服力、感召力、凝聚力和公信力。社会主义核心价值体系与信仰、信念、信心和信任是一个整体。"四信"教育的提升是社会主义核心价值体系建设的标尺，社会主义核心价值体系建设的成效要通过"四信"教育培养"四有"新人和"四个新一代"来衡量。

2005年发表于《科学社会主义》第2期的《从马克思主义中国化到中国化马克思主义的跃迁》一文提出，从马克思主义中国化到中国化马克思主义跃迁，要回答马克思主义中国化的立足点、出发点、着力点问题。从发生学意义上看，马克思主义中国化是运用马克思主义解决不同时代中国社会重大问题的需要。要从中国国情实际出发，而不能从理论原则出发，对中国国情的客观分析是中国化马克思主义的理论基石；要在马克思主义与中国具体实际相"结合"

的基础上实现实践创新与理论飞跃，形成和发展中国化的马克思主义。

2012年发表于《思想理论教育导刊》第6期的《马克思主义"三化"与思想政治教育学科建设》一文提出，思想政治教育的学科属性姓"马"，是马克思主义思想政治教育；思想政治教育的马克思主义属性是马克思主义理论学科的题中应有之义。在当代中国，拓展思想政治教育的学科领域，应该在马克思主义"三化"背景下强化思想政治教育学科属性。思想政治教育坚持马克思主义中国化时代化大众化，才能根据中国社会的需要，在解答与解决中国革命、建设和改革问题过程中，发挥思想政治教育传播科学理论、武装头脑的功能。

2008年发表于《安徽农业大学学报》第6期的《科学人文艺术融合与高校通识教育的创新》一文提出，科学求真、人文求善、艺术求美，在高校教育过程中重视科学教育、人文教育与艺术教育的结合，是培养具有良好人文精神和自主创新能力人才的重要方法。

2008年3月26日发表于《光明日报》的《育人为本与"四成"教育工程》一文提出，高校推进育人为本，和谐育人、文化育人、爱心育人、实践育人，以促使大学生成长、成人、成才、成功为主要内容的"四成"教育工程对于坚持育人为本具有深远的意义。成长教育，就是引导大学生学会学习；成人教育，就是引导大学生学会做人；成才教育，就是引导大学生学会创新；成功教育，就是引导大学生学会做事。

2001年发表于《思想理论教育导刊》第3期的《积极探索三个"三结合"的邓小平理论教学法》一文提出，高校"邓小平理论概论"教学要把邓小平理论教育的第一课堂与第二课堂（学生社团活动）与第三课堂（社会实践）结合起来，把邓小平理论教育的情感激发、释疑解惑和理性升华结合起来，把"知、信、行"即学懂、真信、会用邓小平理论结合起来。

2002年发表于《思想教育研究》第2期的《创设教学情境与高校邓小平理论"三进"》一文提出，高校邓小平理论教育教师充满激情的课堂生动讲授法和师情感染法是创设邓小平理论课堂教学情境的基本方法，还应充分运用现代化教学手段创设具有时代感的视听教学情境，创设问题情境，变呈现—接受式教学为引导—发现式教学，激发青年大学生的探究心理和创造激情，在邓小平理论教学情境中实现师生心灵沟通、情感交流和认识上的升华。

2000年发表于《中国高教研究》第9期的《邓小平理论教育与大学生思想政治素质的提高》一文提出，把邓小平理论教育与大学生思想政治素质的提高结合起来，要弘扬思想政治教育的主旋律，认真开展爱国主义、集体主义、社会主义教育；紧紧抓住素质教育的灵魂，唱响思想政治教育的主旋律，引导当代大学生在提高思想政治素质的过程中树立正确的世界观、人生观和价值观；联系近代以来中国的历史，进行邓小平爱国主义思想的教育，提高大学生的思想境界；联系社会主义现代化建设的实际，进行邓小平集体主义思想教育，提高大学生的道德水平；联系改革开放的成就，进行邓小平社会主义思想的教育，提高大学生的政治觉悟；联系新世纪奋斗目标进行邓小平现代化发展战略的教育，增强大学生的责任感和使命感。

2002年发表于《韶关学院学报》第10期的《邓小平理论教育与大学生创新能力的培养》一文提出，高校邓小平理论教育要引导大学生学习邓小平的创新人格和邓小平理论的创新品格，树立崇高理想，为中华振兴而勤奋学习，把自己培养成具有创新品格的"四有"新人；教育大学生领会邓小平理论的整合性创新、开拓性创新和突破性创新的特点，自觉地培养创新精神，提高创新素质；进行邓小平创新式思维方法的教育，辩证地运用求异思维与求同思维、发散思维与集合思维、再现思维与直达思维，培养大学生的创新能力。

2016年发表于《淮阴师范学院学报》第6期的《把握"五大发

展理念"的战略高度》一文提出,"毛泽东思想和中国特色社会主义理论体系概论"课可运用理论讲授法、课堂讨论法、问题导入法、案例教学法、联系实际法、逻辑分析法和理论归纳法,从科学理解我国发展阶段性特征的历史高度把握五大发展理念的提出根据,从实现中华民族伟大复兴中国梦的时代高度把握五大发展理念的实施目标,从全面建成小康社会的实践高度把握五大发展理念的贯彻路径,从中国特色社会主义理论体系最新成果的理论高度把握五大发展理念的历史地位。

出版"马克思主义中国化研究丛书",是笔者对30多年自己所从事的马克思主义中国化学术研究的总结、学术观点的回顾、学术立场的审视、学术方法的反思,也是一位高校思想政治理论课教育工作者向2018年伟大导师马克思诞辰200周年、2018年中国改革开放40周年、2019年中华人民共和国成立70周年、2021年中国共产党成立100周年的一份献礼!

鉴于所选文章时间跨度30多年,文集对个别文字表述和少数注释做了统一的技术调整;为尊重文章和文稿的原貌,对内容没做修改。文集中有的文章是合作撰写的,在此对合作者表示谢意。特别要感谢上海财经大学、上海师范大学和上海社会科学院出版社对本丛书出版的支持,感谢出版社编辑做的大量工作。由于理论水平有限,不妥之处敬请读者和同仁批评指正。

汪青松

2018年12月12日

附录：马克思主义中国化研究丛书（八卷本）总篇目

第一卷：两次历史性飞跃与马克思主义中国化

汪青松：《论马克思主义中国化的"六个化"》（代总序）

第一篇　马克思主义中国化的两次历史性飞跃

汪青松：《两次伟大革命与两次历史性飞跃》

汪青松：《马克思主义中国化与中国化的马克思主义》

汪青松：《马克思主义中国化的理论前提》

汪青松：《马克思主义中国化的最新成果》

汪青松：《马克思主义中国化两次历史性飞跃的哲学思考》

第二篇　马克思主义民族化的两次历史性飞跃

汪青松：《坚持马列主义毛泽东思想的指导地位》

汪青松：《社会主义根本任务的内在依据与时空结构》

汪青松：《社会主义改革与社会主义本质的实现》

汪青松：《中国式现代化的内涵与特征》

汪青松：《新中国60年与马克思主义中国化两次历史性飞跃》

第三篇　马克思主义时代化的两次历史性飞跃

汪青松：《社会主义本质论认识的重大创新》

汪青松：《马克思主义中国化与中国特色社会主义道路》

汪青松：《江泽民科学发展思想的历史考察》

汪青松：《只有改革开放才能发展中国》

汪青松：《马克思主义中国化与时代化的四次历史性转变》

第四篇　马克思主义大众化的两次历史性飞跃

汪青松：《马克思主义中国化的理论创新》

汪青松：《命运抉择与中国特色社会主义的发展》

汪青松：《中国特色社会主义理论体系的整合式创新》

汪青松：《马克思主义中国化的动力系统与主体向度》

汪青松：《论中国共产党人对马克思主义整体性的全面把握》

第二卷：毛泽东思想与马克思主义中国化

第一篇　毛泽东思想与马克思主义中国化的第一次飞跃

汪青松：《毛泽东与马克思主义革命思想中国化的理论创新》

汪青松：《毛泽东未领导实现对"卡夫丁峡谷"的跨越吗？》

汪青松：《中国共产党与抗日战争中民族精神的弘扬》

汪青松：《农业合作化运动评价的新视角》

汪青松：《我国社会主义历史性选择的特征分析》

第二篇　毛泽东思想与马克思主义中国化的第二次飞跃

汪青松：《论〈正处〉萌发的两个主要矛盾的思想》

汪青松：《〈正处〉是"两个中心"论的理论源头》

汪青松：《对毛泽东高速发展经济战略的辩证思考》

汪青松、黄德渊：《毛泽东与邓小平加速经济发展战略比较研究》

汪青松：《邓小平对毛泽东加快经济发展战略思想的创造性运用与发展》

汪青松：《八大路线与党在社会主义初级阶段的基本路线》

汪青松：《八大关于主要矛盾的论断与邓小平社会主义初级阶段理论》

第三篇　毛泽东思想的历史地位与当代意义

汪青松：《对毛泽东思想指导地位的历史考察》

汪青松：《毛泽东思想历史地位的变迁及其实践基础》

汪青松：《试析毛泽东思想历史地位演变的认识论基础》

汪青松：《论毛泽东思想与邓小平理论三个层面的关系》

汪青松、钱和辉：《中国共产党实践"三个代表"的历史进程与基本经验》

汪青松：《论中国共产党"三个代表"与时俱进的实践品格》

汪青松：《江泽民对毛泽东邓小平素质教育思想的发展》

汪青松：《马克思主义中国化进程中党的指导思想的与时俱进》

汪青松、林彦虎：《"美好生活需要"的新时代内涵及其实现》

第三卷：邓小平理论与马克思主义中国化

第一篇　邓小平理论对马克思主义中国化的推进

汪青松：《十一届三中全会：邓小平理论创立的标志和走向成熟的起点》

汪青松：《十一届三中全会与党的工作重点历史性转移》

汪青松、操申斌：《十一届三中全会与邓小平共同富裕构想的最初提出》

汪青松：《十一届三中全会与邓小平理论指导地位的初步确立》

汪青松：《集体智慧的结晶：邓小平理论的重要特征》

第二篇　邓小平理论对马克思主义中国化问题的回答

汪青松：《邓小平社会主义本质论的创新性品格》

汪青松：《邓小平对社会主义根本任务的多角度论证》

汪青松：《论邓小平加快经济发展战略构想的特点》

汪青松：《邓小平共同富裕构想的宏观考察》

汪青松、刘刚：《邓小平关于国民经济持续、稳定、协调发展的思想述论》

汪青松：《邓小平关于中国不能照搬西方民主的思想》

汪青松：《论邓小平中国特色资本主义观》

汪青松：《试析邓小平改革观的方法论原则》

汪青松：《论邓小平"一国两制"构想的基本特征》

汪青松：《"一国两制"构想与有中国特色的社会主义》

第三篇　邓小平理论对马克思主义中国化的贡献

汪青松：《历史跨越后邓小平对中国社会发展阶段的定位》

汪青松：《从邓小平现代化理论的科学性看西方传统发展观的偏颇》

汪青松：《邓小平关于制度与体制划分思想的形成及其重大意义》

汪青松：《当代中国两次改革的主要特点及历史经验》

汪青松：《邓小平领导的改革开放与中国特色社会主义的开创》

第四卷："三个代表"重要思想与马克思主义中国化

第一篇 "三个代表"重要思想对马克思主义中国化的推进

汪青松：《"三个代表"重要思想对马克思主义中国化的新飞跃》

汪青松：《"三个代表"重要思想的双重主题及其理论体系》

汪青松：《江泽民初级阶段社会主义建设思想与当代中国跨世纪发展》

汪青松：《善于从战略高度思考和解决全局性问题》

汪青松：《论"三个代表"重要思想的统领性》

汪青松：《"三个代表"重要思想与党的先进性建设》

第二篇 "三个代表"重要思想对马克思主义中国化问题的回答

汪青松：《论江泽民中国特色社会主义观》

汪青松：《论江泽民的生产力跨越式发展观》

汪青松：《人心向背与执政兴衰》

汪青松、黄志高：《邓小平"三个有利于"原则与江泽民"三个代表"思想》

汪青松：《深刻认识"三个代表"与科技创新的关系》

汪青松：《论江泽民关于永葆党的先进性的构想》

汪青松：《"三个代表"与新世纪吸收新党员的标准创新》

汪青松、徐恒成：《江泽民对新时期统一战线任务的新概括》

汪青松：《台湾问题与我国发展中美关系的原则立场》

汪青松：《当代世界主题与中国的和平统一大业》

第三篇 "三个代表"重要思想对马克思主义中国化的贡献

汪青松：《试论江泽民对社会主义本质论的重大贡献》

汪青松：《十五大对社会主义初级阶段理论的重大突破》

汪青松：《试论以江泽民为核心的党中央对邓小平理论的坚持与发展》

汪青松：《学习和实践"三个代表"重要思想的根本指针》

汪青松：《江泽民对党的思想路线的新阐发》

汪青松：《"三个代表"与中华民族的伟大复兴》

第五卷：科学发展观与马克思主义中国化

第一篇　科学发展观对马克思主义中国化的推进

汪青松：《科学发展观的形成背景与历史地位》

汪青松：《科学发展观的时代特点》

汪青松：《两个转变的互动与经济社会发展转型的实现》

汪青松：《科学发展、社会和谐是发展中国特色社会主义的基本要求》

第二篇　科学发展观对马克思主义中国化问题的回答

汪青松：《科学发展观科学体系探析与建构》

汪青松：《论科学发展观理论体系的内在逻辑》

汪青松：《论科学发展观的实践目标与举措》

汪青松：《论科学发展的制度体系创新》

汪青松：《发展理念转变与安徽"十二五"规划的制定》

汪青松、陈莉、陈二祥、孙根华：《节能减排与绿色建筑的推广》

汪青松：《科学发展观与社会主义新农村建设》

汪青松：《当代中国农业的"两个转变"与"两个飞跃"》

汪青松：《行政体制转型与经济发展方式转变》

汪青松：《试析当前效率与公平关系的新定位》

汪青松：《社会主义道德观的新阐释》

汪青松：《社会主义和谐社会建设的"三维"一体与"三度"统一》

第三篇　科学发展观对马克思主义中国化的贡献

汪青松：《试论科学发展观的理论体系及历史地位》

汪青松：《科学发展观与党的思想路线的新发展》

汪青松：《当代中国从"速度发展"向"科学发展"转型的历史性意义》

汪青松：《科学发展观与中国模式的新境界》

第六卷：《新时代治国理政思想与马克思主义中国化》

第一篇 习近平新时代治国理政思想对马克思主义中国化的推进

汪青松：《新时代马克思主义中国化的新飞跃》

汪青松：《习近平治国理政思想的双重主题及体系架构》

汪青松：《中国梦：筑就当下中国人的信仰》

汪青松：《中国特色社会主义视域下的"四个全面"战略布局与中国梦》

汪青松：《论中国梦的历史逻辑》

汪青松：《"四个自信"科学思想的体系建构》

第二篇 习近平新时代治国理政思想对马克思主义中国化问题的回答

汪青松：《科学发展观与中国梦理想信仰》

汪青松：《中国梦是全国各族人民的共同理想》

汪青松：《中国梦的"三分法"哲学思维》

汪青松、成利平：《邓小平改革胆略与习近平改革思维》

汪青松：《中国梦教育激发当代青年民族复兴正能量》

汪青松：《雨花英烈精神是激发实现中国梦的强大力量》

汪青松：《全面从严治党战略构想与"三不腐"机制建构》

汪青松：《战略思维与实现中国梦》

第三篇 新时代中国特色社会主义思想对马克思主义中国化的贡献

汪青松：《"不忘初心"与实现中华民族伟大复兴的中国梦》

汪青松：《"三个总"新阐述体现理论新境界》

汪青松：《中国"共享"理念与杭州G20"包容"议题的双重变奏》

汪青松：《中国梦与世界梦的人类高度》

汪青松：《习近平治国理政思想开创中国特色社会主义理论新境界》

汪青松：《论中国梦的时空维度》

汪青松：《现代化目标经历怎样的细化调整》

第七卷《世界社会主义与马克思主义中国化

第一篇 马克思主义中国化的世界性

汪青松：《马克思社会发展"三维模式"的重新审视》

魏承均、汪青松：《第一国际从潜在向实在的共产主义政党的发展》

汪青松：《无产阶级政治统治权威的民主确立》

魏承均、汪青松：《如何正确对待革命低潮》

汪青松：《以无产阶级民主替代资产阶级民主》

汪青松：《从新经济政策看列宁实事求是的作风》

汪青松、余淑珍：《列宁社会主义市场经济理论的萌发》

汪青松：《马克思跨越"卡夫丁峡谷"思想研究论析》

汪青松：《恩格斯理想信念观与中国共产党人的中国梦》

汪青松、鲁明川：《〈共产党宣言〉与中国共产党使命接力》

第二篇 马克思主义中国化的民族性

汪青松：《公正梦想及其实现》

汪青松：《党的创建与"三个代表"作为立党之本的确立》

魏承均、汪青松：《破除革命发展问题上的空想论》

汪青松：《论中国共产党对社会主义建设规律认识的深化》

汪青松：《论中国第二次革命从不成熟到成熟的发展》

汪青松：《解放和发展生产力是社会主义的本质要求》

汪青松：《中国共产党 90 年成功奥秘的深层思考》

汪青松：《21 世纪中国共产党如何代表先进生产力发展要求》

汪青松：《论当代中国区域经济发展的两次战略西移》

汪青松：《邓小平改革方法论刍议》

汪青松：《"两个不走"：中国道路的方向性规定》

第八卷：思想理论教育与马克思主义中国化

第一篇 思想理论教育的马克思主义中国化》

汪青松：《"四信"教育与社会主义核心价值体系建设》

汪青松：《从马克思主义中国化到中国化马克思主义的跃迁》

汪青松：《马克思主义"三化"与思想政治教育学科建设》

汪青松：《高校精神文明建设的首要任务》

汪青松、钱敏：《高校师德的标杆与德育的指南》

汪青松：《"四为"文化素质教育与大学生素质的提升》

汪青松：《综合拓展　人文为本》

汪青松：《树立科学教育观与我国科学教育的三大转变》

汪青松：《弘扬科学文化与人文文化》

汪青松：《科学教育与人文教育融合的现实意义》

汪青松：《加强大学生人文艺术素养》

汪青松：《科学人文艺术融合与高校通识教育的创新》

汪青松：《从科学人文艺术融合走向追求真善美的人文实践》

汪青松：《高校文化素质教育的科学定位》

汪青松：《育人为本与"四成"教育工程》

第二篇　马克思主义中国化的思想理论教育

魏珠友、汪青松：《江泽民对"邓小平理论"概念的科学阐释》

汪青松：《高举邓小平理论伟大旗帜》

汪青松：《胡锦涛对"三个代表"重要思想的科学阐释》

汪青松：《从双重角度把握邓小平理论的科学体系》

汪青松：《论"邓小平理论概论"框架体系的建构》

汪青松：《创设教学情境与高校邓小平理论"三进"》

汪青松：《情感教学与邓小平理论教育》

汪青松：《积极探索三个"三结合"的邓小平理论教学法》

汪青松：《中学思想政治课教学中的邓小平理论教育》

汪青松：《邓小平理论教育与大学生思想政治素质的提高》

汪青松：《邓小平理论教育与大学生创新能力的培养》

汪青松：《论高校"邓小平理论和三个代表重要思想概论"课程建设》

汪青松：《把握"五大发展理念"的战略高度》

图书在版编目（CIP）数据

思想理论教育与马克思主义中国化／汪青松著.
—上海：上海社会科学院出版社，2018
ISBN 978 – 7 – 5520 – 1507 – 2

Ⅰ.①思… Ⅱ.①汪… Ⅲ.①高等学校－思想政治教育－研究－中国②马克思主义－发展－研究－中国 Ⅳ.①G641②D61

中国版本图书馆CIP数据核字（2019）第005138号

思想理论教育与马克思主义中国化

著　　者：汪青松
责任编辑：袁钰超
封面设计：梁业礼
出版发行：上海社会科学院出版社
　　　　　上海顺昌路622号　邮编200025
　　　　　电话总机021－63315900　销售热线021－53063735
　　　　　http://www.sassp.org.cn　E-mail：sassp@sass.org.cn
照　　排：南京前锦排版服务有限公司
印　　刷：上海龙腾印务有限公司
开　　本：710×1010毫米　1/16开
印　　张：18
插　　页：2
字　　数：232千字
版　　次：2018年12月第1版　2018年12月第1次印刷

ISBN 978 – 7 – 5520 – 1507 – 2/G・821　　定价：82.80元

版权所有　翻印必究